Michael Hofm

SCHILL

SCHILLER

Epoche – Werk – Wirkung

Von Michael Hofmann

Verlag C.H.Beck München

Arbeitsbücher zur Literaturgeschichte
Herausgegeben von Wilfried Barner und Gunter E. Grimm

Verlag C.H. Beck oHG, München 2003
Umschlagentwurf: Bruno Schachtner, Dachau
Umschlagbild: Schiller, Pastellbild von Dora Stock, nach dem Gemälde von Anton Graff, Schiller-Nationalmuseum, Marbach.
Satz: Janß, Pfungstadt
Druck und Bindung: Nomos Verlagsgesellschaft, Sinzheim
Gedruckt auf säurefreiem, alterungsbeständigem Papier
(hergestellt aus chlorfrei gebleichtem Zellstoff)
Printed in Germany
ISBN 3 406 51010 8

www.Beck.de

Inhalt

III. Geschichtsschreibung

IV. Ästhetik und Poetik

V. Lyrik

VI. Späte Dramatik

VII. Wirkung

Vorwort

Friedrich Schiller (1759–1805) zählt zu den großen klassischen Autoren der deutschen Literatur. Die Forschung hat gerade in den letzten Jahren mit neuen Publikationen wichtige Perspektiven auf Schiller eröffnet, der neben Goethe als Exponent der Weimarer Klassik gilt. Gleichwohl müssen wir uns fragen, ob Schillers Forderung, der Dichter solle «Zeitgenosse aller Epochen» sein, auch heute noch für ihn selbst gilt. Ist nicht die Bedeutung von Literatur für das Selbstverständnis einer Nation in Zeiten der massenmedialen Kommunikation deutlich zurückgegangen? Und werden selbst von Liebhabern der Literatur heute noch Autoren wie Schiller und Goethe, Hölderlin und Kleist so gelesen wie zu ihren Zeiten und bis ins 20. Jahrhundert hinein?

Schillers Aktualität ist demnach keine fraglose Selbstverständlichkeit, zumal Klischees der Rezeptionsgeschichte (vgl. Arbeitsbereich VII) das Bild des Autors zu einem großen Teil bestimmen: Von weltfremdem Idealismus, einem Hang zum rigiden Moralisieren, von apolitischem Klassizismus und von einer Neigung zur wohlklingenden Leerformel sprechen die gebildeten unter den Verächtern Schillers, und sie stehen damit in einer langen Tradition.

Dieses Arbeitsbuch will dazu einladen und anleiten, die Texte Schillers – ohne tradierte Klischees – neu zu verstehen. Dabei geht es von der Prämisse aus, dass Schillers Bedeutung für unsere Zeit in einem ersten Schritt nur dadurch veranschaulicht werden kann, dass er im Kontext seiner eigenen Epoche und an ihren Begriffsbildungen hervortritt. Schillers Frühzeit ist von der Aufklärung bestimmt, jener europäischen Bewegung, die in der kritischen Selbstreflexion der Subjektivität die Grundlage allen Denkens und Handelns erblickte. Dass Aufklärung nicht notwendig zu Emanzipation und Freiheit führte, sondern auch neue Abhängigkeit und Unfreiheit bringen, ja durchaus totalitär sein konnte, war als Erfahrung schon des ausgehenden achtzehnten Jahrhunderts ein Grundimpuls von Schillers Schaffen. Als Spätaufklärer wandte er sich einer kritischen Selbstreflexion der Grundlagen aufklärerischen Denkens zu. Die Frage nach der menschlichen Freiheit wurde ihm dabei zu einem zentralen Problem. Diese Freiheit war ihm keineswegs Prämisse eines weltfremden Idealismus, er artikulierte vielmehr das Bedürfnis des Menschen nach Freiheit und zeigte die Aporien des problematischen Strebens nach Freiheit in seinen Dichtungen und ästhetischen Abhandlungen. Schauplatz dieser Suche nach Freiheit ist die Geschichte, und so ist es kein Zufall, dass Schiller sich mit der Historie beschäftigte, ja dass er mit seinem Modell einer narrativen Geschichtsschreibung eine Pionierleistung vollbrachte, deren Bedeutung erst in den letzten Jahren in angemessener Weise gewürdigt worden ist. Das ambivalente Verhältnis des Menschen zur Geschichte ist Schillers großes Thema auch in seinen Dramen – im Geiste der Rebellion in seinen frühen Stücken, im Geiste einer klassizistischen Formstrenge in den späten. Der Spätaufklärer und Klassiker Schiller wird mit diesen inhaltlichen und formalen Problemstellungen zu einem Begründer der literarischen Moderne in Deutschland – durch seine dichterische Praxis und durch seine poetologische Reflexion, die mit der Theorie der sentimentalischen Dichtung die Grundlage für eine literarische Ästhetik der Moderne legt. Die Ambivalenz des geschichtlichen Prozesses, die sich für Schiller exemplarisch im Verlauf der Französischen Revolution zeigt, bildet die Grundlage für eine dichterische Reflexion der Frage, wie die Kunst und die Literatur auf die Beschaffenheit einer heillosen Welt zu reagieren haben. Nicht mit einer Berufung auf ein fraglos vorausgesetztes Moralgesetz reagiert Schiller auf diese Voraussetzungen, sondern mit Modellen, die das Verhältnis von Kunst und Literatur auf der einen und «Leben» auf der anderen Seite charakterisieren sollen: zunächst mit dem Konzept einer ästhetischen Erziehung, die den Menschen für die Freiheit bereit machen soll, die er noch nicht erlangt hat; dann mit der Idee einer Poetik des Erhabenen, die ein Aushalten des Widerspruchs zwischen Kunst und Leben postuliert. Hier ist kein apolitisches Wegschauen zu konstatieren, sondern eine kritische Distanz zwischen Kunstwerk und äußerer Realität, die eine unvoreingenommene Reflexion problematischer Wirklichkeit erst ermöglicht. Die späten Dramen Schillers zeigen Menschen in historischen oder existentiellen Grenzsituationen, aus denen sie in der Regel keinen Ausweg wissen, deren Reflexion aber dem Zuschauer ein freies Selbstverhältnis ermöglicht. «Ernst ist das Leben, heiter ist die Kunst»: Diese berühmte Formel meint keine sorglose Abstraktion von der Wirklichkeit, sondern verweist darauf, dass die Kunst einen Freiraum gewährt, der eine kritische Distanz zu den Zwängen des Realitätsprinzips konstituiert.

Schillers Werk ist aus der Welt des späten achtzehnten und des frühen neunzehnten Jahrhunderts erwachsen; es kann zu Beginn des einundzwanzigsten Jahrhunderts gerade deshalb aktuell sein, weil Schiller die Folgen einer beginnenden Modernisierung reflektiert und gestaltet, deren Höhepunkt (und Ende?) wir gerade erleben. Problematische Zeugnisse der Wirkungsgeschichte (vgl. Arbeitsbereich VII) verdeutlichen mit ihrer umstandslosen Instrumentalisierung des dichterischen Werks für aktuelle – barbarische – Zwecke *ex negativo* eindringlich die Notwendigkeit, das Werk Schillers und die verschiedenen Facetten seiner Gestalt aus seiner Zeit heraus zu begreifen. In der Auseinandersetzung mit seiner Epoche – und das heißt: mit dem in der Aufklärung vorliegenden ersten Versuch einer Modernisierung des Denkens und der Praxis einer durch die Tradition bestimmten Welt – bildet sich Schillers dichterische und philosophische Produktivität. Die neuere Forschung hat diese Einbindung Schillers in seine Zeit angemessen veranschaulicht (vgl. insbesondere Alt). Nach den Aktualisierungen Schillers in der Zeit des Nationalsozialismus, die eine Instrumentalisierung im Dienste der äußersten Barbarei bedeuteten, hat die literaturwissenschaftliche Forschung lange Zeit verständlicherweise davor zurückgeschreckt, eine Interpretation Schillers anzugehen, die einen unmittelbaren Bezug zur Gegenwart des Rezipienten aufwies. Dennoch erscheint es heute insbesondere im Hinblick auf die zu erwartenden Schiller-Jubiläen der Jahre 2005 und 2009 notwendig und unabdingbar, eine rein historistische Auseinandersetzung mit Schiller und seiner Dichtung zu überwinden. In den folgenden Darlegungen wird versucht, Zusammenhänge zwischen der Epoche Schillers und unserer Zeit aufzuspüren. Dabei ergibt sich zwanglos die Frage nach einer Beziehung zwischen der Grundlegung der historischen Moderne in Aufklärung und Französischer Revolution einerseits und «unserer postmodernen Moderne» (Wolfgang Welsch) mit ihrer kritischen Reflexion negativer Modernisierungsfolgen andererseits. Wenn in Zeiten der Globalisierung das Modell abendländischer Rationalität einen Siegeszug über den ganzen Erdball antritt, gleichzeitig aber seine Grenzen und Fehler offen am Tage liegen, so gewinnen wir ein neues Verständnis für die Bemühungen Schillers, die Bedingungen der Moderne in philosophischer Reflexion und literarischer Darstellung zu analysieren. Die Ideen einer kritischen Selbstreflexion der Aufklärung, des menschlichen Anspruchs auf Freiheit, einer ästhetischen Erziehung des Menschen und einer Poetik des Erhabenen in einer sinnentleerten Welt sind Schillers bleibendes Vermächtnis – entstanden in engagierter Auseinandersetzung mit den Strömungen seiner Epoche, der Zeit der Aufklärung, wirksam in unserer Epoche, der Zeit, in welcher der globalisierte Terror auf die Expansion des westlichen Modells der Modernisierung antwortet:

> Edler Freund! Wo öffnet sich dem Frieden,
> Wo der Freiheit sich ein Zufluchtsort?
> Das Jahrhundert ist im Sturm geschieden,
> Und das neue öffnet sich mit Mord.

Wenn wir in dem Sinne eine historistische Betrachtung überwinden, dass wir in einer historischen Analogiebildung zwischen unserer Zeit und der Schillers nicht überhistorische ‹Wahrheiten› aus dem Werk des Klassikers extrapolieren, sondern Schillers Texte als Ergebnisse einer produktiven Beunruhigung über den Verlauf der europäischen Zivilisation verstehen, dann können wir verantwortungsvoll von einer Aktualität seines Werks sprechen. Nicht hohles Freiheitspathos lesen wir dann aus seinen Schriften heraus, sondern die Frage nach der Würde und den Ansprüchen des Menschen in einer Zeit, die einerseits eine Instrumentalisierung des Individuums fördert, andererseits einen Individualismus zu produzieren scheint, der mit dem Schlagwort der Spaßgesellschaft angemessen bezeichnet ist. Indem Schiller literarische Modelle liefert, die gegen analoge Entwicklungen seiner Zeit ästhetisch Widerstand leisten, ist er auch im angehenden einundzwanzigsten Jahrhundert noch ein Zeitgenosse.

I. Schiller in seiner Epoche

Schillers Werk ist nicht ohne die Eindrücke zu deuten, die der Dichter von seiner Zeit empfing. Sein Schaffen ist in die Epoche eingebunden, in der er lebte. Das achtzehnte Jahrhundert, aus dem heraus Schillers Wirken zu verstehen ist, bringt vor allem in seiner zweiten Hälfte den Aufstieg des Bürgertums und den Höhepunkt der deutschen Aufklärung. Die sozialgeschichtlichen Aspekte der Epoche sind seit den siebziger Jahren exemplarisch untersucht und dargestellt worden, sodass sie in diesem Arbeitsbuch nicht erneut zur Diskussion gestellt werden müssen (vgl. Barner u. a., Arbeitsbereich I). Die folgende Darstellung geht von bedeutenden Stationen der Biographie Schillers aus und setzt diese in Beziehung zu den wesentlichen Strömungen seiner Zeit. Schillers Leben war – abgesehen von der spektakulären Flucht des jungen Dichters aus Stuttgart, der Residenz seines Landesherrn Karl Eugen – nicht durch besondere äußerliche Ereignisse gekennzeichnet. Er ist nie über die Grenzen der deutschen Territorien hinausgekommen – die Hinwendung zu den künstlerischen Zeugnissen und Grundsätzen der Antike musste ohne den unmittelbaren sinnlichen Kontakt auskommen, den Goethe auf seiner Italienischen Reise gewann. Der Kontrast zu dem Dichterfreund der Weimarer Klassik bestimmt nicht nur in diesem Fall häufig biographische Darstellungen über Schiller. Wenn nicht zu leugnen ist, dass die bescheidene Herkunft Schillers dem angehenden Dichter andere – ungünstigere – Voraussetzungen bescherte als dem Frankfurter Patriziersohn Goethe, so kann doch auch festgestellt werden, dass Schiller durch seine Ausbildung auf der Karlsschule trotz vieler problematischer Aspekte mit allen wesentlichen Strömungen der Aufklärung in Berührung kam, dass sein Bewusstsein und die Gegenstände seiner Reflexionen einem ‹avantgardistischen› Stand entsprachen, der ihn in die Lage versetzte, die Spannungen und Widersprüche der Aufklärung in einzigartiger Weise in seinem dichterischen und philosophischen Schaffen zu verarbeiten. Und wenn Schillers Leben in die relative Ruhe und Sicherheit der Existenzform eines Dichters und Dramatikers mit privilegierten Beziehungen zum kleinen ‹Musenhof› einmündet, so erkennen wir auch in dieser Hinsicht einen fundamentalen Unterschied zu der repräsentativen Existenzform des ‹Olympiers› Goethe am Frauenplan. Schillers schwere Erkrankung, die 1791 offen ausbrach und bis an das Ende seines relativ kurzen Lebens währte, brachte es mit sich, dass der «kranke Klassiker» (Norbert Oellers) eine ‹normale› Existenzform nicht mehr kannte, dass er vielmehr gezwungen war, im Kampf gegen schwere körperliche Beeinträchtigungen eine erstaunliche Schaffenskraft zu bewahren. Auch wenn wir diesen Aspekt von Schillers Biographie und Persönlichkeit heute nüchtern betrachten können, so ist doch nicht zu verkennen, dass sein Freiheitspathos, aber auch seine ‹sentimentalische› Neigung zu Reflexion und philosophischer Konstruktion mit Lebensumständen zusammen hängen, die nicht durch ein ungetrübtes und spontanes Verhältnis zu einer vitalen Körperlichkeit geprägt waren.

Wesentliche Momente von Schillers Biographie sollen ebenso skizziert werden wie sein Verhältnis zu den geistigen Strömungen seiner Zeit.

Forschungsliteratur

Abel, Jakob Friedrich: Rede über das Genie. Werden grosse Geister geboren oder erzogen und welches sind die Merkmale derselbigen? [1776] Hrsg. v. Walter Müller-Seidel. Marbach 1955. [Wichtiges Dokument zur Einschätzung von Schillers bedeutendstem Lehrer.]

Alt, Peter-André: Schiller (s. Gesamtbibl. 2).

Aurnhammer, Achim u. a. (Hrsg.): Schiller und die höfische Welt (s. Gesamtbibl. 4).

Borchmeyer, Dieter: Kritik der Aufklärung im Geiste der Aufklärung: Friedrich Schiller. In: Jochen Schmidt (Hrsg.): Aufklärung und Gegenaufklärung in der europäischen Literatur, Philosophie und Politik von der Antike bis zur Gegenwart. Darmstadt 1989, S. 361–376.

Darsow, Götz-Lothar: Friedrich Schiller (s. Gesamtbibl. 2).

Hinderer, Walter: Beiträge Wielands zu Schillers ästhetischer Erziehung. In: Jahrbuch der Deutschen Schillergesellschaft 18 (1974), S. 348–387. [Wichtig für die Einschätzung von Schillers Verhältnis zur Aufklärung, aber auch zur europäischen Tradition insgesamt.]

Hofmann, Michael: Aufklärung (s. Gesamtbibl. 6). [Skizziert den Bezug Schillers zur Spätaufklärung.]

Horkheimer, Max und Theodor W. Adorno: Dialektik der Aufklärung (s. Gesamtbibl. 7). [In vielen Details überholte, aber noch immer anregende Darstellung zur immanenten Problematik der Aufklärung in aktualisierender Perspektive.]

Kittler, Friedrich A.: Carlos als Carlsschüler. Ein Familiengemälde in einem fürstlichen Hause. In: Wilfried Barner u. a. (Hrsg.): Unser Commercium (s. Gesamtbibl. 4), S. 241–273. [Kritische Analyse des «Zusammenspiels von Privilegierung und Disziplinierung» in der Karlsschule; Kritik des aufgeklärten Absolutismus im Sinne Foucaults; problematische These, dass auch Schillers Dichtung (*Don Carlos*) von dieser Instrumentalisierung des psychologischen Wissens betroffen sei.]

Luserke, Matthias: Sturm und Drang (s. Gesamtbibl. 6). [Energische, gleichwohl problematische These, die Schiller aus dem Sturm und Drang definitiv ausschließt.]

Oellers, Norbert: «Mein Kopf ist ganz wüste». Der kranke Klassiker Schiller. In: N. Oe.: Friedrich Schiller. Zur Modernität eines Klassikers (s. Gesamtbibl. 2),

S. 9–23. [Eindringliche Darstellung von Schillers Krankheit und ihrer Beziehung zum Schaffensprozess.]

Oellers, Norbert: Schiller. Stuttgart 1989 (s. Gesamtbibl. 2). [Kurze Darstellung eines Kenners; interessante Bewertungen; guter biographischer Überblick.]

Pilling, Claudia, Diana Schilling und Mirjam Springer: Friedrich Schiller (s. Gesamtbibl. 2). [Engagierte und originelle neue Gesamtdarstellung im Rahmen der bewährten Rowohlt-Reihe.]

Reed, Terence James: Schillers Leben und Persönlichkeit. In: Helmut Koopmann (Hrsg.): Schiller-Handbuch. Stuttgart 1998, S. 1–22. [Nützlicher Überblick.]

Riedel, Wolfgang: Die Anthropologie des jungen Schiller (s. Gesamtbibl. 5). [Wissens- und mentalitätsgeschichtliche Studie; unverzichtbar im Hinblick auf die Quellen von Schillers Denken. Betont die fortschrittliche Position der Karlsschule in Bezug auf die gesamte Ausbildung der Eleven, besonders im Hinblick auf die Verbindung von Medizin und Philosophie, und die Qualität der Lehrer über Abel hinaus.]

A. Aspekte von Schillers Biographie

1. Jugend und Karlsschulzeit

Am 10. November 1759 wurde Friedrich Schiller in Marbach am Neckar geboren. Sein Vater Johann Caspar Schiller (1723–1796) war zunächst Wundarzt und stand später als Leutnant in Diensten des württembergischen Herzogs Karl Eugen; er wurde 1775 Verwalter der Herzoglichen Hofgärten und Baumschulen auf der Solitude, dem herzoglichen Schloss. «Er war redlich und fromm, streng und mit praktischer Vernunft begabt.» (Oellers 1993, S. 14; vgl. zur Biographie Schillers die Ausführungen S. 10–13, 27–33 und 47–51) Schillers Mutter Elisabetha Dorothea, geborene Kodweiß (1732–1802), passt nicht in das aus der Goethe-Biographie bekannte Klischee der Dichtermutter. Zwar wird ihr Phantasie zugeschrieben, aber auch eine Frömmigkeit, die bis zur Bigotterie ging, und Strenge in der Erziehung. Die Familie stand in erdrückender Abhängigkeit von den Anordnungen des Herzogs, die häufige Wohnortwechsel mit sich brachten. 1765/66 besuchte der kleine Friedrich die Dorfschule in Lorch, ab Anfang 1767 die Lateinschule in Ludwigsburg. Anfang 1773 erfolgte zum dritten Mal die Aufforderung an die Familie, der hoffnungsvolle Sohn solle ein Zögling der zwei Jahre zuvor gegründeten Hohen Karlsschule (zunächst «Militär-Pflanzschule») werden – und dieser Aufforderung konnte sich Schillers Vater nicht entziehen: Friedrich musste die Familie verlassen.

Die Karlsschule zeigt alle charakteristischen Züge des aufgeklärten Absolutismus und damit auch die Ambivalenz der Aufklärung insgesamt. Der Herzog führte einerseits ein strenges und autoritäres, der Disziplin der Militärs abgeschautes Regiment über die Eleven des Instituts. Diesen wurde jeder Kontakt mit ihrer Familie untersagt; außerdem mussten die Zöglinge Berichte über ihre Kameraden schreiben, die als Denunziation im Dienste einer ‹Verbesserung› der jeweiligen Persönlichkeit zu verstehen sind. Schiller selbst schreibt Berichte über die (vermeintlich?) krankhaften Störungen seines Mitschülers Grammont, der sicherlich auch unter den Bedingungen der Kasernierung in der Schule zu leiden hatte (vgl. Kittler und Riedel, S. 37–59). Auf der anderen Seite erhielt er wie alle Zöglinge des Instituts eine fundierte Ausbildung, und er kam mit den wissenschaftlichen Tendenzen, aber auch den literarischen, geistigen und politischen Bewegungen seiner Zeit in Kontakt. Die Lehrer der Karlsschule waren nur wenig älter als die Zöglinge und nicht an deren Überwachung beteiligt, sodass sie eher wie Kameraden als wie Vorgesetzte wirkten. Großen Einfluss auf den jungen Eleven Schiller übte dessen Philosophielehrer Jakob Friedrich Abel (1751–1829) aus, der aufklärerische Positionen (vor allem im Sinne des englischen Empirismus) vertrat, aber auch den Ideen des Sturm und Drang nicht fern stand, wie seine *Rede über das Genie* (1776) beweist. Aber nicht nur der in der Forschung immer hervor gehobene Abel, auch die anderen Professoren des Instituts müssen als hervorragende Vertreter ihrer Fächer angesehen werden (vgl. Riedel, S. 19).

Die Inhalte der Lehre repräsentieren eine fortgeschrittene weltliche Wissenschaft, die Anregungen der Schulphilosophie (Leibniz, Wolff), aber auch des französischen Materialismus und des englischen Empirismus aufgreift. Schillers Doktorschriften, die sich darum bemühen, den Körper-Seele-Dualismus zu überwinden, der die philosophische mit der medizinischen Diskussion der Zeit verbindet, sind auf der Höhe fortschrittlicher Fragestellungen der Epoche, indem sie sich nach dem Vorbild «philosophischer Ärzte» wie Ernst Platner (1744–1818), Professor für Medizin und Philosophie in Leipzig, für die Erkenntnis des «ganzen Menschen» einsetzen (vgl. Riedel). Auf der anderen Seite zeigt sich die Kehrseite der Aufklärung in der umstandslosen Instrumentalisierung des aktuellen medizinischen und psychologischen Wissens zur Kontrolle und Disziplinierung der Eleven. Vier Jahre nach Beendigung seiner Schulzeit hat Schiller in der Ankündigung seiner *Rheinischen Thalia* gegen die Bildungsprinzipien der Lehranstalt polemisiert und dabei von der «militärischen Regel», der er unterworfen war, von den «Verhältnissen», die ihm «zur Folter waren», und der erzwungenen Isolation von der «wirklichen Welt» gesprochen; im Widerstand gegen diese Zustände habe sich sein poetisches Talent entwickelt:

Die publikumswirksame Rhetorik solcher Bekenntnisse nimmt diesen nicht ihren sachlichen Gehalt: Dass Schiller ein Apostel der Freiheit werden konnte, hat mit der Unfreiheit, die er jahrelang an sich erfuhr, einiges zu tun. Und mochte er sich von seinen (drei) Vätern [Gott, dem Herzog und dem leiblichen Vater] auch mehr und mehr entfernen, so wurde er deren Schatten doch nie ganz los. (Oellers 1993, S. 15 f.)

1780 wurde Schiller, nachdem er eine dritte Dissertation vorgelegt hatte – die erste war zurückgezogen, die zweite abgelehnt worden –, nachdem er also seinen *Versuch über den Zusammenhang der thierischen Natur des Menschen mit seiner geistigen* verteidigt hatte, aus der Karlsschule entlassen und als Regimentsmedikus in Stuttgart angestellt. 1781 erschien Schillers erstes Drama *Die Räuber* anonym im Selbstverlag. Zur Uraufführung des Stücks (die starke Veränderungen gegenüber dem ursprünglichen Text enthielt, vgl. Arbeitsbereich II), die am 13. Januar 1782 im Mannheimer Nationaltheater unter der Regie des Intendanten Heribert von Dalberg stattfand, reiste Schiller heimlich und ohne Genehmigung des Herzogs ins «Ausland». Da der Herzog Schiller mit Arrest bestrafte und ihm ausdrücklich die Abfassung literarischer Schriften verbot, verließ der junge Dichter am 22. September 1782 im Schutz der Dunkelheit mit seinem Freund Andreas Streicher Stuttgart.

2. *Krisenzeit: Meiningen, Mannheim, Leipzig*

Nach der Flucht aus Stuttgart wendet sich Schiller zunächst nach Mannheim, dann nach Frankfurt, schließlich nach Oggersheim. Er muss vor den Häschern seines württembergischen Landesherrn flüchten – und erscheint als ein Leidtragender der Repression des feudalistischen Systems, das auch in der Form des aufgeklärten Absolutismus den literarischen Ausdruck bürgerlichen Freiheitswillens nur schwer zu tolerieren vermag. Als drohendes Beispiel muss Schiller der Fall seines schwäbischen Landsmanns Christian Friedrich Daniel Schubart (1739–1791) erscheinen, der als Journalist und Dichter scharfe Kritik an den Zuständen in Deutschland geübt hat und der von 1777 bis 1787 als Gefangener Karl Eugens in der berüchtigten Festung Hohenasperg inhaftiert ist. Dass Schiller in den frühen achtziger Jahren ein scharfer Kritiker des feudal-absolutistischen Herrschaftssystems war, belegt insbesondere die berühmte Kammerdiener-Szene seines Dramas *Kabale und Liebe* (vgl. Arbeitsbereich II), in welcher der Verkauf von Landeskindern als Soldaten für den amerikanischen Unabhängigkeitskrieg heftig und mit großem moralischen Pathos attackiert wird.

Zunächst bedeutet der Weggang aus Württemberg für Schiller den Abbruch einer ‹ordentlichen› bürgerlichen Laufbahn und den Verzicht auf eine gesicherte gesellschaftliche Stellung. Die Jahre nach 1782 sind somit von einer existentiellen Unsicherheit gekennzeichnet, die mit einer ständigen finanziellen Krise und auch mit psychischer Labilität einher geht. Am Ende des Jahres 1782 kann Schiller auf ein Angebot Henriette von Wolzogens, der Mutter eines ehemaligen Mitschülers und späteren

Schwagers Schillers, eingehen und einige Zeit auf dem Gut Bauerbach bei Meiningen in Thüringen verbringen, wo er die Arbeit an weiteren Dramen aufnimmt. Mitte 1783 kehrt er nach Mannheim zurück, wo er für ein Jahr als Theaterdichter angestellt wird. Trotz des Erfolges seines bürgerlichen Trauerspiels *Kabale und Liebe* und trotz seiner Aufnahme in die «Kurfürstliche Deutsche Gesellschaft» ist das Mannheimer Jahr ein Misserfolg: Schiller kann sich auch aufgrund einer mangelnden Vertrautheit mit dem Milieu des Theaters nicht durchsetzen und bleibt unzufrieden und unruhig – was auch mit ‹Beziehungsproblemen› zu tun hat, die ebenfalls nicht befriedigend gelöst werden können. Trotz aller Misslichkeiten gelingt es ihm in der Rede *Was kann eine gute stehende Schaubühne eigentlich wirken?* (späterer Titel *Die Schaubühne als moralische Anstalt betrachtet*) vor der Kurfürstlichen Gesellschaft, in einer glänzend formulierten Darstellung den Anschluss seines eigenen Theaterschaffens an die insbesondere von Lessing repräsentierte Theorie und Praxis des aufklärerischen Theaters zu verdeutlichen. Wenn dem Theater dabei die Funktion zugesprochen wird, dort als (moralischer) Richter zu fungieren, wo die geistliche und weltliche Gerichtsbarkeit versagen, so zeigt sich freilich insofern eine Diskrepanz zwischen Theorie und Praxis, zwischen Anspruch und Wirklichkeit, als das Theaterpublikum zwar *Die Räuber* wegen der Darstellung extremer Charaktere und der Erzeugung intensiver Emotionen schätzt – doch die moralische Wirksamkeit dieses ‹Theaters der Grausamkeit und des Gefühls› fraglich bleiben muss. Die Stimmung Schillers schwankt in dieser Zeit ebenso wie seine weltanschauliche Orientierung, bei der idealistische Aufschwünge mit Anzeichen einer fundamentalen Desillusionierung kontrastieren. Zur Linderung seiner finanziellen Sorgen beginnt Schiller etwas, was er in Zukunft immer wieder tun wird: Er initiiert ein Zeitschriftenprojekt, wobei er selbst sein eifrigster Beiträger wird. Das erste Heft der *Rheinischen Thalia* erscheint zu Anfang des Jahres 1785.

Der Ausweg aus der Mannheimer Misere kommt überraschend. Vier sächsische Bewunderer des jungen Dichters, die ihn nie vorher gesehen haben – unter ihnen Christian Gottfried Körner, der bis zu dessen Lebensende Schillers engster Freund bleiben wird –, laden ihn in ihre Heimat ein, und Schiller verbringt die nächsten zwei Jahre in Leipzig und Dresden in engem Kontakt mit Körner und Ludwig Ferdinand Huber und deren Bräuten, wobei ihn die großzügige finanzielle Unterstützung durch den ‹arrivierten› Körner vor materiellen Sorgen bewahrt. Dies ist die Phase eines intensiven Freundschaftskults, den die Gefährten aus der Literatur, insbesondere aus der Tradition der Empfindsamkeit, in die Lebenspraxis überführen. Ausdruck dieser schwärmerischen Begeisterung sind das bekannte Gedicht *An die Freude*, die Bekräftigung einer schwärmerischen Liebesmetaphysik in den *Philosophischen Briefen* und insbesondere die poetische Darstellung der Freundschaftsbeziehung zwischen dem Marquis Posa und dem Titelhelden in *Don Carlos*, dem Stück, das in Sachsen abgeschlossen werden kann. Aber auch einem trivialeren Publikumsinteresse versucht Schiller – wiederum aus finanziellen Gründen – in dieser Zeit entgegen zu kommen, indem er zwei Prosatexte veröffentlicht, die sich das Interesse an spannenden, sensationellen Stoffen ohne große Skrupel zu nutze machen: *Der Verbrecher aus Infamie* und *Der Geisterseher*, die Geschichte einer Mystifikation, die sich des Glaubens der Menschen an übersinnliche Phänomene bedient. Diese noch ganz im Geiste der Aufklärung geschriebene Geschichte, die gleichwohl einen nicht geringen Einfluss auf die Romantik ausübte, wird nicht beendet, weil sich Schiller wichtiger erscheinende Gegenstände des Interesses anbieten.

3. *Weimar, Jena vor dem Beginn der Zusammenarbeit mit Goethe*

Im Jahre 1787 verlässt Schiller Sachsen, weil Körners Großzügigkeit zu einer Belastung zu werden droht; und er geht nach Weimar – vor allem wohl in der Absicht, mit Goethe zusammenzutreffen, aber auch um die anderen berühmten Autoren kennen zu lernen, die im Umfeld des Weimarer Hofes wirken, insbesondere Herder und Wieland. Vor allem letzterer beeinflusst den jungen Dichter insbesondere in formaler Hinsicht, indem er ihm die Vorzüge einer klassizistisch verstandenen Regelpoetik verdeutlicht (vgl. Hinderer). Praktische Hilfe beim poetischen Handwerk gewährt Wieland beim ‹Feilen› an dem großen weltanschaulich-ästhetischen Gedicht *Die Künstler* (1789), das als eine Präfiguration der großen ästhetischen Abhandlungen und des klassizistischen Formwillens anzusehen ist und schon auf die Zeit der Zusammenarbeit Schillers mit Goethe vorausweist. Wieland sorgt auch für den Abdruck von Schillers erstem großen Geschichtswerk, dem wichtigsten Erzeugnis dieser Periode, der *Geschichte des Abfalls der vereinigten Niederlande von der Spanischen Regierung*, die in dem renommierten von Wieland herausgegebenen *Teutschen Merkur* erscheinen kann.

Goethe, der erst 1788 aus Italien zurückkehrt, hält einstweilen Distanz zum Dichter der *Räuber*, den er in diametralem Gegensatz zu seiner neu erworbenen klassischen Orientierung wähnt; aber er kümmert sich um dessen Karriere, die er im Bereich der akademischen Lehre und speziell der Geschichtswissenschaft fördert. So gelingt es ihm, eine Berufung Schillers als Geschichtsprofessor an die Universität Jena zu vermitteln. Schiller, der die Geschichtsschreibung zwar auch, aber nicht nur aus materiellen Erwägungen begonnen hat, ergreift die sich ihm bietende Chance, auch wenn sie ihn von der Dichtung abzuhalten scheint (wie der besorgte Körner zu Recht vermutet). Der Erfolg gibt Schiller zunächst Recht, denn seine Antrittsvorlesung, die er am 26. Mai 1789 unter dem

Titel *Was heißt und zu welchem Ende studiert man Universalgeschichte?* hält, ist ein riesiger Erfolg. Die begeisterten Studenten bringen dem bewunderten neuen Professor nach der Vorlesung ein Ständchen – und sie sind begeistert von dem aufklärerischen Optimismus, mit dem Schiller die Geschichte als einen zielgerichteten Prozess begreift, der in den Bahnen des Fortschritts verläuft, und sie bewundern den hohen Bildungsanspruch, den Schiller an den «philosophischen Kopf» stellt und dem «Brotgelehrten» entgegen setzt, der die Wissenschaft nur aus Gründen der Nützlichkeit und des Erwerbs von Geld und Ansehen betreibt.

In den nächsten beiden Jahren ist Schiller mit großer Intensität, wenn auch nicht mehr mit überragendem Erfolg, als akademischer Lehrer tätig: Er hält Vorlesungen zur Universalgeschichte, aber auch zur Ästhetik, gibt eine Sammlung historischer Mémoires heraus, und er arbeitet an seinem zweiten, dem wichtigsten Geschichtswerk, der *Geschichte des Dreyßigjährigen Kriegs*. Wichtig für ihn ist aber auch, dass sich seine gesellschaftliche Stellung konsolidiert. Der Flüchtling aus Württemberg erhält den Hofrat-Titel und kann damit im Februar 1790 die adelige Charlotte von Lengefeld heiraten. In einer konventionellen Rollenverteilung hält ihm die Ehefrau den Rücken für seine Arbeit frei. Sie wird vier Kinder zur Welt bringen.

Einen entscheidenden Einschnitt in Schillers Leben bringt der Januar 1791, als eine schwere Erkrankung der Lunge (die bis zu seinem Tode andauert) die Fortführung geregelter Arbeit unmöglich macht. In dieser schwierigen Situation erfolgt erneut rettende Hilfe von außen: Der Herzog Friedrich Christian von Augustenburg gewährt ihm ein Stipendium, das in den nächsten Jahren die Existenz Schillers und seiner Familie sichert. Die Krankheit führt zu einer Abwendung von der akademischen Lehre, aber auch von der Historie insgesamt. Der Schwerkranke kehrt lange nicht zur Dichtung zurück, sondern führt sein intensives Studium der Philosophie Kants fort, die in den folgenden Jahren Grundlage seiner wichtigen ästhetischen Abhandlungen wird. War Schiller in seinen Jugenddramen als Dichter der Rebellion gegen den feudalen Absolutismus und gegen ungerechte Herrschaftsstrukturen aufgetreten, so führen ihn die Umstände seines Lebens in eine Position jenseits aller unmittelbaren Gesellschafts- und Sozialkritik. Eine Abwendung von rebellischen Positionen wird aber auch und insbesondere begünstigt von Schillers Reaktion auf den Verlauf der Französischen Revolution. Er deutet die Wendung zur *Terreur* als einen Sieg der niederen Instinkte des Menschen und als einen Beweis dafür, dass das französische Volk noch nicht fähig sei, die politische Freiheit in einer Weise zu gebrauchen, die sie zu einer wirklichen Befreiung der Individuen führen könnte. Schiller erhält die Nachricht, dass man ihm wegen der revolutionären Tendenzen seines Stückes *Die Räuber* die Ehrenbürgerschaft der Französischen Republik verliehen habe, zu einem Zeitpunkt, an dem er jede Hoffnung auf eine politische Verbesserung aufgegeben hat. Es ist deutlich, dass die Ereignisse der Französischen Revolution seine skeptische Einsicht bestärken, dass das Streben nach Freiheit und Selbstbestimmung zu neuer Unterdrückung führen kann. Was sich an den Figuren des Franz Moor in den *Räubern* und des Marquis Posa in *Don Carlos* gezeigt hat: dass die Prinzipien der Aufklärung dazu benutzt werden können, einzelne Menschen im Namen von Prinzipien und/oder Idealen zu unterdrücken und zu instrumentalisieren, zeigt sich nun im Prozess der Französischen Revolution im großen Maßstab. Aus dieser Perspektive ist Schillers Wendung zu dem Konzept einer ästhetischen Erziehung des Menschen zu verstehen, die sich in den Briefen an den Augustenburger und in der berühmten Abhandlung konkretisiert (vgl. Arbeitsbereich IV).

4. *Zusammenarbeit mit Goethe und Spätwerk*

Im Juli 1794 findet das «glückliche Ereignis» (Goethe) statt, das die Zusammenarbeit und Freundschaft Goethes und Schillers einleitet und damit zu dem führt, was wir heute «Weimarer Klassik» nennen. Nach einem Vortrag vor der *Naturforschenden Gesellschaft* in Jena kommt es zu einem Gespräch zwischen den beiden über Goethes Vorstellung von der Metamorphose der Pflanzen. Der Unterschied wie das Verbindende zwischen den Persönlichkeiten und Denkweisen beider Autoren zeigt sich in Schillers Bemerkung, bei der von Goethe vermeintlich angeschauten «Urpflanze» handele es sich gar nicht um eine Anschauung, sondern um eine Idee, worauf Goethe ironisch-pikiert antwortet, er wundere sich doch sehr, dass er Ideen anschauen könne. Die Eigenart Schillers, die eine Verbindung von theoretischer Reflexion und dichterischer Vorstellungskraft umfasst, zeigt sich im Kontrast zu der intuitiven Denk- und Dichtungsweise Goethes. Dieser Kontrast erweist sich bei der Respektierung der jeweiligen Besonderheit in der Folgezeit als fruchtbar. Schiller, der sicherlich der Werbende ist, unternimmt es, in dem berühmten Geburtstagsbrief vom 23. August 1794 die Persönlichkeit und das Spezifische von Goethes Dichtung zu beschreiben, wobei er Kategorien entwickelt, die sich in seiner bahnbrechenden Abhandlung *Über naive und sentimentalische Dichtung* (1796, vgl. Arbeitsbereich IV) wiederfinden. Schiller selbst versteht sich somit als Prototyp des ‹modernen› Dichters, der durch die Reflexion eine problematische Verbindung zwischen der Wirklichkeit und dem Ideal herzustellen sucht, während Goethe als das intuitiv vorgehende Genie erscheint, als ein «griechischer Geist, in diese nordische Schöpfung geworfen», der fast wunderbarerweise auf die Reflexion als ein wesentliches Element der Dichtung verzichten kann.

Die Begegnung mit Goethe bringt Schiller eine Rückkehr zur Literatur, die er seit dem *Don Carlos* und den lyrischen Werken von 1789 zugunsten der Historie und der Philosophie geradezu aufgegeben hat. Mitte 1795 kann er die letzte philosophische Abhandlung beenden und sich wiederum der Produktion von Gedichten zuwenden (wobei die für Schiller charakteristische Gedankenlyrik diesen Übergang erleichtert, vgl. Arbeitsbereich V). Durch die Zusammenarbeit mit Goethe wird auch die Idee der Herausgabe der *Horen* konkret, einer Zeitschrift mit höchstem literarischen Anspruch, die sich im Zeichen der als unheilvoll empfundenen Entwicklung der Französischen Revolution explizit von den politischen Tagesgeschäften zurückziehen und durch eine Hinwendung zu ‹reiner› Kunst etwas von der ästhetischen Erziehung des Publikums verwirklichen soll, die Schiller in seiner Abhandlung theoretisch konzipiert hat. Auch fünf Musenalmanache gibt Schiller neben den drei Jahrgängen der *Horen* in den folgenden Jahren heraus. Hier zeigt sich die Zusammenarbeit mit Goethe in verschiedenen Ausprägungen: 1796 erscheinen die von Goethe und Schiller in Koproduktion verfassten *Xenien*, Epigramme, die satirische Abrechnungen mit fast allen literarischen Zeitgenossen enthalten und die den von eben diesen Zeitgenossen als maßlos empfundenen Anspruch der beiden Weimarer Dichter dokumentieren, der deutschen Literatur ihren Stempel aufzudrücken. 1798 erscheint der ‹Balladen-Almanach›: Schiller und Goethe haben Balladen verfasst, die sie getrennt geschrieben, aber gemeinsam konzipiert und diskutiert haben. Seit dem Frühjahr 1796 hat Schiller wieder die dramatische Produktion aufgenommen; er arbeitet drei Jahre lang im Kampf gegen die Krankheit an der *Wallenstein*-Trilogie, mit deren erstem Teil, *Wallensteins Lager*, 1798 das umgebaute Weimarer Theater, das noch immer unter Goethes Leitung steht, glanzvoll eröffnet wird. Ende 1799 zieht der von der Krankheit gezeichnete Schiller endlich nach Weimar, in die Nähe Goethes; und in den folgenden Jahren gelingt es ihm in einem beeindruckenden Kraftakt, jedes Jahr ein Drama zu vollenden. Schillers dramatisches Spätwerk, das etliche Fragmente und Bearbeitungen von Dramen anderer Dichter umfasst, zählt zu den bedeutendsten Leistungen der deutschen Literatur; es wurde von einem dem Tode geweihten Mann verfasst.

Am 9. Mai 1805 stirbt Schiller. Der Sektionsbefund ergibt, dass zahlreiche Organe seines Körpers in ihrer Funktion stark gestört, zum Teil sogar aufgelöst waren. Bezeichnend der Kommentar des sezierenden Arztes: «Bei diesen Umständen muß man sich wundern, wie der arme Mann so lange hat leben können.» (zitiert nach Oellers: Schiller, S. 51)

B. Schiller und die Strömungen seiner Zeit

Schiller ist als ein Exponent der deutschen Aufklärung zu begreifen – und zwar als ein Vertreter aufklärerischen Denkens, der viele Anregungen seiner Vorgänger, insbesondere Lessings und Wielands, aufnimmt und der als ein Repräsentant der Spätaufklärung eine kritische Reflexion über die Aporien und Grenzen der Aufklärung befördert, dabei aber den Ideen und Ansprüchen der Aufklärung weitgehend treu bleibt. Schillers Auseinandersetzung mit den Problemen seiner Zeit ist als Modell einer grundlegenden Selbstreflexion der Moderne zu verstehen – einer Moderne, die sich am Ende des achtzehnten Jahrhunderts auszubilden begann und deren Problematik Schiller als Zeitgenosse bereits analysierte. Wir können diese Selbstkritik einer entstehenden Moderne aufnehmen und unter Bewahrung dieses kritischen Impulses als Grundlage einer kritischen Analyse unserer Gegenwart verstehen.

1. Schiller und die Aufklärung

Schiller ist im Geiste der Aufklärung erzogen worden; die Hohe Karlsschule war – im Guten wie im Schlechten – ein exemplarisches Institut des aufklärerischen Geistes und Selbstverständnisses. Zu betonen ist aber auch eine spezifische Ungleichzeitigkeit in Schillers Entwicklung: Wir erkennen häufig noch die Verteidigung von Grundpositionen der Aufklärung auf bestimmten Gebieten, während in anderen Bereichen bereits eine grundlegende Infragestellung dieser Grundpositionen zu beobachten ist. Aufklärerische Überzeugungen vertritt Schiller nachhaltig in verschiedenen Kontexten: In der *Schaubühnen*-Rede von 1784 propagiert er eine aufklärerische Wirkungsästhetik, wenn er auf die Bestrafung der Amoralität durch das Theater setzt und die Katharsis im Theater im Anschluss an Lessing als eine moralische Reinigung auffasst. Demgegenüber scheint die moralische Wirkung etwa seines Erstlingsdramas *Die Räuber* eher zweifelhaft zu sein. Die frühen Dramen Schillers leisten mehr und anderes, als es seine Theorie der Schaubühne postuliert: Anstatt moralische Wirkungen zu entfalten, zeigen sie die Krise des moralischen Bewusstseins im Kontext der Aufklärung, droht die Moral doch – wie die religiösen Überzeugungen insgesamt – zu den Überbleibseln eines obsoleten Aberglaubens zu verkommen. Der junge Schiller bearbeitet damit ein Problemfeld, das die radikalen Vertreter einer schwarzen Aufklärung in Frankreich am Ende des Jahrhunderts in den Blickpunkt gerückt haben: die Verselbständigung von Rationalität und Moral, die an den Grundlagen des bürgerlichen Selbstverständnisses rüttelt. Choderlos de Laclos und der Marquis de Sade zeigen in grellen Bildern, was der junge Schiller ebenfalls in Szene setzt: den Triumph einer zynischen Rationalität, die sich über Normen der Moral und der Mitmenschlichkeit hinweg setzt. Schiller hat entscheident dazu beigetragen, dass bereits in der Epoche der Spätaufklärung dargestellt werden konnte, was Theodor W. Adorno und Max Horkheimer als «Dialektik der Aufklärung» bezeichnet haben:

Die dunklen Schriftsteller des Bürgertums haben nicht wie seine Apologeten die Konsequenzen der Aufklärung durch harmonistische Doktrinen abzubiegen getrachtet. Sie haben nicht vorgegeben, daß die formalistische Vernunft in einem engeren Zusammenhang mit der Moral als mit der Unmoral stünde. Während die hellen das unlösliche Bündnis von Vernunft und Untat, von bürgerlicher Gesellschaft und Herrschaft durch Leugnung schützten, sprachen jene rücksichtslos die schockierende Wahrheit aus. (Horkheimer/Adorno: Dialektik der Aufklärung S. 106)

Schiller – dies ist zu betonen – gehört trotz mancher klischeehafter Vorstellungen, die sich in der Wirkungsgeschichte verfestigt haben und von denen gerade Adorno nicht frei ist (vgl. Arbeitsbereich VII), nicht zu den ‹hellen›, den harmonisierenden Autoren des Bürgertums. Die Diskrepanz zwischen ‹Wirklichkeit› und ‹Ideal›, die als sein Lebensthema anzusehen ist, zeigt sich in seiner Persönlichkeit als eine Antinomie zwischen Skepsis und Idealismus, Desillusionierung und Enthusiasmus; und es ist der Grundimpuls der Aufklärung, die kritische Reflexion der Grundlagen etablierter Begriffe, die sich mit Schiller gegen die Grundsätze der Aufklärung selbst richtet. So zeigt die ‹Entlarvungspsychologie› des Autors der *Räuber*, dass die aufgeklärten Raisonnements des Erbschleichers Franz Moor auf einem Ressentiment und einem Minderwertigkeitskomplex beruhen, die sich gegen den vermeintlich von der Natur bevorzugten älteren Bruder richten.

Im *Don Carlos*, dem Drama, mit dem das Frühwerk endet, präsentiert Schiller den Marquis Posa als einen Freiheitskämpfer, der *im Namen von Emanzipation und Freiheit* manipuliert und intrigiert und sein Ziel damit desavouiert. Diese Manipulation des Menschen im Dienste einer universalen Idee ist das Symptom jener Dialektik der Aufklärung, die Schiller in seinen *Briefen über Don Carlos* (1788) mit begrifflicher Stringenz beschrieben hat. Diese Briefe stellen insofern ein noch nicht ausreichend gewürdigtes Dokument dar, als sie einen Höhepunkt der deutschen *Spätaufklärung* markieren – wobei dieser Terminus nicht nur in einem chronologischen Sinne zu verstehen ist, sondern eine Phase der Aufklärung bezeichnet, in welcher die kritischen Instrumentarien der Aufklärung gegen diese selbst verwendet werden, ohne dass der kritische Impetus des aufklärerischen Denkens aufgegeben würde. Schiller erklärt in dem angesprochenen Text mit klarem Bezug auf die Posa-Figur, die zunächst als die Verkörperung eines uneingeschränkt positiv zu bewertenden Freiheitsstrebens konzipiert worden war (vgl. Arbeitsbereich II):

[...] daß der uneigennützigste, reinste und edelste Mensch aus enthusiastischer Anhänglichkeit an *seine Vorstellung* von Tugend und hervorzubringendem Glück sehr oft ausgesetzt ist, ebenso willkürlich mit den Individuen zu schalten als nur immer der selbstsüchtigste Despot, weil der Gegenstand von beider Bestrebungen *in* ihnen, nicht *außer* ihnen wohnt und weil jener, der seine Handlungen nach seinem innern Geistesbilde modelt, mit der Freiheit anderer ebenso im Streit liegt als dieser, dessen letztes Ziel *sein eigenes Ich* ist. Wahre Größe des Gemüts führt oft nicht weniger zu Verletzungen fremder Freiheit als der Egoismus und die Herrschsucht, weil sie um der Handlung, nicht um des einzelnen Subjekts willen handelt. Eben weil sie in steter Hinsicht auf das Ganze wirkt, verschwindet nur allzu leicht das kleinere Interesse des Individuums in diesem weiten Prospekte (NA 22, S. 170).

Festzuhalten ist also, dass Schiller eine selbstkritische Analyse der Aufklärung entwickelt, die zwei entgegen gesetzte Extreme ins Auge fasst: Einerseits besteht die Gefahr, dass die aufklärerische Kritik der abstrakten Begriffe zu einer bedenkenlosen Legitimierung aller sinnlichen Reize führt und somit den Egoismus und einen zügellosen Hedonismus begünstigt; andererseits ist es möglich, dass eine zu rigide Moral oder auch ein stringentes Konzept der allgemeinen Wohlfahrt zu einer Unterdrückung der individuellen Bedürfnissen des Menschen führt. Diese Dichotomie der Aufklärung kann die *Spätaufklärung* nur in ihren Gegensätzen festhalten, weil sie vom kritischen Impuls ihres Denkens her die Bildung allgemeiner Synthesen oder weiter gehender Versöhnungskonzepte verweigert. Plausibel erscheint, dass der *Denker und Dichter* Schiller aus dieser problematischen Konstellation heraus nach neuen Konzepten sucht, mit denen sie vielleicht überwunden werden kann.

Dass die Konzeption der ästhetischen Erziehung als Antwort auf eine Zeitkritik zu verstehen ist, die als Kritik einer fehl geleiteten Aufklärung formuliert wird, zeigt sich an dieser Passage aus den Briefen *Ueber die ästhetische Erziehung des Menschen*:

Die Aufklärung des Verstandes, deren sich die verfeinerten Stände nicht ganz mit Unrecht rühmen, zeigt im Ganzen so wenig einen veredelnden Einfluß auf die Gesinnungen, daß sie vielmehr die Verderbniß durch Maximen befestigt. Wir verleugnen die Natur auf ihrem rechtmäßigen Felde, um auf dem moralischen ihre Tyranney zu erfahren, und indem wir ihren Eindrücken widerstreben, nehmen wir unsre Grundsätze von ihr an. (NA 20, 320)

Der «Ausgang des Menschen aus seiner selbst verschuldeten Unmündigkeit» (Kant) stellt das Individuum vor das Problem, seine Handlungen nicht an von außen kommenden Vorschriften ausrichten zu können, sondern autonom bestimmen zu müssen. Das mündige Individuum wird mit der Frage konfrontiert, wie es mit der Natur im Menschen, also mit der eigenen Leiblichkeit und den ‹Begierden› umzugehen hat. Nicht erst mit der *Dialektik der Aufklärung* wird demnach die Frage nach dem Umgang des Menschen mit der Natur in ihm und außer ihm akut. Schiller benennt präzise das Problem der aufgeklärten Rationalität, das sich bis in die Zeiten einer postmodernen Moderne bewahrt hat:

> Der Mensch kann sich aber auf eine doppelte Weise entgegen gesetzt seyn: entweder als Wilder, wenn seine Gefühle über seine Grundsätze herrschen; oder als Barbar, wenn seine Grundsätze seine Gefühle zerstören. Der Wilde verachtet die Kunst, und erkennt die Natur als seinen unumschränkten Gebieter; der Barbar verspottet und entehrt die Natur, aber verächtlicher als der Wilde fährt er häufig genug fort, der Sklave seines Sklaven zu seyn. (NA 20, 318)

Die antithetische Struktur von Schillers Argumentation zeigt, dass das aufklärerische Denken die Grundlage für seine Überlegungen bildet; zu erkennen ist auch, dass die Idee einer ästhetischen Erziehung gerade dem Ziel dienen soll, die Defizite zu beheben, die Schiller sowohl bei dem Wilden als auch beim Barbaren diagnostiziert. Gegen die theoretische Kultur, die zur Unterdrückung der Natur führt, und gegen die schrankenlose Herrschaft einer ‹bloßen Natur› setzt Schiller das Programm seiner ästhetischen Erziehung, mit welchem die Triebe verfeinert und die rigiden Begriffe gemildert werden sollen. Damit übt Schiller «im Namen praktischer Kultur und der Rhetorik als ihres Organs an der rationalistischen Einseitigkeit des aufgeklärten Denkens Kritik» (Borchmeyer, S. 372). Die ästhetische Erziehung soll die Individuen in die Lage versetzen, *freiwillig und ohne Zwang* den Ansprüchen der Allgemeinheit zu folgen; und sie soll das theoretische Bewusstsein an die Bedürfnisse der Individualität und Kontingenz anpassen. Schiller glaubt zunächst an eine mittelfristige praktische Wirkung seiner Therapie des aufgeklärten Denkens. Als seine Skepsis gegenüber der ‹wirklichen Welt› und gegenüber der Erziehungsfähigkeit des Menschen wächst, setzt er eher auf die Autonomie der Kunst, die eine *zeitweilige* Befreiung von den Zwängen der instrumentellen Vernunft bewirken kann, und schließlich ersetzt er die Idee einer Versöhnung von Natur und Vernunft in der Ästhetik des Schönen durch die konfliktuelle Fassung des Problems in der Ästhetik des Erhabenen. Zu betonen ist aber, dass auch im Spätwerk der Ausgangspunkt für Schillers Überlegungen und Konzepte eine Problemkonstellation ist, die insgesamt als Ambivalenz der Aufklärung gefasst werden kann: Indem der Anspruch der Aufklärung aufrecht erhalten wird, durch Reflexion und Kritik zur Emanzipation des Menschen beizutragen, sind gleichzeitig die negativen Folgen dieses Vorgangs zu bedenken.

2. *Schiller und der Sturm und Drang*

Die Einbindung von Schillers Frühwerk (bis 1788) in die deutsche Spätaufklärung macht die Frage plausibel, inwieweit die geläufige Zuordnung dieses Frühwerks zu der (so kurzen, aber gleichwohl bedeutungsvollen) Epoche des Sturm und Drang noch haltbar ist. Die Integration Schillers in die Spätaufklärung in zeitlicher Nähe zum Spätwerk Lessings, Wielands und Klopstocks sowie zu Texten von Moritz, Heinse, Wezel, Forster und anderen erschiene plausibel, zumal eine unmittelbare persönliche oder zeitliche Beziehung zu Goethe, Herder und Lenz während des Sturm und Drang nicht bestanden hat. Eine durchaus repräsentative neuere Epochendarstellung kommt zu dem Ergebnis, dass Schillers Frühwerk dieser Strömung *nicht* zuzurechnen ist. Matthias Luserke erklärt:

> Schiller gehört mit seinen Jugenddramen chronologisch gesehen und mit Hinblick auf die fehlende Gruppenanbindung nicht mehr zum Sturm und Drang. Ob seine Stücke *Die Räuber* (1781), *Fiesco* (1783) und *Kabale und Liebe* (1784) aber inhaltlich und thematisch noch zum Sturm und Drang zu rechnen sind, war und ist in der Forschung umstritten. Ungeachtet ihrer dramatischen Qualität und ihres literaturgeschichtlichen Werts sind sie Nachahmungsstücke. Der junge Dramatiker versuchte, durchaus erfolgreich, im Stile des Sturm und Drang zu schreiben. Seine Stücke blieben aber isolierte Fremdkörper einer längst vergangenen literaturgeschichtlichen Periode. […] Schillers Jugendwerke sind, auf die literaturgeschichtliche Periode des Sturm und Drang bezogen, ein «Nachhall» – nicht mehr, aber auch nicht weniger. (Luserke: Sturm und Drang, S. 322 f.)

Folgt man dieser Argumentation, so wäre zu folgern, dass Schillers Frühwerk als herausragendes Modell einer eigenen Epoche mit Namen «Spätaufklärung» darzustellen wäre – wobei das Profil dieser Epoche noch deutlich geschärft werden müsste. Sie wäre nämlich nicht als ein Anhängsel zur Literatur des achtzehnten Jahrhunderts zu verstehen, sondern als eine eigenständige Periode, in der literarische Mittel gefunden wurden, mit denen das kritische Instrumentarium der Aufklärung auf diese selbst angewendet würde. Und es ist – wie gezeigt – gerade das Frühwerk Schillers, das in diesem pointierten Verständnis dazu beitragen kann, der Spätaufklärung Kontur zu geben.

Auf der anderen Seite ist einer reduktionistischen Betrachtungsweise zu widersprechen, die Schillers Frühwerk lediglich an den Kriterien des Sturm und Drang misst und dann nur von «Nachahmung» und Schwundstufe sprechen kann. Vielmehr ist zu sehen, dass Schillers Frühwerk – hierin freilich ebenfalls eine Tendenz des Sturm und Drang selbst aufnehmend – eine fundierte Kritik der Rebellion des Sturm und Drang repräsentiert, auch wenn die Revolte der Figuren, die mit denen des Sturm und Drang verbunden werden können, mit Sympathie betrachtet und vorgestellt werden.

Wie der Sturm und Drang ist auch die ‹sanftere› Empfindsamkeit als eine Bewegung innerhalb der Aufklärung, die den Stellenwert des Gefühls und der Empfindung betont, auf Schiller nicht ohne Einfluss geblieben. Vor allem das Frühwerk weist, insbesondere mit der Amalie der *Räuber* und mit der Luise Millerin aus *Kabale und Liebe*, weibliche Figuren auf, die ganz in der Tradition der Empfindsamkeit stehen und die gegen den amoralischen Skeptizismus und Hedonismus ausgespielt werden, der durch die Vertreter der Hofes und einer pervertierten Rationalität verkörpert wird (Franz Moor, Präsident Walter). Die Berufung auf das menschliche Gefühl wird dabei durchaus gegen eine pseudo-philosophische Legitimierung des Triebhaften und Egoistischen ins Recht gesetzt; gleichzeitig wird aber verdeutlicht, dass die relative Passivität und die mangelnde Konfliktfähigkeit des empfindsamen Subjekts dieses untauglich erscheinen lassen, wenn es darum geht, eine Haltung zu entwickeln, die den Spannungen und Widersprüchen der Spätaufklärung gerecht wird. Die ästhetische Erziehung nimmt sicherlich Impulse der Empfindsamkeit auf, bemüht sich aber um eine Vermittlung zwischen einem a priori moralischen Gefühl und den sinnlichen Bedürfnissen des Menschen.

3. *Freiheit, Idealismus und die vorkritische Utopie der* Theosophie des Julius

Die entscheidende Prägung, die Schiller durch das Denken der Auf klärung empfangen hat, verbindet ein konstruktives Element mit einer kritischen Infragestellung grundlegender Kategorien und Konzepte des spekulativen Denkens. Die medizinischen Schriften des jungen Schiller sind das Zeugnis des analytischen Denkstils der Karlsschule, die medizinische und philosophische Konzepte zu einer Suche nach einem anthropologischen Modell des ‹ganzen Menschen› verbanden (vgl. Riedel, Schings). Wenn Schiller in seiner dritten Dissertation den Versuch unternahm, den *Zusammenhang der thierischen Natur des Menschen mit seiner geistigen* zu bestimmen, so zeigt sich sowohl die analytische Perspektive der aufklärerischen Anthropologie als auch die Suche nach einer Verbindung zwischen den Polen der Antinomie, die sich als Ergebnis der Analyse ergibt. Ein dualistisches Denken, das gleichwohl immer von dem Bestreben geprägt ist, die Gegensätze zu versöhnen, die doch die Grundlage dieses Denkens darstellen, kennzeichnet letztlich alle expositorischen Texte Schillers und natürlich auch seine poetisch-literarischen Entwürfe. So sind etwa die Gegensätze zwischen Stoff- und Formtrieb, zwischen naiver und sentimentalischer Dichtung, zwischen Schönem und Erhabenem konstitutiv für Schillers ästhetische Schriften; und es ist wichtig zu bemerken, dass sich die Schärfe seines kritischen Denkens darin zeigt, dass er zwar nach Synthesen sucht, sich aber nicht mit einfachen Formeln zufrieden gibt. Der Spieltrieb der Abhandlung über die ästhetische Erziehung ist ausdrücklich nicht als Synthese aus den beiden erwähnten gegensätzlichen Trieben zu verstehen, sondern als ein Drittes zu begreifen, das sich aus deren (Selbst-)Begrenzung entwickelt. Die kritische Analyse der ästhetischen Schriften (vgl. Arbeitsbereich V) sieht die Aktualität Schillers gerade darin, dass er die Widersprüche seines Denkens in einer produktiven Offenheit hält. Eine kritische Rezeption muss somit bedenken, dass Schiller zwar die *Notwendigkeit* einer Vereinigung der Widersprüche postuliert, in seinen Analysen aber darauf verweist, dass dieses Postulat nicht gleichzeitig als ein in der Wirklichkeit gesichertes Moment der Versöhnung interpretiert werden darf.

Dennoch hat die Begegnung mit der Philosophie Kants, die für das Denken Schillers von entscheidender Bedeutung war, lediglich eine bestehende Tendenz verstärkt und Schiller befähigt, bereits vorhandene Impulse methodisch bewusst zu verfolgen und theoretisch zu formulieren. Schiller systematisiert gewissermaßen mit seiner Kant-Lektüre die spätaufklärerische Skepsis gegenüber einer vorschnellen Versöhnung der Widersprüche des Denkens; er sieht, wie Kant die spezifische Rolle der Kunst im Hinblick auf das Bedürfnis des Menschen nach Versöhnung und nach einer Übereinstimmung mit dem Ideal herausarbeiten kann, ohne die systematischen Grundlagen seiner kritischen Philosophie zu verleugnen. Schiller kann somit von Kants Begriffsmustern ausgehen, ohne den Rigorismus von dessen Ethik zu übernehmen, der ihm grundsätzlich fremd war; er kann dabei gleichzeitig die Notwendigkeit einer Überwindung antagonistischer Denkmodelle veranschaulichen, ohne einer affirmativen Betrachtung zuzustimmen, die von der Notwendigkeit der Versöhnung auf deren Realisierung in der ‹wirklichen Welt› schließt.

Schiller war – hierin in gewisser Weise einem Klischee entsprechend – ein Apologet und Beförderer der Freiheit des Menschen. Er erkannte aber gerade im Laufe seiner denkerischen und literarischen Entwicklung immer deutlicher, dass dieses *Bedürfnis des Menschen nach Freiheit und Selbstbestimmung* zwar möglicherweise als eine anthropologische Konstante anzusehen ist, dass aus dem Bedürfnis aber nicht auf dessen Realisierung zu schließen ist. Im Gegenteil: Der Mensch sehnt sich zwar nach Freiheit und Selbstbestimmung; seine Handlungen münden aber immer mehr in Unfreiheit und Abhängigkeit. Gerade die Beschäftigung mit der Geschichte interessierte Schiller im besonderem Maße, weil diese zu veranschaulichen vermochte, wie das Streben nach Freiheit in sein Gegenteil umschlug. Der Mensch lebt in Schillers Verständnis im Bedürfnis nach Freiheit und der Orientierung am Ideal; die Problematik seiner Existenz liegt aber gerade darin, dass er – empirisch – von der Freiheit und dem Ideal durch eine unüberbrückbare Kluft getrennt ist.

Vor diesem Hintergrund ist ein Blick auf Schillers Jugendphilosophie aufschlussreich, die sich in der *Theosophie des Julius* als Teil eines Romanfragments mit dem Titel *Philosophische Briefe* (1786) findet. Die Forschung ist sich darüber einig, dass dieser Text aus der Karlsschulzeit datiert (vgl. Alt 243) und insofern ein Grundelement von Schillers Denken enthält. Die *Theosophie*, die in dem Text von 1786 bereits einer skeptischen Relativierung unterzogen wird, skizziert ein umfassendes philosophisches System, das nichts weniger als eine vollständige Erklärung der Welt und ihres ‹Sinnes› intendiert. Schiller bewegt sich hier im Umfeld der Leibniz-Wolffschen Schulphilosophie; er bemüht sich aber vor allem darum, die optimistische Lehre von der besten aller möglichen Welten durch eine Philosophie der Liebe zu stützen, die unter anderem auf schwäbische pietistische Traditionen zurückgeht (Obereit, Oetinger, vgl. Alt 244). Indem Gott sich im Akt der Schöpfung als ein liebendes Wesen erkannt hat, so die Vorstellung, hat er sich in der Schöpfung als liebendes Wesen ausgedrückt. Das Verhältnis von Schöpfer und Schöpfung ist also als eines der gegenseitigen Entsprechung zu verstehen, wobei die Liebe und speziell die Freundschaft als kosmische Grundkräfte verstanden werden, mit denen die göttliche Urkraft reproduziert wird. Diese Lehre zeigt einen Impuls, den Schiller mit den Schülern des Tübinger Stifts Hölderlin, Hegel und Schelling gemeinsam haben konnte, und sie zeigt, dass auch er die Grundlagen einer Vereinigungsphilosophie kennen gelernt hat. Die *Theosophie des Julius* stellt einen frühen spekulativen (aus der späteren Perspektive des Kantianers «vorkritischen») Versuch dar, eine Übereinstimmung zwischen Ideal und Realität, Freiheit und Notwendigkeit der Welt zu konstruieren, indem die Korrespondenz zwischen Welt und Gott im Zeichen der Liebe und der Freundschaft postuliert wird. Zu beziehen ist diese Vereinigungsphantasie auf die kritische Denkweise der Karlsschule, deren analytische Sonderung der Begriffe und Phänomene durch eine spekulative Synthese ergänzt und überwunden werden sollte. Aber bereits 1786 steht diese ‹große Erzählung› von der kosmischen Harmonie der Liebe neben einer skeptischen Position, welche das empirische Verhalten der Menschen in kritischer Absicht gegen die spekulative Phantasie des Entwurfs setzt. Idealismus und Skepsis stehen in dieser Schaffensphase Schillers als zwei getrennte Tendenzen in einer spannungsvollen Koexistenz; in Schillers weiterer Entwicklung, die zunächst durch die Konfrontation mit der geschichtlichen Wirklichkeit und dann mit der kritischen Philosophie Kants gekennzeichnet ist, wird es darum gehen, das Bedürfnis nach Freiheit und idealer Harmonie mit einer skeptischen Einschätzung der empirischen Realität direkt zu verbinden.

4. *Geschichte: Teleologie und Skepsis*

Schillers Wendung zur Geschichte, die sich nach der Beendigung des *Don Carlos* einstellt und die sich an die Konfrontation mit den historischen Elementen des Stückes anschließt, zeigt sich als logische Konsequenz aus den charakteristischen Zügen seiner Persönlichkeit, die sich in der Auseinandersetzung mit den Strömungen seiner Epoche ausgeprägt hatten. Die Suche nach einem Konzept des ganzen Menschen, die seine philosophisch inspirierten medizinischen Schriften geprägt hatte, und die Fortsetzung dieser Suche mit poetischen Mitteln (insbesondere des Dramas) hatten Schiller vor Augen geführt, dass seine Auseinandersetzung mit den Ansprüchen und Zielen des Menschen insofern relativ abstrakt geblieben war, als er die historischen Vermittlungen dieser anthropologischen Modelle nicht genügend bedacht hatte. Zwar spielten zwei seiner frühen Dramen (im Gegensatz zu den *Räubern* und *Kabale und Liebe*) in geschichtlichen Epochen, die deutlich zu benennen waren (im *Fiesco* und im *Don Carlos* das Italien bzw. Spanien des 14. und 15. Jahrhunderts); Schiller musste aber feststellen, dass sein aktualisierendes Interesse an Fragen der politischen Herrschaft und des Freiheitsstrebens diese historische Perspektive überlagert hatte. Wenn er aber erkannt hatte, dass das Interesse an der Befreiung der Menschheit etwa im Falle des Marquis Posa die Frage nach den konkreten Sorgen und Bedürfnissen des Individuums verdrängte, so lag es nahe, mit dem Blick auf die Geschichte den Versuch zu unternehmen, die individuelle Existenz einzelner Personen und Figuren aus ihrer Einbindung in eine historische Epoche und in das Ganze eines Volkes zu verstehen. Schillers Wendung zur Geschichte kann also in einem ersten Zugang als der Versuch begriffen werden, nach einem adäquaten Verständnis des ganzen Menschen nicht mehr nur in der philosophischen Durchdringung der Physiologie und der Psychologie zu suchen, sondern diese im Verständnis historischer Prozesse zu fundieren.

Die dualistische Spannung zwischen Enthusiasmus und Skepsis, zwischen Idealismus und Desillusionierung, die wir als einen Grundzug von Schillers Persönlichkeit und Werk herausgestellt haben, tritt aber auch in Schillers Auseinandersetzung mit der Geschichte hervor. Die Jenaer Antrittsvorlesung von 1789 bestimmt den Sinn der historischen Betrachtung, in der Geschichte diejenigen Impulse aufzuspüren, die zu der Periode der Freiheit und der Aufklärung geführt haben, die Schiller zu diesem Zeitpunkt noch optimistisch und enthusiastisch erreicht zu haben glaubt. Die Perspektive auf die Geschichte ist also zunächst optimistisch, parteiisch und teleologisch in dem Sinne, dass der historische Blick den Fortschritt der Freiheit etwa in der Entwicklung der Reformation und in der Rebellion der Niederlande gegen die Despotie der Spanier zu rekonstruieren habe. Diese aufklärerische Geschichtssicht, die sich der Vergangenheit widmet, indem sie die Maßstäbe der (vermeintlich?) aufgeklärten Gegenwart anwendet, erweist sich freilich in Schillers Sicht schließlich als problematisch. Zunächst zeigt schon die historiographische Praxis die Notwendigkeit, die geschichtlich Handelnden aus ihrer Zeit heraus zu verstehen, was etwa dazu führt, dass die Rebellen nicht so heroisch und die Unterdrücker nicht so barbarisch erscheinen. Schiller wird zu einem Anreger des Historismus, indem er ein narratives Konzept der Geschichtsschreibung entwirft und praktiziert, das die Motivierung der Handlungen und die Prägung der Charaktere aus der jeweiligen Epoche heraus begreift und die Beurteilung aus der Sicht des Nachgeborenen in den Hintergrund treten lässt. Und noch etwas kommt hinzu: Der Optimismus, der noch in der Jenaer Antrittsvorlesung die Entwicklung der Aufklärung ausgesprochen positiv beurteilte und die eigene Epoche als eine Zeit der Überwindung von Vorurteilen und des Sieges der Freiheit interpretierte, wird durch die Entwicklung der Französischen Revolution massiv in Frage gestellt (vgl. Abschnitt 5). Wenn aber die eigene Zeit nicht mehr als das Ziel der historischen Entwicklung zu verstehen ist, wenn also die Gegenwart wie die historischen Epochen als eine Gemengelage fortschrittlicher und rückschrittlicher Tendenzen zu begreifen ist – ja wenn der Verdacht aufkommt, dass der Begriff des «Fortschritts» überhaupt in Frage zu stellen ist, weil seine vermeintlichen Beförderer (wie der fiktive Marquis Posa und der reale Robespierre) neuer Unterdrückung den Weg bereiten, dann ist eine vorurteilsfreie Untersuchung der Geschichte empfehlenswert, die sich unvoreingenommen den Widersprüchen und Konflikten der vergangenen Zeit widmet.

5. Schiller und die Französische Revolution

Es wurde bereits darauf verwiesen, dass der junge Schiller am eigenen Leib die repressiven Seiten des feudalistischen Herrschaftssystems erfahren hatte. Der junge Dichter, der die Kammerdienerszene in *Kabale und Liebe* ersonnen hatte und den Marquis Posa mit seiner Forderung nach Gedankenfreiheit den oft zitierten «Männerstolz vor Königsthronen» demonstrieren ließ, ist als Gegner des feudalistischen Absolutismus zu sehen. Aber bereits die Figur Posas hatte einen Plan entwickelt, durch eine Beeinflussung des Fürsten gewissermaßen eine «Revolution von oben» durchzuführen – was auf einen Aspekt von Schillers politischen Überzeugungen verweist, der typisch war für die bürgerlichen Autoren Deutschlands, die der Idee einer konstitutionellen Monarchie anhingen und in der Fürstenerziehung den Weg zur Aufklärung der Monarchen und dann zur aufgeklärten Umformung der Gesellschaft erblickten. Die

Briefe Schillers an den Augustenburger, die Vorstufe der Briefe *Ueber die ästhetische Erziehung des Menschen*, stehen in der Tradition des Fürstenspiegels, die etwa in Christoph Martin Wielands Roman *Der Goldne Spiegel* (1768) eine bedeutende, wenn auch ironisch gebrochene Ausprägung gefunden hatte. So war es nicht überraschend, dass der mittlerweile im Umfeld des Weimarer Hofes lebende Schiller die gewaltsame Revolution der Franzosen skeptisch beurteilte. Zwar war es auch kein Missverständnis, wenn die neue französische Republik in dem Autor der *Räuber* einen Sympathisanten politischer Umwälzungen erkannte und ihm die Ehrenbürgerwürde des revolutionären Staates verlieh (Schiller erhielt die Urkunde freilich erst 1794, als er längst zum erklärten Gegner des revolutionären Prozesses geworden war); es ist aber deutlich, dass Schiller einen gewaltlosen evolutionären Prozess bevorzugte, der durch Volkserziehung und behutsame Reformen im Sinne von Aufklärung und Emanzipation wirken sollte. Als der revolutionäre Prozess in Frankreich mit dem Gerichtsverfahren gegen den König und dessen Hinrichtung einen gewaltsamen Höhepunkt erreichte, nahm Schiller eine eindeutig kritische Haltung ein. Er, der zeitweilig den Plan erwogen hatte, eine Apologie des Königs zu verfassen, die den Prozess positiv im Sinne des Königs beeinflussen sollte, wandte sich enttäuscht und verbittert von dieser Revolution ab und erklärte in einem Brief an Körner vom 8. Februar 1793 seinen Abscheu gegenüber den «elenden Schindersknechten», die zu dieser gewaltsamen Maßnahme gegen den legitimen Herrscher gegriffen hatten.

6. *Autonomie der Kunst, Spätwerk*

Die Desillusionierung der geschichtlichen und politischen Perspektive bestimmt Schillers Werk spätestens seit 1792; die Distanzierung seiner Kunst vom ‹Engagement› wird intensiviert durch seine gesundheitliche Verfassung, die seit 1791 eine aktive Teilnahme am öffentlichen Leben nahezu ausschließt. Die ästhetischen Reflexionen dieser Periode, die den Gegenstand einiger der wichtigsten Werke Schillers bilden (vgl. Arbeitsbereich IV), greifen Konzepte der Autonomie der Kunst auf, mit denen Schiller bereits früher in Berührung gekommen war, die er aber aufgrund seiner Beschäftigung mit Fragen der Historie noch nicht hatte ausarbeiten können. Im Jahre 1788 hatte der aus Italien zurückgekehrte Karl Philipp Moritz Schiller in Weimar besucht und mit seinem Gastgeber intensiv über Fragen der Ästhetik und Psychologie diskutiert (vgl. Alt, 565–567). Moritz hatte, stark beeinflusst von Goethes klassizistischer Wendung zur antiken Kunst, in seiner Schrift *Über die bildende Nachahmung des Schönen* eine Kunsttheorie vorgelegt, die den Wert der Kunst gegen jede Art von außerästhetischen Zwecken verteidigte und ein Schönheitsideal vertrat, das sich stark am objektiven Muster der plastischen Schönheit orientierte. Die Betonung der Autonomie des Kunstwerks bedeutete eine Wendung zur Werkästhetik, die sich von der Wirkungsästhetik der Aufklärung deutlich unterschied. Schiller selbst formuliert unter dem Eindruck seiner Kontakte mit Moritz bereits im Dezember 1788 ein Bekenntnis zur Autonomie der Kunst, wobei er die Zweckfreiheit der Kunst voraussetzt, gleichzeitig aber die Überzeugung vertritt, dass die zweckfreie Schönheit in einem zweiten Schritt durchaus auch moralisch wünschenswerte Zwecke vertreten kann:

Kurz, ich bin überzeugt, daß jedes Kunstwerk nur sich selbst d. h. seiner eigenen Schönheitsregel Rechenschaft geben darf, und keiner anderen Foderung unterworfen ist. Hingegen glaub ich auch festiglich, daß es gerade auf diesem Wege auch alle übrigen Foderungen *mittelbar* befriedigen muß, weil sich jede Schönheit doch endlich in allgemeine Wahrheit auflösen läßt. Der Dichter, der sich nur Schönheit zum Zweck setzt, dieser aber heilig folgt, wird am Ende alle andern Rücksichten, die er zu vernachlässigen schien, ohne daß er's will oder weiß, gleichsam als Zugabe mit erreicht haben, da im Gegenteil der, der zwischen Schönheit und Moralität oder was es sonst sey, unstet flattert oder um beide buhlt, leicht mit jeder verdirbt. (an Körner Dezember 1788; NA 25, S. 167 f.)

Die Ungleichzeitigkeiten in der Ausbildung theoretischer Konzepte beruhen hier im Falle Schillers darauf, dass sein Arbeitsplan zunächst die Intensivierung der historischen Studien vorsah, die eine Beschäftigung mit ästhetischen Fragen verhinderte. «Aber einmal», so schrieb er 1788, «nehme ich sie mir doch vor, wäre es auch nur, um meine eigenen Ideen darüber zu berichtigen.» (NA 25, S. 177 f.) Als Schiller dann im Herbst 1792 ernsthaft mit seinen ästhetischen Studien beginnt, ist neben Kants *Kritik der Urteilskraft* Moritz' Schrift über das Schöne die Grundlage seiner Beschäftigung mit ästhetischen Fragen. Bedeutsam erscheint freilich, dass die Briefe an den Augustenburger und der anfängliche Ansatz der Briefe *Ueber die ästhetische Erziehung des Menschen* wieder von einer wirkungsästhetischen Perspektive ausgehen und die Frage nach der Funktion der Kunst in Politik und Gesellschaft stellen. So geht Schiller bei der Ausarbeitung seiner Theorie der ästhetischen Erziehung zunächst noch einmal von einem im engeren Sinne aufklärerischen Ansatz aus, der sich aber im Laufe der Ausarbeitung durch die Annäherung an die Autonomieästhetik entscheidend wandelt (vgl. Arbeitsbereich V). Interessant erscheint in diesem Zusammenhang, dass die Entwicklung von Schillers Denken und seiner Persönlichkeit nicht linear verläuft, dass sich vielmehr im Hinblick auf die verschiedenen Gegenstands- und Interessenbereiche (Geschichte, Ästhetik, Literatur) Umwege und Verzögerungen ergeben. So bereitet die Lyrik der Jahre 1788 und 1789 (*Die Künstler, Die Götter Griechenlandes*) bereits eine Autonomiekonzeption vor, die später mit einer pessimistischen Geschichtssicht verbunden werden wird, während Schiller 1789 in der Jenaer Antrittsvorlesung noch einen aufklärerischen Geschichtsoptimismus vertritt.

Schillers Entwicklung ab 1795 ist weniger von äußeren Einflüssen geprägt, vielmehr entwickelt sich sein Denken kontinuierlich weiter. Sicherlich ist die Begegnung mit Goethe entscheidend (vgl. unsere zusammenfassende Darstellung im Arbeitsbereich IV); sie hilft Schiller auch, die spezifischen Züge seiner Persönlichkeit und seines Schaffens besser zu begreifen. In der Phase der ästhetischen Abhandlungen entwickelt er seine Theorie der ästhetischen Erziehung sowie seine Konzeption der modernen Dichtung, und er nähert sich einer spezifisch modernen Theorie des Erhabenen (vgl. ebenfalls Arbeitsbereich IV). Den Übergang von der ästhetischen Theorie zur Periode der späten Dramen bildet die Gedankenlyrik der Zeit nach 1795 (vgl. Arbeitsbereich V). Die späten Dramen schließlich bilden in einer atemberaubenden Folge eine neue Synthese von Schillers Schaffen (vgl. Arbeitsbereich VI), die interessante Bezüge zu den ästhetischen Theorien ermöglicht, in der Meisterschaft der Reifephase Schillers aber gegenüber der Theorie eine souveräne Unabhängigkeit bewahren und jeweils eine originelle Verbindung von Stoff und Form anstreben, bei der auch der Blick auf die Bühnenwirksamkeit eine entscheidende Rolle spielt.

II. Frühe Dramatik

Schiller wurde in seinen Anfängen berühmt und berüchtigt als der Verfasser der *Räuber*; im Bewusstsein des Publikums und der Forschung ist gerade der junge Schiller ein Dramatiker. Ein Jahrzehnt nach der Explosion des eigentlichen Sturm und Drang in Straßburg tritt der Karlsschüler mit seinem Erstlingswerk hervor, das ihn zum Heimatlosen macht, seine dramatische Produktivität aber erst recht stimuliert. Im Folgenden ist zu zeigen, wie Schillers dramatisches Frühwerk mit Pathos und radikaler Wucht ohne große Rücksicht auf Dezenz und poetische Wahrscheinlichkeit Fragen des Selbstverständnisses des Menschen in einer Umbruchzeit in Szene setzt und veranschaulicht. In Auseinandersetzung mit den Errungenschaften und Problemen der Aufklärung, deren Kind und Vertreter er ist, als Nachfolger, Sympathisant und Kritiker des Sturm und Drang, als selbstkritischer Beobachter des aufstrebenden Bürgertums, dessen Würde und Erbärmlichkeit er unbekümmert analysiert, als Chronist und Zeuge einer sich entwickelnden Moderne, deren emanzipatorische Züge er ebenso darstellt wie die pathologischen, ist der junge Schiller heute noch umstritten, und das heißt: aktuell und nicht zum bloßen Bildungsgut verkommen. Und wenn der späte Schiller auch mit guten Gründen die Schwächen seines Frühwerks zu benennen wusste, so ist dieses doch aus heutiger Sicht als künstlerischer Ausdruck einer Krisenerfahrung von einer erstaunlichen Aktualität.

A. *Die Räuber*

1. *Grundlageninformationen*

1.1. *Texte und Materialien*

NA 3.
SW I.
DKV II.
Einzelausgabe RUB 15.
Schillers *Räuber*. Urtext des Mannheimer Soufflierbuches. Hrsg. v. Herbert Stubenrauch und Günter Schulz. Mannheim 1959.
Medizinische Schriften. In: NA 20.
Was kann eine gute stehende Schaubühne eigentlich wirken? (1785): NA 20.
Materialien in Friedrich Schiller: Die Räuber. Erläuterungen und Dokumente. Hrsg. v. Christian Grawe. Stuttgart: Reclam 1976 (RUB 8134).

1.2. *Forschungsliteratur*

Best, Otto F.: Gerechtigkeit für Spiegelberg. In: Jahrbuch der Deutschen Schillergesellschaft 22 (1978), S. 277–302. [Originelles Plädoyer für eine häufig verkannte Nebenfigur.]

Bohse, Jörg: Inszenierte Dramenlektüre: Der Prozeß gegen Karl Moor und Moritz Spiegelberg. In: Gerhard Haas (Hrsg.): Literatur im Unterricht. Stuttgart 1982, S. 205–267. [Interessantes, ausführliches didaktisches Material im Geiste einer sozialgeschichtlich orientierten Germanistik.]

Brittnacher, Hans Richard: Die Räuber. In: Helmut Koopmann (Hrsg.): Schiller-Handbuch (s. Gesamtbibl. 2), S. 326–353. [Solider Überblick über Interpretation und Forschung.]

Grimminger, Rolf: Aufklärung, Absolutismus und bürgerliche Individuen. Über den notwendigen Zusammenhang von Literatur, Gesellschaft und Staat in der Geschichte des 18. Jahrhunderts. In: R. G. (Hrsg.): Hansers Sozialgeschichte der deutschen Literatur, Bd. 3 (siehe Gesamtbibl. 6), S. 15–99. [Wichtige literaturgeschichtliche Grundlegung, die Problemstellungen des jungen Schiller verstehen hilft; Differenzierung und historische Präzisierung der Formel «Dialektik der Aufklärung».]

Große, Wilhelm: Friedrich Schiller: Die Räuber. Grundlagen und Gedanken zum Verständnis des Dramas. 2. Auflage. Frankfurt am Main 1991.

Hinderer, Walter: Die Räuber. In: W. H. (Hrsg.): Interpretationen. Schillers Dramen (s. Gesamtbibl. 4), S. 11–67. [Gute Gesamtdeutung mit Forschungsüberblick.]

Hofmann, Michael: Friedrich Schiller: Die Räuber. Interpretation. 2. Auflage. München 1999. [Gesamtdeutung mit literaturgeschichtlicher Einordnung und Forschungsüberblick.]

Hofmann, Michael: Schillers *Räuber* und die Pathogenese moderner Subjektivität. In: Klassik, modern. Für Norbert Oellers zum 60. Geburtstag. Zeitschrift für deutsche Philologie. Sonderheft 1996, S. 3–15.

Hofmann, Michael: Vernunft und Moral in Schillers frühen Dramen und in Laclos' *Liaisons dangereuses*. In: Lenz-Jahrbuch. Sturm und Drang-Studien 5 (1995), S. 189–202. [Betont die Verbindung Schillers zur europäischen Spätaufklärung.]

Kittler, Friedrich A.: Dichter, Mutter, Kind. München 1991. [Originelle, die traditionelle Germanistik provozierende Deutung Lessings und Schillers aus dem Geiste Foucaults und Lacans. Anregend, aber nicht immer überzeugend.]

Kluge, Gerhard: Zwischen Seelenmechanik und Gefühlspathos. Umrisse zum Verständnis der Gestalt Amalias in *Die Räuber* – Analyse der Szene I, 3. In: Jahrbuch der Deutschen Schillergesellschaft 20 (1976), S. 184–207. [Exemplarische Deutung einer Figur; ertragreich im Hinblick auf die Konstellation «Empfindsamkeit – Rationalismus».]

Koopmann, Helmut: Joseph und sein Vater. Zu den biblischen Anspielungen in Schillers *Räubern*. In: Herkommen und Erneuerung. Essays für Oskar Seidlin. Hrsg. v. Gerald Gillespie und Edgar Lohner. Tübingen 1976, S. 150–167. [Gute Präsentation des Materials, problematische affirmative These in Bezug auf Schillers Haltung zum Christentum.]

Kraft, Günther: Historische Studien zu Schillers Schauspiel *Die Räuber*. Über eine mitteldeutsche Räuberbande des 18. Jahrhunderts. Weimar 1959. [Sozialgeschichtliche Aufbereitung des Materials im marxistischen Geiste.]

Mattenklott, Gert: Melancholie in der Dramatik des Sturm und Drang. Stuttgart 1968. [Wegweisende frühe Studie.]

Mayer, Hans: Der weise Nathan und der Räuber Spiegelberg. Antinomien der jüdischen Emanzipation in Deutschland. In: Jahrbuch der Deutschen Schillergesellschaft 17 (1973), S. 253–272. [Anregende Perspektive im Hinblick auf die Frage nach der Behandlung jüdischer Figuren.]

Michelsen, Peter: Der Bruch mit der Vater-Welt. Studien zu Schillers *Räubern*. Heidelberg 1979. [Grundlegende Studie zum Thema «Väter-Söhne» im Umkreis des Sturm und Drang.]

Riedel, Wolfgang: Die Aufklärung und das Unbewußte. Die Inversionen des Franz Moor. In: Jahrbuch der Deutschen Schillergesellschaft 37 (1993), S. 198–220. [Interessante Studie, die den Kontext der Aufklärung prägnant darstellt, auf aktualisierende Bezüge zur Psychoanalyse aber verzichtet.]

Scherpe, Klaus: *Die Räuber*. In: Walter Hinderer (Hrsg.): Schillers Dramen. Neue Interpretationen (s. Gesamtbibl. 4), S. 9–36. [Grundlegende Deutung aus der Perspektive einer sozialgeschichtlich orientierten Germanistik.]

Schings, Hans Jürgen: Melancholie und Aufklärung (s. Gesamtbibl. 5).

Schwerte, Hans: Schillers *Räuber*. In: Jörg Schillemeit (Hrsg.): Deutsche Dramen von Gryphius bis Brecht. Frankfurt am Main 1960, S. 147–171. [Historisch bedeutende Studie wegen der Wendung gegen eine religiöse Deutung des Dramas, die auch durch die umstrittene Position des Autors nach der Enttarnung von dessen NS-Vergangenheit nicht entwertet wird.]

Steinhagen, Harald: Der junge Schiller zwischen Marquis de Sade und Kant. Aufklärung und Idealismus. In: Deutsche Vierteljahrsschrift 56 (1982), S. 135–157. [Grundlegende Studie auf der Basis von Horkheimers und Adornos *Dialektik der Aufklärung*: Franz Moor als der konsequenteste Vertreter der deutschen Aufklärung.]

Veit, Philipp: Moritz Spiegelberg. Eine Charakterstudie zu Schillers *Räubern*. In: Jahrbuch der Deutschen Schillergesellschaft 17 (1973), S. 273–290.

Wiese, Benno von: Friedrich Schiller (s. Gesamtbibl. 2), S. 136–170. [Lange Zeit verbindliche geistesgeschichtliche Deutung des Dramas, die von der zentralen Bedeutung eines religiösen Konflikts ausgeht.]

Zymner, Rüdiger: Friedrich Schiller. Dramen (s. Gesamtbibl. 5), S. 9–26. [Nützlicher Überblick über Entstehung des Dramas und Forschungstendenzen, Interpretationsskizze.]

1.3. Voraussetzungen und Entstehung

Schiller scheint mit der Arbeit an seinem ersten Stück bereits während seiner Zeit an der Karlsschule begonnen zu haben. Er meldete sich häufig krank, um die notwendige Ruhe und Muße zur Abfassung des Dramas zu haben. Durch eine Zeichnung Viktor von Heideloffs ist die Szene bekannt, in der Schiller (wohl im Jahre 1780) seinen Mitschülern im Wald das Stück vorträgt. Nach einem Bericht soll Schiller den Text ruhig deklamiert haben, sich bei der fünften Szene des vierten Aktes (Wiederbegegnung Karls mit seinem Vater vor dem Turm) aber in höchste Erregung gesteigert zu haben, die bei den Zuhörern Bestürzung und (wie das ganze Drama) große Bewunderung hervorgerufen haben soll.

Im Jahre 1781 veröffentlichte Schiller das Stück auf eigene Kosten und anonym unter dem Titel *Die Räuber. Ein Schauspiel* mit dem fingierten Druckort «Frankfurt und Leipzig». Während der Text bereits im Druck war, zog Schiller den zweiten bereits ausgedruckten Bogen zurück und veränderte dessen Text (nach herrschender Meinung vorwiegend aus künstlerischen Erwägungen; es lässt sich aber auch eine Entschärfung durch die Zurücknahme einiger Spiegelberg-Passagen feststellen). Der unterdrückte Bogen B ist in der Schiller-Nationalausgabe abgedruckt (vgl. NA 3). Eine «zwote verbesserte Auflage» mit einem kurzen Vorwort Schillers und der (vom Verfasser offenbar nicht gewünschten) Löwen-Vignette mit den Worten «In Tirannos» erschien Anfang 1782 bei Tobias Löffler in Mannheim wieder mit dem fingierten Druckort «Frankfurt und Leipzig». Sie weicht textlich kaum von der Erstausgabe ab. Für die Uraufführung, die am 13. Januar 1782 im Mannheimer Nationaltheater unter der Regie des Intendanten Wolfgang Heribert von Dalberg (1750–1806) stattfand und zu der Schiller heimlich und ohne Genehmigung des Herzogs Karl Eugen anreiste, wurde der Text trotz starker Bedenken des Autors erheblich verändert:

> Aus fünf Akten wurden sieben Handlungen; statt in der Mitte des 18. Jahrhunderts spielt das Stück nun am Ende des 15. Jahrhunderts; die lyrischen Einlagen fehlen; der Pater im 2. Akt wird in eine ‹Magistratsperson› umgewandelt; Pastor Moser im 5. Akt wird gestrichen; Franz will Hermann zum Mord an Karl überreden, aber Hermann lehnt sich auf und bedroht Franz schließlich mit der Pistole; Franz begeht nicht Selbstmord, sondern wird von der Bande gerichtet; Amalia wird nicht von Karl erstochen, sondern tötet sich selbst. (Grawe: Erläuterungen, S. 84 f.)

Zweifellos entspricht die sogenannte Schauspielfassung Schillers Intentionen mehr als die von Dalberg in Auftrag gegebene Bearbeitung; sie ist aber auch aus sachlichen Gründen vorzuziehen und liegt der heutigen Beschäftigung mit dem Drama zugrunde. Schiller selbst wandte sich insbesondere gegen die Verlegung der Handlung seines Stücks ins späte Mittelalter und erklärte in einem Brief an Dalberg vom 3. November 1781:

> Wenn ich Ihnen auf die Frage: ob das Stük nicht mit Vortheil in spätere Zeiten zurükgeschoben werden könnte, meine unmaßgebliche Meinung sagen darf, so gesteh ich, ich wünschte diese Veränderung nicht. Alle Karaktere sind zu aufgeklärt, zu modern angelegt, daß das ganze Stük untergehen würde, wenn die Zeit, worin es geführt wird, verändert würde. (zitiert nach Grawe: Erläuterungen, S. 138 f.)

Schillers Stück ist zwar nicht historisch genau situiert, in seiner Problematik aber präzise auf die zeitgenössische Gegenwart bezogen, wodurch es eine Brisanz gewinnt, die der Intendant des Mannheimer Nationaltheaters gerade verschleiern wollte. Dass dies indes nicht ganz gelungen ist, zeigt der bekannte Bericht über die Uraufführung des Stücks, welcher die starke Erregung der Zuschauer betont.

Im Jahre 1782 publizierte Schiller «eine Neue für die Mannheimer Bühne verbesserte Auflage» seines Dramas in der Schwanischen Buchhandlung in Mannheim. Diese Fassung mit dem Untertitel «Ein Trauerspiel» orientiert sich an dem aufgeführten Text, nimmt aber die gravierendsten Veränderungen durch einen Rückgriff auf die Schauspielfassung wieder zurück. Amalia wird von Karl getötet und das Stück endet wieder mit den berühmten Worten: «Dem Manne kann geholfen werden».

2. *Textanalyse*

Der rebellische Impuls des Dramas speist sich aus verschiedenen Quellen: aus dem Geiste der Kraftgenies des Sturm und Drang, aus einer verinnerlichten Empfindsamkeit und auch aus einem zugespitzten Rationalismus der Aufklärung. Alle diese Impulse richten sich – aus ganz verschiedenen Motivationen heraus – gegen die Feudalgesellschaft des achtzehnten Jahrhunderts, gegen die Welt des aufgeklärten Absolutismus, der zwischen Tradition und Innovation schwankt, von seinen Kritikern aber dezidiert als ein System der Repression begriffen wird. Es muss jedoch betont werden, dass bereits der junge Schiller mit seinem Erstlingswerk die Problematik der rebellierenden Impulse betont, dass er die Widersprüchlichkeit des Bewusstseins eines Karl in Szene setzt, der sich in die heroische Welt der Antike zurücksehnt, dann aber vor den Widersprüchen der Welt in die Regression eines vorbewussten Zustandes zu fliehen sucht. Die *Räuber* veranschaulichen also nicht nur die Unhaltbarkeit der herrschenden Zustände, sondern auch und insbesondere die Aporien des modernen Bewusstseins, das sich im Widerspruch gegen die feudale Herrschaft zu bilden beginnt.

2.1. Die Räuber *als Drama der Rebellion*

Die Modernität der *Räuber* – und hier liegt ein entscheidender Aspekt – besteht charakteristischerweise zu einem großen Teil in einer Kritik der Modernisierung, der Rationalisierung der Lebensverhältnisse, wie sie die Reformen des aufgeklärten Absolutismus in die Wege geleitet hatten. Die Verrechtlichung menschlicher Beziehungen, die mit dem Beginn der Neuzeit eingesetzt hatte (wie Goethes *Götz* in Bezug auf die Aufhebung der Fehde demonstrierte), wurde im Jahrhundert der Aufklärung intensiviert, und genau gegen diese Zustände lehnt sich ein Rebell wie Karl auf, wenn er mit ‹Kraftausdrücken› wie «tintenklecksendes Säkulum» und «Kastratenjahrhundert» die Tendenz seiner Zeit kritisiert, formale Regelungen an die Stelle individueller Taten zu setzen. In eindringlichen Bildern bringt Schiller den rebellischen Anspruch Karls zur Sprache, dessen Modernisierungskritik mit Recht zu den bekanntesten Passagen des Stücks gehört:

Ich soll meinen Leib pressen in eine Schnürbrust und meinen Willen schnüren in Gesetze. Das Gesetz hat zum Schneckengang verdorben, was Adlerflug geworden wäre. Das Gesetz hat noch keinen großen Mann gebildet, aber die Freiheit brütet Kolosse und Extremitäten aus. Sie verpalisadieren sich ins Bauchfell eines Tyrannen, hofieren die Laune seines Magens und lassen sich klemmen von seinen Winden. Ah! daß der Geist Hermanns noch in der Asche glimmte! – Stelle mich vor ein Heer Kerls wie ich, und aus Deutschland soll eine Republik werden, gegen die Rom und Sparta Nonnenklöster sein sollen. (I, 2; vgl. NA 3, S. 21)

Die Abstraktheit formaler Regelungen behindert die Entfaltung des Individuums, so die Klage des Rebellen; der große Einzelne steht gegen das Gesetz, gegen die Regulierung menschlichen Verhaltens. Grobianismen unterstreichen den antihöfischen Impuls dieser Revolte, die sich demnach gegen die Regulierung und Formierung menschlicher Bedürfnisse und menschlichen Verhaltens wendet, die Norbert Elias exemplarisch als den *Prozess der Zivilisation* beschrieben hat. Ist diese Opposition gegen eine tendenziell dem Höfischen zugeordnete Formierung von Einstellungen und Mentalitäten bürgerlich? Sicherlich nur in einem eingeschränkten Sinne, da die bürgerlichen Moralvorstellungen mindestens ebenso zu einer Verhaltensregulierung führen wie die höfisch-aristokratischen Muster. Abstrakt und gleichsam ohne sozialen Ort erscheint die rebellierende Subjektivität Karls, die sich auch nicht als politische Opposition artikuliert, denn das Wort «Republik» verweist trotz seiner antifeudalen Ausprägung weniger auf ein politisches Programm als auf ein anachronistisches Modell, das sich auf die antiken Staaten bezieht und mit der Vorstellung eines heroischen Zeitalters verbunden ist, wie der Bezug auf die historische Gestalt des Brutus zeigt. So ist die Räuberbande gewissermaßen notgedrungen derjenige soziale Zusammenhang, den sich die Rebellion der revoltierenden freien Subjektivität suchen muss, ein Zusammenhang, der seine immanente Problematik vom ersten Moment an nicht verleugnen kann. Die Rebellion Karls, die sich im Namen von Natur, Kraft und Spontaneität gegen die Zwangsmechanismen einer rationalisierten Welt richtet, gewinnt, als der Sohn sich vom Vater verraten glaubt, schließlich sogar eine kosmische Dimension, wenn der Räuberhauptmann einen Aufstand der Elemente imaginiert: «oh, daß ich durch die ganze Natur das Horn des Aufruhrs blasen könnte, Luft, Erde und Meer wider das Hyänengezücht ins Treffen zu führen!» (I, 2; vgl. NA 3, S. 31)

Geht Karls Revolte im Namen der Natur gegen die Auswüchse einer

Zivilisation, die der Rebell als repressiv begreift, so vertritt Franz Moor, der ebenfalls als ein Rebell dargestellt wird, eine in gewissem Sinne konsequente, letztlich aber pervertierte Aufklärung für eine Wendung der Vernunft gegen die ‹bloße› Natur, die vernunftwidrige Einrichtung einer Welt, die willkürlich die einen bevorzugt und die anderen benachteiligt. Rationalität ist für Franz ein Mittel, gerade diese ‹Ungerechtigkeit› zu beseitigen; seine Rebellion richtet sich gegen die Vernachlässigung, die er der Natur ankreidet:

> Ich habe große Rechte, über die Natur ungehalten zu sein, und bei meiner Ehre! Ich will sie geltend machen. – Warum bin ich nicht der erste aus Mutterleib gekrochen? Warum nicht der einzige? Warum mußte sie mir diese Bürde aus Häßlichkeit aufladen? Gerade mir? (I, 1; vgl. NA 3, S. 18)

Auch der Rebell Franz verwendet in polemischer Absicht die Metapher vom Schneckengang: «Soll sich mein hochfliegender Geist an den Schneckengang der *Materie* ketten lassen?» (II, 1; vgl. NA 3, S. 42) Franz belegt die Natur mit der pejorativ konnotierten philosophisch-wissenschaftlichen Bezeichnung «Materie» und spricht von ihrem Schneckengang, dem er seine ‹vernünftigen› Vorschriften entgegensetzen will.

Amalia, die Geliebte Karls, die schließlich von seiner Hand den Tod findet, ist eine Repräsentantin der schwärmerisch-passiven Empfindsamkeit und insofern primär keine Protagonistin der Rebellion. Ihre Innerlichkeit gewinnt aber in dem Augenblick rebellische Züge, als Franz sich ihr nähert und ihr äußerlichen Reichtum verspricht, wenn sie bereit ist, auf den Geliebten zu verzichten und sich mit dem angehenden Herrn des Hauses Moor zu verbinden:

> Ich möchte die Lumpen, die er [Karl] anhat, nicht mit dem Purpur der Gesalbten vertauschen – der Blick, mit dem er bettelt, das muß ein großer, ein königlicher Blick sein – ein Blick, der die Herrlichkeit, den Pomp, die Triumphe der Großen und Reichen zernichtet! In den Staub mit dir, du prangendes Geschmeide! (*Sie reißt sich die Perlen vom Hals.*) Seid verdammt, Gold und Silber und Juwelen zu tragen, ihr Großen und Reichen! Seid verdammt, an üppigen Mahlen zu zechen! Verdammt, euren Gliedern wohl zu tun auf weichen Polstern der Wollust! Karl! Karl! So bin ich dein wert – (I, 3; vgl. NA 3, S. 37 f.)

Schillers Einsicht in die Ungleichzeitigkeit von modernem und tradiertem Bewusstsein, die sich in seiner Charakterisierung der problematischen Rebellion manifestiert, zeigt eine Distanz gegenüber einem unreflektierten Fortschrittsverständnis, das gängigen aufklärerischen Mustern entsprach. Die Ambivalenz der Rebellion ist mit Bezug auf die zentrale Gestalt des Karl Moor bereits durch die simple Tatsache gegeben, dass die Revolte in die Sphäre des Kriminellen abgleitet. Die Schädigung unschuldiger Menschen durch die Räuberbande wird im Drama anschaulich dargestellt, und es wird darauf verwiesen, dass Karls radikale Wendung gegen die gesellschaftliche Ordnung letztlich auf einem grandiosen Missverständnis beruht, das durch die Intrige seines Bruders Franz, durch den gefälschten Brief des Vaters, ausgelöst wurde.

Schillers erstes Stück ist ein Drama gegen die Väterordnung (vgl. Kittler). Aber nicht gegen einen autoritären und zu strengen, gegen einen harten und repressiven Vater wenden sich die revoltierenden Söhne, sondern gegen einen schwachen, «zärtlichen» (wie es in der Sprache der Empfindsamkeit heißt), der nicht mehr in der Lage ist, eine Autorität zu verkörpern, die den Söhnen Orientierung und Integration in eine bestehende Ordnung vermittelt. Die durch Verrechtlichung und Rationalisierung der Lebensverhältnisse gekennzeichnete Modernisierung erhöht zwar die Erwartungen an den Vater, der im Gegensatz zu der durch die «natürliche» Liebe gekennzeichneten Mutter die kulturelle Sozialisation der Kinder lenken soll (wie der ideale Vater Nathan in Lessings Drama, der Recha adoptiert hat, also nicht ihr leiblicher Vater ist), dem es aber immer schwerer fällt, dieser Aufgabe gerecht zu werden.

Die am Ende des Stückes stehende Unterwerfung des Rebellen Karl unter die Gesetze der Obrigkeit erscheint als Konsequenz aus der schon früh gewonnenen Einsicht, dass die Räuberrebellion nicht die geeignete Antwort auf die Krise der modernen Welt und des modernen Bewusstseins ist. Die Kapitulation des Räuberhauptmanns bedeutet jedoch keine Apologie der herrschenden Zustände und erst recht keine Identifizierung des irdischen Tribunals mit dem göttlichen (wie es die ältere Forschung verstand, vgl. von Wiese). Die Einsicht in das Verfehlte des Räuberprotests und das Wissen um die Inhumanität der herrschenden Ordnung stehen am Schluss unversöhnt nebeneinander; Karls Unterwerfung ist ein Notbehelf, eine formale Anerkennung eines abstrakten Ordnungsgedankens, der die Forderung nach einer Welt, in der die Individuen selbstbestimmt handeln können, nicht verstummen läßt.

2.2 *Franz Moor: die Problematik einer konsequenten Aufklärung – Unterdrückung der Natur und Wiederkehr des Verdrängten*

Der jüngere der Brüder Moor gehört zu den beklemmendsten und provozierendsten Gestalten der deutschen Dramatik des achtzehnten Jahrhunderts. Es ist nicht die Monstrosität der Figur allein, welche diese Wirkung hervorruft, sondern vor allem die Tatsache, dass Franz konsequent nach den Prinzipien avanciertester rationaler Philosophie handelt (vgl. Steinhagen). Dass Aufklärung in Barbarei übergehen kann, zeigt Schiller in der Figur seines aufgeklärten Bösewichts. Und dass dies kein Zufall war, macht eine Bemerkung Schillers in der Selbstrezension seines Stückes im *Wirttembergischen Repertorium* deutlich: «Dann sind auch die Raisonnements, mit denen er sein Lastersystem aufzustutzen versteht, das Resultat eines aufgeklärten Denkens und liberalen Studiums. Die Begriffe, die sie voraussetzen, hätten ihn notwendig veredeln sollen.» (zit. nach Grawe: Erläuterungen, S. 164.) Als Spätaufklärer, der die kritischen Fragen der Aufklärung an diese selbst stellt, exponiert Schiller deren drängendstes Problem: Steht die aufklärerische Rationalität mit der Bewahrung moralischer Werte im Einklang oder begünstigt die Kritik an den unbegründet geltenden Normen von Wahrheit und Moral den Egoismus dessen, der die anderen nach seinen Vorstellungen und Zielen zu manipulieren versteht? Nach der Intention des Autors soll das Schicksal des räsonierenden Bösewichts zweifellos dessen ‹System› widerlegen; es bleibt aber eine grundlegende Irritation, die auch durch die Logik der Handlung nicht überwunden wird.

Franz Moor verkörpert die aufklärerische Vernunft, indem er die Natur beherrschen will. Was bei Kant als Mündigkeit und Selbstbestimmung des autonomen Subjekts erscheint, wird hier zu einer Unterdrückung des Fremden, aber auch des Fremden im Selbst pervertiert. Das Stück gibt eine psychologische Begründung für diesen Sachverhalt, indem es zeigt, wie Rationalität, die sich anderer Menschen als Mittel bedient, aus dem Geist des Ressentiments entsteht. Nicht die Moral, wie später bei Nietzsche, sondern die Wendung gegen die Natur und gegen die Moral ergibt sich aus dem Bedürfnis, die natürlichen Gegebenheiten zu korrigieren, wie Franz' bereits zitierte Tirade gegen sein Schicksal als Zweitgeborener und gegen die Hässlichkeit seiner äußeren Erscheinung zeigt. Die von ihm vorgefundenen natürlichen Gegebenheiten empfindet Franz nicht als Teil seiner selbst, als etwas, mit dem er leben und aus dem heraus er schaffen, sondern als etwas ihm Unzugehöriges, dem er nur in einem antagonistischen Kampf entgegentreten kann. Die personale Vertrautheit, die sich aus dem Verhältnis von Vater und Sohn, Bruder und Bruder ergibt und die sein Bruder Karl verloren zu haben glaubt, ist Franz durch sein Ressentiment versperrt. Er kompensiert diese Leere durch eine rationalistische Argumentation, die natürlich-körperliche Beziehungen auf einen physiologisch-materiellen Kern reduziert und als Grundlage eines Zusammengehörigkeitsgefühls nicht gelten lässt. In dem typischen Stil der metaphysikkritischen, desillusionierenden Wendung der Aufklärung gegen abstrakte Werte zieht er gegen Vorstellungen zu Felde, die Harmonie und Verständnis aus den Gegebenheiten der Natur ableiten wollen:

Ich habe Langes und Breites von einer sogenannten *Blutliebe* schwatzen gehört, das einem ordentlichen Hausmann den Kopf heiß machen könnte [...] es ist dein Vater! Er hat dir das Leben gegeben, du bist sein Fleisch, sein Blut – also sei er dir heilig. Wiederum eine schlaue Konsequenz! Ich möchte doch fragen, *warum* hat er mich gemacht? Doch wohl gar nicht aus Liebe zu mir, der erst ein *Ich* werden sollte? Hat er mich gekannt, ehe er mich machte? Oder hat er mich gedacht, wie er mich machte? Oder hat er *mich* gewünscht, da er mich machte? Wußte er, was ich werden würde? Das wollt ich ihm nicht raten, sonst möchte ich ihn dafür strafen, daß er mich doch gemacht hat! (I, 1; vgl. NA 3, S. 19)

In dem Kampf, den Franz auch und vor allem gegen seinen eigenen Vater führt, setzt er ein Mittel ein, das ihm die aufgeklärte Philosophie und Wissenschaft zur Verfügung stellt: das Wissen um die Wechselwirkung zwischen Körper und Seele und damit die Möglichkeit, körperliche Zustände durch psychische Beeinflussung zu manipulieren. Diese *Seelenmechanik* ist Franz' bevorzugtes Mittel, und sie stellt ein Musterbeispiel für die von den Kritikern der rationalistischen Aufklärung angeprangerte Instrumentalisierung der Vernunft dar. Als Franz den Tod seines Vaters herbeiführen will, setzt er diese Seelenmechanik als ein Mittel der Vernichtung planmäßig ein: «Wer es verstünde, dem Tod diesen ungebahnten Weg in das Schloß des Lebens zu ebenen! – den Körper vom Geist aus zu verderben – ha! Ein Originalwerk! Wer das zustand brächte!» (II, 1; vgl. NA 3, S. 38 f.) Das «Originalgenie» Franz Moor präsentiert sich hier als jemand, der in der Lage ist, die neuesten Erkenntnisse der aufgeklärten Wissenschaft in die Praxis umzusetzen – in eine Praxis freilich, die von moralischen Skrupeln nichts weiß. «Philosophen und Mediziner lehren mich, wie treffend die Stimmungen des Geists mit den Bewegungen der Maschine zusammenlauten» (II, 1; vgl. NA 3, S. 42), erklärt der aufgeklärte Verbrecher – und einer dieser genannten Wissenschaftler, ein ‹philosophischer Arzt›, war der Autor Schiller (vgl. Arbeitsbereich I).

Auslöser für die Wende des Stücks und den schließlichen Untergang Franz' ist neben dem rächenden Räuberschwarm ein apokalyptischer Traum, der den Rationalisten bedrängt und in seinen Überzeugungen erschüttert. In seiner Dissertation, in der Schiller aus seinem noch nicht erschienenen Stück mit der Titelangabe *Life of Moor. Tragedy by Krake* zitiert, charakterisiert der angehende Arzt die verheerende Wirkung des Alptraums auf Physis und Psyche seiner Dramenfigur:

> Der von Freveln schwer gedrükte Moor, der sonst spitzfindig genug war, die Empfindungen der Menschheit durch Skeletisirung der Begriffe in nichts aufzulösen, springt eben itzt bleich, athemloß, den kalten Schweiß auf seiner Stirne, aus einem schreklichen Traum auf. Alle die Bilder zukünftiger Strafgerichte, die er vielleicht in den Jahren seiner Kindheit eingesaugt, und als Mann obsopirt hatte, haben den umnebelten Verstand unter dem Traum überrumpelt. Die *Sensationen* sind allzuverworren, als daß der langsamere Gang der Vernunft sie einholen und sie noch einmal zerfasern könnte. Noch kämpfet sie mit der Phantasie, der Geist mit den Schrecken des Mechanismus. (NA 20, S. 60)

Schiller zeigt als erstaunlich ‹moderner› Mediziner, dass vor allem im Traum die verdrängten Emotionen des Menschen in verstellter Form an die Oberfläche gelangen. Der aus biblischen (Schreckens-)Bildern zusammengesetzte Alptraum stellt die Wiederkehr des Verdrängten dar; die Natur, die Franz mit seinen Gewaltakten unterdrückt hat, kehrt als Herrscherin zurück und richtet den, der sie bezwingen wollte, zugrunde. Die apokalyptischen Bilder sind keine Bestätigung des christlichen

Glaubens, sie symbolisieren vielmehr die Macht derjenigen Werte des Natürlichen und Unverfügbaren, die Franz verdrängt hatte.

Wer den eigenen Körper zu entwirklichen sucht, dem erscheint dieser im Traum als «Schädel und Rippen und Kinnbacken und Beine» (V, 1; vgl. NA 3, S. 119); wer sich selbst zum Herrn über sein eigenes Leben aufschwingt, dem erscheint der Tod als die grauenhafte Erinnerung an die eigene Begrenztheit und Endlichkeit; wer jede emotionale Bindung zwischen den Menschen leugnet, dem erscheint die moralische Instanz als alttestamentarisch rächender Gott. Pastor Moser ist Sprachrohr eines Religionsverständnisses, dem der christliche Glaube als Wiederkehr der verdrängten Gehalte von Natur im Menschen erscheint. Keine christliche Dogmatik, sondern Ausdruck einer aufgeklärten natürlichen Religion (Vernunftreligion) ist, was Moser vorträgt und was der inneren Logik von Franz' Antinaturalismus entspricht: «ich fordere Euch auf, das soll die Probe sein, wenn Ihr im Tode annoch feste steht, wenn Euch Eure Grundsätze auch da nicht im Stiche lassen, so sollt Ihr gewonnen haben; wenn euch im Tode nur der mindeste Schauer anwandelt, weh Euch dann! Ihr habt Euch betrogen.» (V, 1; vgl. NA 3, S. 122) Die religiösen Bilder veranschaulichen die Ansprüche der Natur, die Franz verdrängt und unterdrückt hat. Dass die rächenden Bilder der zurückgekehrten Natur Franz nicht zur Versöhnung führen können, dass er sein Verhalten nicht bereut, zeigt sich am Ende. Konsequent beharrt Schillers Stück auf der Kohärenz eines Charakters, in dem die aufklärerische Vernunft die Stimme des Herzens zum Verstummen gebracht hat: «Ich kann nicht beten – hier hier! (*auf Brust und Stirn schlagend*) alles so öd – so verdorret. (*Steht auf.*) Nein ich will auch nicht beten – diesen Sieg soll der Himmel nicht haben, diesen Spott mir nicht antun die Hölle –» (V, 1; vgl. NA 3, S. 126).

Franz' Freitod lässt die Frage offen, ob in der rational organisierten Welt der aufgeklärten Moderne die Stimme der Natur noch zu hören ist – die Stimme der Natur, die auch Karl Moor sucht, wenn er sich nach einer unmittelbaren Übereinstimmung mit der Welt sehnt.

2.3. *Karl Moor: Rebellion und Melancholie – zwischen Opposition und Regression*

Die Figur des Karl Moor wäre zu einseitig interpretiert, wenn sie als reine Verkörperung der Rebellion verstanden würde. Von Anfang an ist sie durch ein Schwanken zwischen Rebellion und Melancholie gekennzeichnet. Karl revoltiert zunächst gegen die Verhältnisse seines Jahrhunderts, findet aber keine dem modernen System angemessene Handlungsmöglichkeit. Seine Gefühle wechseln permanent zwischen der Sehnsucht nach der Rückkehr in die naturnahe Idylle mit Vater und Geliebter und einer anachronistischen Rebellion im Geiste des Heroentums. In diesem

Zwiespalt ist Karl aber eine eminent moderne Gestalt, deren Grundkonflikt die Konfrontation mit einer unpersönlichen, anonymen Ordnung ist, die keine echten individuellen Handlungsmöglichkeiten bietet. Karl Moor ist ein Bruder des Werther wie auch ein Geistesverwandter des Götz von Berlichingen, ein melancholischer Rebell, dessen Charakterbild manisch-depressive Züge aufweist, wobei seinen Räubergenossen die melancholische Seite seiner Persönlichkeit notwendig fremd bleibt (vgl. zur Melancholie im achtzehnten Jahrhundert Schings, im Sturm und Drang Mattenklott). Dass Karl gerade nicht zum politischen Rebellen wird, ist einerseits auf die von Schiller realistisch beurteilte Problematik der deutschen Zustände des späten achtzehnten Jahrhunderts zurückzuführen. Andererseits ist das Räuberstück von einer geradezu prophetischen Skepsis gegenüber den Möglichkeiten geprägt, den Menschen von der rational verwalteten Welt zu befreien.

Die Szene an der Donau (III, 2) zeigt den melancholischen Karl als den Prototyp des modernen Helden (den Schiller später als «sentimentalisch» bezeichnen wird). Dieser sehnt sich nach dem Zustand einer natürlichen Unschuld zurück, bewahrt dabei aber das Bewusstsein, dass diese unwiederbringlich verloren ist: «O all ihr Elysiumsszenen meiner Kindheit! – Werdet ihr nimmer zurückkehren – nimmer mit köstlichen Säuseln meinen brennenden Busen kühlen?» (III, 2; vgl. NA 3, S. 80) Hier sind es die Solidarität mit den Räubergenossen, die zur Erneuerung des fatalen Schwurs führt («Bei den Gebeinen meines Rollers! Ich will euch niemals verlassen» [III, 2; vgl. NA 3, S. 82]), und die Kosinsky-Episode, welche die statisch werdende Konstellation wieder in Bewegung bringen. Das Schicksal des böhmischen Adeligen führt einerseits in Parallelität und Kontrast die Legitimität einer Rebellion vor Augen; andererseits motiviert sie Karl zur Rückkehr in die Heimat.

Der Schluss des Dramas entfaltet eigentlich ‹nur› in atemberaubenden Handlungssequenzen die Aporien von Karls Persönlichkeit. Besonders aufschlussreich und problematisch ist die Entdeckung des Räuberrebellen, dass seine Abwendung vom Vater und der Weg in die Revolte das Ergebnis von Franz' Intrige war. Viele Interpreten haben das Unwahrscheinliche und Künstliche dieser Intrige hervorgehoben und betont, wie wenig plausibel es ist, dass sich sowohl der Vater als auch der Sohn täuschen lassen. Hier liegt aber offensichtlich ein zentraler Knotenpunkt des Stücks. Es geht dabei vielleicht weniger darum, das Geschehen psychologisch nachzuvollziehen, als darzustellen, dass die moderne, versachlichte Gesellschaftsordnung persönliche und familiale Beziehungen so gestört hat, dass ein solches Missverständnis möglich geworden ist. Die grundlegende Bedeutung des Funktionierens der Intrige liegt demnach nicht in Franz Moors moralischer Monstrosität, sondern in der Tatsache, dass der Intrigant hoffen konnte, mit seinen zerstörerischen Absichten zum Erfolg zu kommen. Die Rebellion ist dann eine logische, wenn auch fatale Konsequenz aus der Entfremdung personaler Beziehungen, und sie ist der ohnmächtige Versuch, mit Gewalt Kommunikation wiederherzustellen.

Die entscheidende dramatische Konsequenz aus dem verwickelten Geschehen liegt in Karls Mord an Amalia. Karl ist bis zum bitteren Ende der Selbsttäuschung erlegen, es gebe einen Ausweg aus der Verstrickung («Erbarmung sei von nun an die Losung – Nun wär auch das überstanden – Alles überstanden» [V, 2; vgl. NA 3, S. 130]; «Sie vergibt mir, sie liebt mich. [...] Der Friede meiner Seele ist wiedergekommen» [V,2; vgl. NA 3, S. 132]). Erst als die Räuber ihn an seinen Schwur erinnern, erkennt Karl, dass es kein Zurück mehr gibt und die sentimentalische Liebe nicht mehr aus der Entfremdung herausführen kann. Die Tötung Amalias ist die ins Bild gesetzte Zerstörung der persönlichen Bindungen, der elysischen Idylle durch die prosaische Welt. Dies entspricht dem Wunsch der Geliebten, deren Liebe bereits früh in Todessehnsucht mündete. Zu Recht beharrte Schiller gegenüber Dalberg auf der Notwendigkeit dieses Handlungsmoments, das die Räuberrebellion als Konsequenz aus dem Verlust der natürlichen Unschuld darstellt.

B. *Kabale und Liebe*

1. *Grundlageninformationen*

1.1. *Texte und Materialien*

NA 5.
SW I.
DKV II.
RUB 33.
Erläuterungen und Dokumente RUB 8149.

1.2. *Forschungsliteratur*

Alt, Peter-André: Tragödie der Aufklärung. Tübingen 1994, S. 270–289. [Gute Präsentation der geistesgeschichtlichen Voraussetzungen und des literarhistorischen Kontexts.]

Auerbach, Erich: Musikus Miller. In: E. A.: Mimesis. Bern 1946. 5. Auflage 1971, S. 404–421. [Betont die ‹realistischen› und absolutismuskritischen Tendenzen von Schillers Stück.]

Binder, Wolfgang: Schillers *Kabale und Liebe*. In: Benno von Wiese (Hrsg.): Das deutsche Trauerspiel vom Barock bis zur Gegenwart. 2 Bde. Bd. 1. Düsseldorf 1968, S. 248–268. [Traditionelle Deutung, die von der theologischen und existentiellen Dimension des Stücks ausgeht; im «Horizont eines metaphysischen Ordnungsprinzips» zeige sich die «Tragödie des endlichen Menschen».]

Fischer, Bernd: *Kabale und Liebe.* Skepsis und Melodrama in Schillers bürgerlichem Trauerspiel. Frankfurt am Main 1987.

Gruenter, Rainer: Despotismus und Empfindsamkeit. Zu Schillers *Kabale und Liebe.* In: Jahrbuch des Freien Deutschen Hochstifts (1981), S. 207–227.

Guthke, Karl S.: Kabale und Liebe. In: Walter Hinderer (Hrsg.): Schillers Dramen. Neue Interpretationen (s. Gesamtbibl. 4), S. 58–86. [Überzeugende Gesamtdeutung des Dramas mit Forschungsüberblick.]

Herrmann, Hans Peter: Musikmeister Miller, die Emanzipation der Töchter und der dritte Ort der Liebenden. Schillers bürgerliches Trauerspiel im 18. Jahrhundert. In: Jahrbuch der Deutschen Schillergesellschaft 28 (1984), S. 223–247. [Sozialkritische Deutung mit weiter führenden Perspektiven.]

Herrmann, Hans Peter und Marina Herrmann: Friedrich Schiller: Kabale und Liebe. Grundlagen und Gedanken zum Verständnis des Dramas. Frankfurt am Main 1973. [Bewährte Deutung für die Schule; sozialgeschichtliche Perspektive.]

Janz, Rolf-Peter: Schillers *Kabale und Liebe* als bürgerliches Trauerspiel. In: Jahrbuch der Deutschen Schillergesellschaft 20 (1976), S. 208–228. [Einflussreicher Aufsatz; akzentuiert Ferdinands «Absolutismus der Liebe» und Millers Verbindung von Moral und Erwerbsstreben. Luise als erhabene Figur im Sinne des Spätwerks.]

Kaiser, Gerhard: Krise der Familie. Eine Perspektive auf Lessings *Emilia Galotti* und Schillers *Kabale und Liebe.* In: Recherches Germaniques 14 (1984), S. 7–22. [«Familie» als Schnittpunkt psychologischer, soziologischer und historischer Dimensionen.]

Kittler, Friedrich A.: Schiller. Archäologie der Psychologie des bürgerlichen Dramas. In: F. A. K.: Dichter, Mutter, Kind. München 1991, S. 47–98. [Provokante Deutung des Dramas, die sich auf die psychoanalytische Interpretation der ‹bürgerlichen› familiären Konstellation durch Lacan stützt. Anregend, bisweilen spekulativ.]

Koopmann, Helmut: *Kabale und Liebe.* In: H. K. (Hrsg.): Schiller-Handbuch (s. Gesamtbibl. 2), S. 365–378. [Kurze Gesamtdeutung ohne ausreichenden Bezug auf die Forschung; Kritik an Luises borniertem Weltbild; Verteidigung von Ferdinands Haltung.]

Kraft, Herbert: Die dichterische Form der «Louise Millerin». In: Zeitschrift für deutsche Philologie 85 (1966), S. 7–21.

Malsch, Wilfried: Der betrogene Deus iratus in Schillers Drama *Louise Millerin.* In: Collegium philosophicum. Studien. Joachim Ritter zum 60. Geburtstag. Basel, Stuttgart 1965, S. 157–208. [Originelle geistesgeschichtliche Deutung.]

Martini, Fritz: Schillers *Kabale und Liebe.* Bemerkungen zur Interpretation des «bürgerlichen Trauerspiels». In: Der Deutschunterricht 4, Heft 5 (1952), S. 18–39.

Mönch, Cornelia: *Kabale und Liebe.* Friedrich Schiller zwischen Konvention und Innovation – mit einem Exkurs zu *Die Räuber.* In: C. M.: Abschrecken oder Mitleiden. Das deutsche bürgerliche Trauerspiel im 18. Jahrhundert. Tübingen 1993, S. 331–340.

Müller, Joachim: Der Begriff des Herzens in Schillers *Kabale und Liebe.* In: Germanisch-Romanische Monatsschrift 22 (1934), S. 429–437. Auch in: J. M.: Das Edle in der Freiheit. Leipzig 1959, S. 93–107.

Müller, Joachim: Schillers *Kabale und Liebe* als Höhepunkt seines Jugendwerks. In: J. M.: Wirklichkeit und Klassik. Wien 1955, S. 116–148. [Deutung aus differenzierter marxistischer Perspektive.]

Müller-Seidel, Walter: Das stumme Drama der Luise Millerin. In: Jahrbuch der Goethe-Gesellschaft. Neue Folge 17 (1955), S. 429–437. [Anregende Deutung der Szenenanweisungen, die Luises non-verbale Kommunikation und ihre körperlichen Reaktionen beschreiben.]

Rossbach, Nikola: «Das Geweb ist satanisch fein». Friedrich Schillers *Kabale und Liebe* als Text der Gewalt. Würzburg 2001. [Detaillierte sprachanalytische Untersuchung, durch die neuere Forschungsergebnisse bestätigt werden.]

Scheuer, Helmut: Theater der Verstellung – Lessings *Emilia Galotti* und Schillers *Kabale und Liebe*. In: Der Deutschunterricht 43, Heft 6 (1991), S. 58–74.

Szondi, Peter: Die Theorie des bürgerlichen Trauerspiels im 18. Jahrhundert. Der Kaufmann, der Hausvater und der Hofmeister. Hrsg. v. Gert Mattenklott. 4. Auflage. Frankfurt am Main 1979. [Grundlegend zum Verständnis der Konzeption des «bürgerlichen Trauerspiels».]

Wiese, Benno von: Friedrich Schiller (s. Gesamtbibl. 2), S. 190–219 [Verteidigt das religiöse Weltbild Luises und ihre Bindung an die Väterordnung.]

Zymner, Rüdiger: Friedrich Schiller. Dramen (s. Gesamtbibl. 5), S. 44–60. [Guter Überblick zur Entstehung und zur Forschungslage, Interpretationsskizze.]

1.3. Voraussetzungen und Entstehung

Nach seinem Erstling *Die Räuber* bearbeitete Schiller zunächst einen historischen Stoff. Das Stück *Die Verschwörung des Fiesco zu Genua* kann allerdings noch nicht, wie die späteren Geschichtsdramen, von einer Vertrautheit ihres Autors mit der Historie profitieren (auch wenn Schiller sich die Geschichte der Rebellion des Fiesco aus dem Italien der frühen Neuzeit in einem genauen Quellenstudium aneignete). Aber nicht die genaue Rekonstruktion einer historischen Situation steht im Mittelpunkt diese Stückes, sondern die Faszination des großen Mannes, des Verschwörers, der potentiell über den Gesetzen von Recht und Moral steht. Die verschiedenen Fassungen des Dramenschlusses (Fiesco stirbt einmal durch einen Unfall, verzichtet in einer anderen Fassung auf die Würde des Fürsten und wird Genuas «glücklichster Bürger» [vgl. Zymner, S. 29]) zeigen die Unsicherheit des jungen Dramatikers im Blick auf die Möglichkeit, einen stringenten Ablauf des dramatischen Prozesses zu konzipieren. Während Schiller selbst sein zweites Stück höher schätzt als die *Räuber*, ist der Erfolg beim Publikum eher bescheiden.

Im März 1784 erschien bei Schwan in Mannheim die Buchfassung von *Kabale und Liebe*, und am 15. April 1784 fand die Uraufführung ebenfalls in Mannheim statt – wobei die Umbenennung auf eine Anregung August Wilhelm Ifflands zurückging (vgl. Zymner, S. 46). Die Bühnenfassung hat den Untertitel *Ein bürgerliches Trauerspiel*, womit sich zeigt, dass Schiller an eine Tradition des feudalismuskritischen Dramas anknüpft, das insbesondere mit Lessings *Miß Sara Sampson* und *Emilia Galotti* Maßstäbe gesetzt hatte. Das bürgerliche Trauerspiel stellt dabei gewöhnlich den Einbruch eines adeligen jungen Herren in die intime Sphäre eines (unschuldigen) bürgerlichen Mädchen dar. So zeigt sich, dass der Ausdruck «bürgerlich» nicht primär soziologisch zu verstehen ist und die Schicht der Bürger meint, sondern darauf verweist, dass der dramatische Konflikt sich eben in der Privatsphäre abspielt und den Menschen im Allgemeinen betrifft und nicht einen König oder anderen Herrscher in seiner politischen Funktion. Insofern gilt für *Kabale und Liebe* Ähnliches wie für Lessings bedeutendstes bürgerliches Trauerspiel:

> Der in der *Emilia* dramatisierte Konflikt, der genau an der Grenze zwischen öffentlich-politischem und privat-menschlichem Interesse situiert ist, verweist auf die Kluft zwischen fürstlich-absolutistischer Macht und machtloser Gesellschaft, die sich sogar in der homogenen Gesellschaft des Hofes zeigt. Der Konflikt entzündet sich an zwei Punkten, an denen sich bei absolutistischer Herrschaftsweise öffentliches und privates Interesse berühren können: am Eigentum eines Untertanen [...] und an der ‹Ehre› einer Frau (durch die Annäherungen des Prinzen an Emilia). (Barner u. a.: Lessing [s. Gesamtbibl. 7], S. 206)

So konnte Schiller am Modell des bürgerlichen Trauerspiels die negativen Erfahrungen, die er mit dem absolutistischen System des deutschen Kleinstaaten-Feudalismus gemacht hatte, in ein Drama überführen, und er verschärfte die politische Anklage, indem er, der das Stück im Gegensatz zu Lessing in der Gegenwart spielen ließ, in der Kammerdienerszene den Verkauf von Landeskindern in den Söldnerdienst des amerikanischen Bürgerkrieges anprangerte. Auf der anderen Seite nahm Schiller auch Ansätze bürgerlicher Selbstkritik Lessings auf, die Normen des Bürgertums hinterfragt, die gegen das Selbstverständnis des Adels opponieren.

2. *Textanalyse*

Schillers bürgerliches Trauerspiel nimmt eine populäre Gattung auf, bietet einen aktuellen, auf intime familiäre Verhältnisse bezogenen Stoff, der dabei durchaus politische Sprengkraft hat; das Stück ist also auf aktuelle theatralische Wirkung hin konzipiert. Und doch bietet es eine differenzierte Perspektive bürgerlichen und adeligen Verhaltens, die sich einfachen Schemata durchaus entzieht – was dem Stück förderlich ist. Ähnlich wie im Falle des dramatischen Erstlings ist zunächst ein rebellischer, ein zeitkritischer Impuls zu erkennen, eine beißende Anklage des feudalistischen Herrschaftssystems, das durch seine Repräsentanten die ‹natürlichen› Neigungen eines Liebespaares zu hintertreiben sucht. Problematisiert werden aber nicht nur der Präsident Walter und sein Intrigen spinnender Sekretär mit dem sprechenden Namen Wurm, der lächerliche Hofmarschall von Kalb und die Mätresse des Fürsten, die Lady Milford; auch das Verhalten der kleinbürgerlichen Familie des Musikus Miller steht auf dem Prüfstand – ja sogar die beiden Liebenden, der feurige Jüngling Ferdinand und die innige Luise entgehen nicht der allgemeinen Ambivalenz, welche die Figuren und ihr Verhalten prägt. Während das zeitgenössische Publikum noch in einer unmittelbaren Identifikation mit diesen Liebenden deutlich Partei ergriff, zeigt der Blick aus der zeitlichen Distanz zwar keine Konzessionen gegenüber den inhumanen Repressionsmechanismen des feudalen Unterdrückungssystems; wie im Falle der *Räuber* wird aber eine tiefgreifende Verunsicherung deutlich im Bezug auf die Frage, welche Mentalitätsstrukturen und Normsysteme der illegitimen Zwangsordnung entgegengesetzt werden können. Eine einseitige Parteinahme für ein vermeintlich unproblematisches bürgerliches Bewusstsein lässt sich dabei nicht erkennen: Während Luises Mutter als eine eitle und schwatzhafte Person erscheint, welche die Liaison ihrer Tochter mit dem adeligen Major aus sehr profanen Gründen duldet, zeigt sich im Falle ihres Mannes eine problematische Übertragung ökonomischer Tauschkategorien auf moralische und psychologische Fragen. Ferdinand wiederum, dessen Bereitschaft zur Desertion aus dem Lager des Adels um der Liebe willen auf den ersten Blick geradezu heroisch erscheint, erweist sich als ein unentschlossener und schwärmerischer Idealist, der ähnlich wie Karl Moor zwischen radikaler Aktion und Handlungsverweigerung schwankt, während Luise Millerin in einem fast mystischen Liebesverständnis sofort bereit ist, die Erfüllung ihrer Liebe zu Ferdinand in ein fernes Jenseits zu verlagern.

2.1. «Kabale»: Kritik des Feudalismus

Das aristokratische Bewusstsein erscheint wie in den *Räubern* und analog zu den Texten der ‹schwarzen Aufklärung› als amoralisch und strategisch orientiert. Die Intrige, die theaterwirksam zur Spannung des Stücks beiträgt, ist wie in den *Räubern* die Konsequenz einer Haltung, die durch die Kenntnis des menschlichen Verhaltens – konkret: durch die Anthropologie der Aufklärung – in der Lage ist, andere Menschen zu manipulieren und deren Verhalten zu steuern. Die ‹Seelenmechanik›, mit deren Hilfe der alte Moor zu Tode gebracht werden sollte, dient jetzt dazu, die Liebe zwischen dem adeligen Jüngling und dem Bürgermädchen zu hintertreiben. Der Meister der Intrige ist dabei der Kollaborateur Wurm, der Bürgerliche, der seine Intelligenz im Dienste des Adels zur Inszenierung eines Komplotts verwendet, nach dessen Ablauf Luise allein zurück bleiben und womöglich sogar die Ehe mit dem selbst nicht interesselos handelnden Manipulator eingehen soll. «Das Geweb ist satanisch fein. Der Schüler übertrifft seinen Meister» (III, 1; vgl. NA 5,

S. 50), erklärt der selbst durch Intrigen und Verbrechen arrivierte Präsident, während Wurm stolz betont, wie gut er das «Barometer der Seele» kenne und entsprechend die Fäden ziehen könne. Die ‹Schwäche› Luises, so hat der kriecherisch-geschmeidige Wurm erkannt, liegt gerade in ihrer moralischen Festigkeit, sodass sie einen Schwur nicht brechen wird. «Was wird ein Eid fruchten, Dummkopf?» fragt ihn der Präsident, und seine – zutreffende – Antwort lautet: «Nichts bei *uns*, gnädiger Herr. Bei *dieser* Menschenart alles» (III, 1; vgl. NA 5, S. 50). Moral erscheint ihm also nicht als ein für alle Menschen gültiges Gesetz, sondern als ein Normensystem, das die Handlungen bestimmter – hier: bürgerlicher – Menschen so unfehlbar leitet, dass man diese gesetzmäßig vorhersehen kann.

Die Mentalität der höfischen Intrige, die sich einer ‹vorurteilsfreien› Analyse des menschlichen Verhaltens bedient, ist in ein Herrschaftssystem integriert, das Menschen als Gegenstände, ja als Ware benutzt. Der Reichtum des Landesherrn, so zeigt das Drama in der berühmten Kammerdienerszene, beruht unter anderem darauf, dass junge Untertanen als Soldaten verkauft werden. Mit drastischen Worten, die der zynischen Instrumentalisierung des Menschen ein moralisches Pathos entgegen setzen, schildert der alte Kammerdiener den Auszug der zum Kanonenfutter bestimmten Landeskinder, wenn er unterstreicht,

> […] wie uns die gellenden Trommeln verkündeten, es ist Zeit, und heulende Waisen dort einen lebendigen Vater verfolgten, und hier eine wütende Mutter lief, ihr saugendes Kind an Bajonetten zu spießen, und wie man Bräutigam und Braut mit Säbelhieben auseinanderriß, und wir Graubärte verzweiflungsvoll dastanden und den Burschen auch zuletzt die Krücken noch nachwarfen in die neue Welt (II, 2; vgl. NA 5, S. 29).

Der gesellschaftlichen Repression entspricht im Normensystem der höfischen Gesellschaft die Unterwerfung der Frau. Zwar bietet die Rolle der Frau in der höfischen Gesellschaft einerseits eine gewisse Selbständigkeit und Einflussmöglichkeit, sie bleibt aber andererseits immer auf die herrschenden Interessen der männlichen Potentaten bezogen, wie sich an der Figur der Lady Milford und deren Entwicklung zeigt. Dass das Bürgermädchen Luise dem intriganten Wurm und seiner Form der ‹Menschenlenkung› nur Hass und Verachtung entgegen setzt, erweist sich in der heftigen Reaktion auf Wurms Anspielung auf eine mögliche Heirat mit ihm. Denn diese Vorstellung, so erklärt ihm Luise, wäre auch für den Kandidaten entsetzlich, «weil ich dich in der Brautnacht erdrosselte, und mich dann mit Wollust aufs Rad flechten ließe.» (III, 6; vgl. NA 5, S. 65) Wie Amalie in den *Räubern* wird die empfindsame Liebe hier aggressiv im Widerstand gegen die Anmaßungen des intriganten feudalen Bewusstseins (das sich hier in der Stimme des kollaborierenden Bürgers artikuliert).

2.2. *Ambivalenz der bürgerlichen Mentalität*

Der Grundkonflikt des bürgerlichen Trauerspiels bildet die Folie, vor der die Konflikte des Stücks entwickelt werden. Die Bedrohung der sittlichen Integrität eines Bürgermädchens durch die erotischen Avancen eines Adeligen sind sowohl im Bewusstsein des Präsidenten und Wurms als auch des Vaters Miller präsent. Allerdings entspricht Ferdinand bei aller Ambivalenz seines Charakters keineswegs dem Bild eines skrupellosen Verführers, der lediglich auf die Befriedigung seines körperlichen Begehrens aus ist und die ‹Unschuld› des bürgerlichen Mädchens zerstört. Ferdinand erscheint den Repräsentanten des feudalistischen höfischen Systems als moralisch überlegen; der Präsident und Wurm repräsentieren die sittliche Verkommenheit des adeligen Intrigantentums, während der Hofmarschall Kalb die Lächerlichkeit und peinliche Oberflächlichkeit des höfischen Zeremoniells in eindrucksvoller Weise veranschaulicht. Satirische Züge (im Sinne einer «scherzhaften» wie einer «pathetischen» Satire, um die spätere Terminologie Schillers in der Abhandlung *Ueber naive und sentimentalische Dichtung* zu verwenden) weist das bürgerliche Trauerspiel Schillers auf, wenn die Sorgen Kalbs und die Wut des Kammerdieners in Szene gesetzt werden.

In besonderem Maße zeigt sich die Ambivalenz der bürgerlichen Mentalität in der Figur des Musikus Miller. Sicherlich wird er als ein liebender Vater dargestellt, der sich von der Sorge um das Wohlergehen seiner Tochter leiten lässt. Was sich in seiner Person aber zeigt, ist einerseits die Verquickung bürgerlicher Moral mit ökonomischen Kategorien und der Sorge um das finanzielle Wohlergehen der Familie und andererseits ein mangelndes Selbstbewusstsein des (Klein-)Bürgers gegenüber den Repräsentanten des adelig-höfischen Systems.

Das Bürgertum, das sich im Laufe des achtzehnten Jahrhunderts als die kommende soziale Schicht auch der deutschen Gesellschaft etabliert, ist durch ein ideologisches Dilemma gekennzeichnet: Einerseits nimmt es gegenüber der Aristokratie und dem höfischen System für sich in Anspruch, dass seine Handlungen durch moralische Grundsätze gerechtfertigt erscheinen, andererseits gewinnt es seinen Einfluss durch seinen ökonomischen Erfolg, der nicht durch moralisches Handeln, sondern durch die Selbstbehauptung im wirtschaftlichen Konkurrenzkampf zu erreichen ist. Zur Lösung dieses Dilemmas bieten sich verschiedene vermittelnde Ideologeme an, insbesondere die Idee einer Trennung zwischen der Privatsphäre und damit dem Bereich der Familie (die durch die Grundsätze der Moral bestimmt werden) auf der einen und der ökonomischen Sphäre auf der anderen Seite. «Der Mann muß hinaus ins feindliche Leben», mit diesem berühmt-berüchtigten Satz bezeichnet Schillers *Lied von der Glocke* (1798) in durchaus affirmativer Absicht die Entfremdung des Bürgers von der öffentlichen Sphäre, in der er durch die Imperative der ökonomischen Selbstbehauptung fremdbestimmt erscheint. In der Figur Millers zeigt sich aber nun, dass dieses zweckrationale ökonomische Denken auch die Interpretation des menschlichen Handelns in der privaten Sphäre beeinflusst, die vom Anspruch her lediglich durch moralische Werte bestimmt sein sollte. Der Musikus beschreibt sein Verhältnis zu Luise und die Erwartungen, die er an sie hat, auffallend häufig in ökonomischen Kategorien: Er bezeichnet Luise als sein Kapital, die Erziehung als Investition – sein Verhältnis zu seiner Tochter wird von ihm in Kategorien des Tausches beschrieben: Indem er in die Tochter investiert hat, kann er damit rechnen, auch etwas zurückzubekommen. Als er seine Tochter vom Selbstmord abhalten will, bemüht er keine moralischen oder religiösen Beweggründe, sondern erklärt: «Die Zeit meldet sich allgemach bei mir, wo uns Vätern die Kapitale zustatten kommen, die wir im Herzen unsrer Kinder anlegten – Wirst du mich darum betrügen, Luise? Wirst du dich mit dem Hab und Gut deines Vaters auf und davon machen?» (V, 1; vgl. NA 5, S. 87) Nicht nur moralische Kategorien werden durch ökonomische ersetzt, auch der Bereich der Liebe wird mit der Metaphorik der Investition von finanziellen Gütern veranschaulicht: «Das Mädel ist just so recht, mein ganzes Vaterherz einzustecken – hab meine ganze Barschaft von Liebe an der Tochter schon zugesetzt» (V, 3; vgl. NA 5, S. 94).

Die Vermischung von Moral und Besitzstreben erweist sich als eine schwere Hypothek der bürgerlichen Mentalität, wobei zu beachten ist, dass der moralisch-familiäre Diskurs zu allem Überfluss noch dazu verwendet werden kann, das Verhalten der Menschen (hier: Luises) in Widerspruch kaum duldender Weise zu reglementieren: «Daß die Zärtlichkeit noch barbarischer zwingt als Tyrannenwut!» (V, 1; vgl. NA 5, S. 88) erklärt ausgerechnet die folgsame Tochter Luise – was beweist, dass Schillers Drama die Problematik des bürgerlichen Konformismus zu einer historisch sehr frühen Zeit bereits zutreffend charakterisiert.

Die Uneindeutigkeit und Problematik des bürgerlichen Selbstverständnisses ist aber im Sinne einer vertiefenden Analyse der Mentalitätsstrukturen, die das Stück aufzeigt, dafür verantwortlich zu machen, dass es Miller als dem Repräsentanten des (Klein-)Bürgertums an selbstbewusstem Auftreten gegenüber den Repräsentanten des Hofes fehlt. Diese Ambivalenz des bürgerlichen Bewusstseins, die zwischen Revolte und Unterwerfung in charakteristischer Weise schwankt, wird durch die Regieanweisungen und die Sprache des Stücks in meisterhafter Weise verdeutlicht. Als Miller sich in seinem eigenen Haus mit dem Präsidenten auseinanderzusetzen hat, wird die Szene folgendermaßen beschrieben:

MILLER *(der bis jetzt furchtsam auf der Seite gestanden, tritt hervor in Bewegung, wechselweis für Wut mit den Zähnen knirschend und für Angst damit klappernd)* Euer Exzellenz – Das Kind ist des Vaters Arbeit – Halten zu Gnaden

– Wer das Kind eine Mähre schilt, schlägt den Vater ans Ohr, und Ohrfeig um Ohrfeig – Das ist so Tax bei uns – Halten zu Gnaden. (II, 6; vgl. NA 5, S. 43)

Und etwas später will Miller zeigen, dass er in seinem Hause, in der Sphäre, in der er das Recht zu bestimmen hat, auch dem adeligen Minister nicht das Recht zubilligt, nach Belieben zu schalten und zu walten:

MILLER *(kommt ihm näher, herzhafter)* Teutsch und verständlich. Halten zu Gnaden. Euer Exzellenz schalten und walten im Land. *Das* ist meine Stube. Mein devotestes Kompliment, wenn ich dermaleins ein Promemoria bringe, aber den ungehobelten Gast werf ich zur Tür hinaus – Halten zu Gnaden. (ebd.)

Die ständige Wiederholung der höfischen Formeln («Halten zu Gnaden», «Eure Exzellenz») zeigt, dass der Bürger eben nicht mit einem Selbstbewusstsein auftritt, das ihm ermöglicht, eine konsequente rebellische Haltung einzunehmen. Schillers Stück demonstriert ein paar Jahre vor der Französischen Revolution vielmehr, warum die Mentalität des deutschen Bürgertums keineswegs geeignet erscheint, sich konsequent gegen die Herrschaft des Feudalsystems zu wenden. Das mangelnde Selbstbewusstsein ist das Äquivalent eines Untertanengeistes, der selbst in einem Moment der härtesten Konfrontation auf Unterwerfungsgesten nicht zu verzichten vermag. Mit *diesen Bürgern* hat das absolutistische System der deutschen Duodezfürstentümer leichtes Spiel, und es hat auch keinen Widerstand gegen die Verschleppung der Landeskinder nach Amerika zu befürchten.

2.3. *«Liebe»: die Problematik der «überschwänglichen Misere»*

Gegen das konventionelle Schema des bürgerlichen Trauerspiels spricht auch, dass der Gegenpol zur aristokratischen «Kabale», dass die Sphäre der «Liebe» nicht umstandslos der Welt des Bürgertums zugeordnet werden kann. Nicht nur der Präsident, der seinen Sohn in die aus strategischen Gründen gewünschte Allianz mit Lady Milford lancieren will, opponiert gegen die unstandesgemäße Verbindung zwischen Ferdinand und Luise, sondern auch der Musikus Miller, der sich aus seiner bürgerlichen Sicht von der «Affäre» nichts Gutes verspricht.

Wie in den *Räubern* erprobt Schiller in seinem bürgerlichen Trauerspiel mit dem Diskurs über Liebe die Chancen und Grenzen der Empfindsamkeit, und seine theatralische Inszenierung ist auch eine Reflexion über die Ansprüche des Sturm und Drang. Idealismus und Skepsis prägen Schillers Position auch im Hinblick auf die Liebeskonzeption dieses frühen Dramas. Natürlich haben Luise und Ferdinand Züge des berühmtesten Liebespaares der Weltliteratur – und ihr theatralischer Tod steht in besonderer Weise in der Tradition von Shakespeares *Romeo und Julia*. Aber Schiller unterscheidet sich von seinen romantischen

Nachfolgern dadurch, dass er das Liebesideal einer kritischen Analyse unterzieht – dass er vor allem die unbedingten Ansprüche des Liebesdiskurses mit den Gegebenheiten der empirischen Realität konfrontiert. Und vor diesem Hintergrund schneidet vor allem der feurige Liebhaber Ferdinand relativ schlecht ab. Denn er verkörpert einerseits eine Liebesvorstellung, die sich in einem vorromantischen Geist über alle Konventionen und alle Einwände einer realistischen Betrachtung hinweg zu setzen bereit ist; andererseits zeigt sich seine vermeintlich absolute Liebe als äußerst schwach gegenüber Anfechtungen, mit denen sie konfrontiert ist. Als er im Bewusstsein seiner Liebe zu Luise die Milford aufsuchen will, ist er voller Pathos über die Stärke seines Gefühls, sodass er an seine Macht über die vermeintlich frivole und unmoralische Favoritin des Fürsten glaubt: «Ich verwerfe dich – ein teutscher Jüngling!» (I, 7; vgl. NA 5, S. 24)

Während der Begegnung mit der Lady verändern sich seine Einschätzung und seine Position jedoch grundlegend. Die Engländerin zeigt sich als eine in Not geratene Adelige, die durch den Zwang der Umstände die unwürdige Stellung am Hofe eingenommen hat, und als eine empfindsam Liebende, die ihre Hoffnungen ausgerechnet auf Ferdinand setzt – und dieser verliebt sich in die Unglückliche, die er als «teutscher Jüngling» aus Unkenntnis vorverurteilt hatte: «schonen Sie meines Herzens, das Beschämung und wütende Reue zerreißen» (II, 3; vgl. NA 5, S. 35), so beschwört er die Engländerin. Und zu Luise sagt er nach seiner Rückkehr: «Es war eine schreckliche Stunde. [...] Eine Stunde, Luise, wo zwischen mein Herz und dich eine *fremde* Gestalt sich warf – wo meine Liebe vor meinem Gewissen erblaßte – wo meine Luise aufhörte, ihrem Ferdinand alles zu sein» (II, 5; vgl. NA 5, S. 39). Ferdinands Anspruch, ein unbedingt Liebender zu sein, wird durch die Dramenhandlung in entscheidender Weise relativiert – und damit auch die Glaubwürdigkeit des empfindsamen Liebesdiskurses, der in der philosophischen Tradition der Zeit die Liebe zu dem Weltenprinzip erklärt, das über alles Sein regiert. Hier zeigt sich: Wenn die Unbedingtheit der Liebe ein Postulat bleibt, das den Prüfungen der Erfahrung nicht stand hält, ist die Glaubwürdigkeit des Anspruchs zerstört, und der empfindsame Jüngling steht als Schwärmer da. Vor diesem Hintergrund erscheint auch Ferdinands eskapistische Liebesutopie – seine Idee, mit Luise das Land zu verlassen und weit weg von der Heimat nur der Liebe zu leben – wenig überzeugend. Romantisch erscheinen zwar seine schwärmerischen Worte: «Mein Vaterland ist, wo mich Luise liebt. Deine Fußtapfe in wilden, sandigten Wüsten mir interessanter als das Münster meiner Heimat» (III, 4; vgl. NA 5, S. 56). Aber kann man von einem jungen Adeligen, der durch die Worte einer Mätresse in seinen Gefühlen schwankend wird, eine Konsequenz erwarten, die ihn nötigt, die gesellschaftliche Deklassierung zu akzeptieren? Luise ihrerseits hält es für unmöglich, dass Ferdinand, mit dem «Fluch deines Vaters» (III, 4; vgl. NA 5, S. 57) belastet, das Leben im Exil der Liebe aushalten könnte.

Es ist nur in diesem Zusammenhang erklärlich, dass die plumpe Intrige Wurms erfolgreich ist. Während viele Kritiker bemängelten, es sei unglaubwürdig, dass Ferdinand es für möglich halten könnte, Luise sei im Stande, einen koketten Brief an den stupiden Hofmarschall von Kalb zu schreiben, zeugt es gerade von der Charakterschwäche des jungen Liebhabers, dass er Luise eine solche Untreue überhaupt zutraut. Seine heftige Eifersucht erscheint als das Pendant zu seiner eigenen potentiellen Untreue und insofern als der adäquate Ausdruck seiner Persönlichkeit, denn sie desavouiert ein Liebesideal, von dem Ferdinand doch ausging. Nicht zu vergessen ist auch, dass seine Liebe zu Luise in einer ähnlichen Weise wie die des Vaters Millers mit Besitzansprüchen verbunden ist. Insgesamt lässt sich die Figur Ferdinands als deutliche Kritik an bestimmten Ausprägungen des Sturm und Drang verstehen, mit denen das Liebesideal der Empfindsamkeit aktivistisch umgedeutet und zu einem Werkzeug der Rebellion gegen die herrschende Ordnung gemacht werden soll – einer Rebellion, die nicht anders als die des Bürgers Miller im Keim stecken bleibt, weil sie wegen der Kleinmütigkeit ihrer Träger der Intrige eines Wurm schutzlos ausgeliefert ist. Hätte Ferdinand die Glaubwürdigkeit und die Treue seiner Geliebten angemessen eingeschätzt, wäre die Intrige misslungen; der verräterische Brief hätte keine Wirkung gehabt und die tödlichen Folgen wären – rein von der Handlungslogik her gesehen – ausgeblieben.

Kontrovers diskutiert wurde in der Rezeptionsgeschichte des Dramas Luises Verhalten. Schon zu Beginn ist deutlich, dass sie nicht (mehr?) an die Erfüllung ihrer Liebe zu Ferdinand glaubt. Dafür wird sie gelobt, weil sie sich mit der Väterordnung identifiziere und im Rahmen eines religiösen Weltbildes gegen Ferdinands Tendenzen zur Rebellion immun bleibe (vgl. von Wiese); dafür wird sie kritisiert, weil es ein Zeichen von Borniertheit sei, dass sie den befreienden Visionen Ferdinands gegenüber so zurückhaltend bleibe (vgl. Guthke). Dass der emanzipatorische Gehalt der Wunschbilder des aristokratischen Liebhabers mit Skepsis zu beurteilen ist, wurde bereits dargelegt. Wie steht es aber um die Bewertung von Luises Haltung, wenn diese etwa erklärt:

> Auch ich will ihn [Ferdinand] ja jetzt nicht, mein Vater. Dieser karge Tautropfe Zeit – schon ein Traum von Ferdinand trinkt ihn wollüstig auf. Ich entsag ihm für dieses Leben. Dann, Mutter – dann, wenn die Schranken des Unterschiedes einstürzen – wenn von uns abstürzen all die verhaßten Hülsen des Standes – Menschen nur Menschen sind [...]. Ich werde dann reich sein. Dort rechnet man Tränen für Triumphe, und schöne Gedanken für Ahnen an. Ich werde dann vornehm sein, Mutter – Was hätte er dann noch für seinem Mädchen voraus? (I, 3; vgl. NA 5, S. 13)

Luises Haltung ist zunächst in ihrer Kohärenz und Konsequenz zu würdigen. Das junge Mädchen hat erkannt, dass die faktischen Umstände ihrer Liebe entgegen stehen. Sie ist davon überzeugt, dass in der Residenz ihre Beziehung zu Ferdinand keine Zukunft hat; und sie ist der festen Meinung, dass die eskapistische Lösung ebenfalls sinnlos wäre. Vor diesem Hintergrund erscheint es ihr als die einzige Perspektive, die Unbedingtheit ihrer Liebe zu retten, indem sie diese in einer Umdeutung religiöser Denkmuster an das Jenseits bindet und ihre diesseitige Existenz gewissermaßen einklammert. Die Säkularisierung des Religiösen erscheint freilich ganz im Gegensatz zu dem Votum Benno von Wieses gerade aus religiöser Sicht als bedenklich – so, wenn sie ihrem Vater erklärt, sie liebe Ferdinand so sehr, dass sie dabei Gott aus den Augen zu verlieren drohe: «Wenn meine Freude über sein Meisterstück mich ihn selbst übersehen macht, Vater, muß das Gott nicht ergötzen?» (I, 3) – worauf der Vater antwortet: «Da haben wirs! Das ist die Frucht von dem gottlosen Lesen.» Problematisch erscheint einer heutigen kritischen Analyse aber weniger diese Konfrontation mit der orthodoxen religiösen Lehre als vielmehr die ziemlich umstandslose Bereitschaft, die konkrete diesseitige Liebe für die imaginäre Liebe nach dem Tode aufzugeben. Wenn Liebe in einem realen Austausch zweier Seelen besteht, dann führt Luises Haltung in ihrer letzten Konsequenz zu deren baldigem Ende. Und als Legitimation dieser Einstellung dient ein pseudo-religiöses Denken, das sich bestimmter Kategorien der Kompensation bedient und damit wie im Falle des Vaters Miller ökonomische Denkmuster zur gedanklichen Bewältigung moralischer Probleme verwendet. Das Opfer im Diesseits, so spekuliert Luise, werde durch eine Belohnung im Jenseits ausgeglichen – ihr Denken ist mithin nicht so uneigennützig, wie es auf den ersten Blick erscheinen mag. Die Unterwerfungsmentalität, die ihren Vater trotz der Auflehnungstendenzen letztlich kennzeichnet, findet sich bei Luise in einer sublimierten Form wieder: in ihrer Bereitschaft, die Misere der realen Verhältnisse klaglos hinzunehmen und auf eine Kompensation im Jenseits zu vertrauen. Luises Haltung ist damit ein Beispiel für die Tendenz der deutschen bürgerlichen Intelligenz, die reale Revolte durch eine imaginäre zu ersetzen und an die Stelle eines Kampfes gegen die gemeine Misere das Vertrauen auf eine überschwängliche Misere zu setzen (so die Formulierung von Friedrich Engels).

C. *Don Carlos*

1. Grundlageninformationen

1.1. Texte und Materialien

Erste vollständige Fassung NA 6, S. 5–339 (nach ihr wird im Folgenden zitiert).
RUB 38.
Weitere Fassungen: NA 7.
Briefe über Don Carlos: NA 22.
SW II.
DKV II.

1.2. Forschungsliteratur

Becker-Cantanario, Barbara: Die «schwarze Legende». Ideal und Ideologie in Schillers *Don Carlos*. In: Jahrbuch des Freien Deutschen Hochstifts 1975, S. 153–173. [Problematisiert die These vom humanistischen Gehalt des Dramas.]

Böckmann, Paul: Schillers *Don Karlos*. Edition der ursprünglichen Fassung und entstehungsgeschichtlicher Kommentar. Stuttgart 1974. [Bedeutende und aufschlussreiche Untersuchung zur verwickelten Entstehungsgeschichte des Dramas.]

Böckmann, Paul: Schillers *Don Karlos*. Die politische Idee unter dem Vorzeichen des Inzestmotivs. In: Wolfgang Wittkowski (Hrsg.): Friedrich Schiller (s. Gesamtbibl. 4), S. 33–47. [Wichtige Darlegungen zum Verständnis der thematischen Einheit des Dramas.]

Böckmann, Paul: Strukturprobleme in Schillers *Don Karlos*. Heidelberg 1982 (Sitzungsberichte der Heidelberger Akademie der Wissenschaften; Philosophisch-historische Klasse, Jahrgang 182, Bericht 3). [Analysiert plausibel das System der «Rückspiegelungen» des Dramas, durch das die Einheit des Stücks gesichert wird.]

Bohnen, Klaus: Politik im Drama. Anmerkungen zu Schillers *Don Carlos*. In: Jahrbuch der Deutschen Schillergesellschaft 24 (1980), S. 15–31.

Düsing, Wolfgang: «Das kühne Traumbild eines neuen Staates». Die Utopie in Schillers *Don Karlos*. In: Hans Esselborn, Werner Keller (Hrsg.): Geschichtlichkeit und Gegenwart. FS für Hans-Dietrich Irmscher. Köln u. a. 1994, S. 194–208.

Grimminger, Rolf: Aufklärung, Absolutismus und bürgerliche Individuen. Über den notwendigen Zusammenhang von Literatur, Gesellschaft und Staat in der Geschichte des 18. Jahrhunderts. In: R. G. (Hrsg.): Deutsche Aufklärung bis zur Französischen Revolution 1680–1789 (Hansers Sozialgeschichte der deutschen Literatur vom 16. Jahrhundert bis zur Gegenwart, Bd. 3) (s. Gesamtbibl. 6), S. 15–99. [Vgl. *Die Räuber*.]

Grimminger, Rolf: Die Ordnung, das Chaos und die Kunst. Für eine neue Dialektik der Aufklärung. Frankfurt am Main 1990. [Systematisierung der literaturgeschichtlichen Überlegungen des Verfassers. Wichtige Grundlage für ein differenziertes Verständnis der Aufklärungs-Problematik im *Don Carlos*.]

Guthke, Karl S.: Der Künstler Marquis Posa: Despot der Idee oder Idealist von Welt? In: K.S.G.: Schillers Dramen (s. Gesamtbibl. 5), S. 133–164. [Originelle Deutung, die sich um eine ‹Rettung› der Posa-Figur bemüht, indem sie sie als Künstler-Gestalt deutet. Anregend, aber nicht ganz überzeugend.]

Hofmann, Michael: Bürgerliche Aufklärung als Konditionierung der Gefühle in Schillers *Don Carlos*. In: Jahrbuch der Deutschen Schillergesellschaft 44 (2000), S. 95–117. [Das Drama als exemplarischer Text der Spätaufklärung.]

Kittler, Friedrich A.: Carlos als Carlsschüler. Ein Familiengemälde in einem fürstlichen Haus. In: Barner u. a. (Hrsg.): Unser Commercium (s. Gesamtbibl. 4), S. 241–273. [Unkonventionelle Deutung des Dramas aus dem Geiste Foucaults und Lacans; problematisch die Übertragung einer vermeintlichen Manipulations-Absicht auf den Autor Schiller.]

Koopmann, Helmut: *Don Carlos*. In: Walter Hinderer (Hrsg.): Interpretationen. Schillers Dramen. (s. Gesamtbibl. 4), S. 159–201. [Solide Gesamtdeutung mit Forschungsüberblick.]

Koopmann, Helmut: Schiller-Forschung 1970–1980. Ein Bericht. Marbach am Neckar 1982, S. 81–94.

Malsch, Wilfried: Moral und Politik in Schillers «Don Carlos». In: Wolfgang Wittkowski (Hrsg.): Verantwortung und Utopie. Zur Literatur der Goethezeit. Ein Symposium. Tübingen 1988, S. 207–237.

Malsch, Wilfried: Robespierre ad portas? Zur Deutungsgeschichte *der Briefe über Don Karlos*. In: G. Bauer Pickar (Hrsg.): The Age of Goethe Today. Critical Reexamination and Literary Reflection. München 1990, S. 69–103. [Bedeutende Zäsur der Forschung: Kritische Bewertung der Posa-Figur mit Blick auf eine problematische Ambivalenz der Aufklärung.]

Müller, Heiner: Leben Gundlings Friedrich von Preußen Lessings Schlaf Traum Schrei. In: H. M.: Herzstück. Berlin 1983, S. 9–37. [Problematik der Fürstenerziehung am Beispiel Friedrichs II.: Analogien zu Schillers Beschreibung von Carlos' Jugend.]

Müller, Klaus-Detlef: Die Aufhebung des bürgerlichen Trauerspiels in Schillers *Don Carlos*. In: Helmut Brandt (Hrsg.): Angebot und Diskurs (s. Gesamtbibl. 4), S. 218–234. [Plausible Klärung der Entwicklung vom ‹privaten› zum Ideendrama.]

Müller-Seidel, Walter: Der Zweck und die Mittel. Zum Bild des handelnden Menschen in Schillers *Don Carlos*. In: Jahrbuch der Deutschen Schillergesellschaft 43 (1999), S. 188–221. [Diskussion der divergierenden Posa-Deutungen mit Plädoyer für eine positive Gesamtbewertung.]

Polheim, Karl-Konrad: Von der Einheit des *Don Karlos*. In: Jahrbuch des Freien Deutschen Hochstifts 1985, S. 64–100. [Plausibles Plädoyer für eine Synthese bisheriger Interpretationen.]

Reinhardt, Hartmut: *Don Karlos*. In: Helmut Koopmann (Hrsg.): Schiller-Handbuch (s. Gesamtbibl. 2) , S. 379–394. [Guter Überblick, insbesondere zur Entstehungsgeschichte.]

Schings, Hans Jürgen: Die Brüder des Marquis Posa (s. Gesamtbibl. 5).

Schings, Hans Jürgen: Freiheit in der Geschichte. Egmont und Marquis Posa im

Vergleich. In: Goethe-Jahrbuch 110 (1993), S. 61–76. [Akzentuiert Perspektiven des historischen Dramas im *Don Carlos*.]
Seidlin, Oskar: Schillers *Don Carlos* – nach 200 Jahren. In: Jahrbuch der Deutschen Schillergesellschaft 27 (1983), S. 477–492. [Souveräne Synthese eines profilierten Schiller-Forschers.]
Zymner, Rüdiger: Friedrich Schiller. Dramen (s. Gesamtbibl. 5), S. 61–77. [Solider Überblick, insbesondere über die Forschungssituation.]

1.3. Voraussetzungen und Entstehung

Schillers *Don Carlos* ist ein Werk des Übergangs, eine Art *work in progress* in verschiedenen Fassungen, mit einer Verschiebung des Hauptinteresses vom Familiengemälde zum Ideendrama, vom Infanten Carlos zum Menschheitsbefreier Posa, mit dem Übergang von der Prosa zum Versdrama und – vom Sturm und Drang zur Klassik. Christoph Martin Wieland, der elegante Aufklärer und Rokoko-Klassizist, spielte als Mentor auf Schillers Weg eine wichtige Rolle. Im Blick auf den ersten Akt, den Schiller 1785 als Fragment in der *Thalia* veröffentlicht hatte, urteilte Wieland,

> [...] daß er [Schiller] seine noch immer zu feurige und zum Ausschweiffen geneigte Einbildung noch durch leichtere Vorübungen [...] noch mehr zu bändigen suchen, die Kunst der Tragödie noch mehr aus den Werken der Griechischen und französischen Meister studieren, sich um eine nicht bloß dichterische sondern exacte Philosophische Theorie der Menschlichen Natur bewerben, und mit Einem Worte, die Zeit der Reiffe des Geistes erwarten sollte, ehe er ein Werk unternähme, wo der Verfasser der Räuber alle Augenblicke Gefahr läuft gegen Wahrscheinlichkeit, Schiklichkeit und Anständigkeit zu verstoßen. (NA 7 II, S. 503 f.)

Als 1787 die erste Buchausgabe erschien, war es wiederum Wieland, der die erste Rezension verfasste. Trotz der Bedenken gegen Schillers Missachtung der dramatischen Konventionen sprach Wieland jetzt von

> [...] diese[m] dramatischen Roman [...] als eine[r] außerordentliche[n] Erscheinung an unserem litterarischen Himmel [...], welche die Aufmerksamkeit aller Liebhaber der Dichtkunst und Schaubühne verdient, und ausser vielem, was in einzelnen Scenen vortrefflich ist, und einen großen Reichthum an Bildern, Energie, Delicatesse, Schönheit des Ausdrucks, u. s. w. auszeichnen, vornehmlich auch dadurch interessant wird, weil er uns von den Fortschritten des Verf. und von dem was sich unsere dramatischen Musen in Zukunft von ihm zu versprechen haben, unterrichtet, und uns, so zu sagen, zu Zuschauern eines langen muthvollen Kampfes seines Genius mit seinem Sujet macht [...]. (NA 7 II, S. 518)

Dieser lange Kampf des Genius mit dem Sujet begann damit, dass Schiller 1782 von dem Mannheimer Theaterintendanten Dalberg auf eine zuerst 1672 erschienene Novelle des Abbé de Saint-Réal hingewiesen wurde. Der entscheidende Einfluss, der von diesem Text ausging, liegt in der unhistorischen Spekulation über eine Liebesbeziehung zwischen

Don Carlos und seiner späteren Stiefmutter – ein Motiv, dem in Schillers Drama eine fundamentale Bedeutung zukommt. In Bauerbach skizzierte Schiller 1783 während der Ausarbeitung der *Louise Millerin* einen Plan zu dem Stück über den spanischen Infanten, und aus dieser Zeit sind Briefe überliefert, die eine starke Identifikation Schillers mit der Figur des Don Carlos zeigen. 1785 und 1787 publizierte Schiller in der *Thalia* Fragmente des Dramas – bis zur Audienzszene III, 10 (später III, 7). Eine erste abgeschlossene Fassung wurde 1787 in Buchform veröffentlicht; sie hatte den ungewöhnlichen Umfang von 6282 Versen, obwohl die Partien des *Thalia*-Fragments um fast 800 Verse gekürzt worden waren. Für die Bühnenaufführungen in Hamburg und Riga stellte Schiller spezielle Fassungen her, wobei er inhaltliche Konzessionen einging und für Lettland sogar eine Prosafassung herstellte. Die Hamburger Uraufführung des Stückes am 29. 8. 1787 mit Friedrich Ludwig Schröder in der Hauptrolle wurde ein großer Erfolg. Für spätere Buchfassungen kürzte Schiller das Stück noch einmal erheblich – offenbar mit der Absicht, das Drama, über das er sich nach 1787/88 nicht mehr positiv äußerte, so weit wie möglich klassizistischen Prinzipien anzupassen.

Die unübersichtliche Entwicklung der Fassungen lässt sich folgendermaßen zusammenfassen:

Das ganze Corpus besteht aus fünf verschiedenen Fassungen, die in ihren Varianten und komplementären Bezügen für die Ermittlung von Schillers Intentionen wichtig sind:

- dem ‹Thalia›-Fragment von 1785/87 (*Dom Karlos*),
- der ersten Buchfassung des abgeschlossenen Dramas von 1787 (*Dom Karlos/Infant von Spanien*) mit einem Umfang von 6282 Versen, wobei das ‹Thalia›-Fragment eingearbeitet und um fast 800 Verse gekürzt worden ist,
- der Hamburger Bühnenfassung mit 3943 Versen,
- der Rigaer Bühnenfassung (‹Perez-Fassung› [der Dominikaner Domingo wurde durch einen Staatssekretär Perez ersetzt]) in Prosa, mit dem Untertitel *Ein Trauerspiel*,
- der letzten Ausgabe von 1805 (*Don Karlos/Infant von Spanien/Ein dramatisches Gedicht*), in der das Drama nach weiteren Kürzungen auf die Länge von 5370 Versen gebracht ist. (Reinhardt, S. 382)

Die Gattungsbezeichnung «Ein dramatisches Gedicht» stellt das Stück in die Tradition von Lessings *Nathan der Weise* und unterstreicht die klassizistische Orientierung des reifen Schiller, der an die drei großen Humanitätsdramen der 1780er Jahre erinnert (neben *Nathan* und *Don Carlos* Goethes *Iphigenie*). Der Kontakt zu Wieland in der Entstehungsphase des Dramas, der auch eine Zusammenarbeit auf dem Gebiet von Schillers Lyrik und Historie einschloss, zeigte sich zuletzt darin, dass Schiller in Wielands *Teutschem Merkur* 1788 die *Briefe über Don Carlos* veröffentlichte, die eine kritische Reflexion des Dramas enthalten und aus heutiger Sicht eines der wichtigsten Dokumente für Schillers Entwicklung einer originär spätaufklärerischen Position darstellen (vgl. Arbeitsbereich I).

2. *Textanalyse*

2.1. *Familiengemälde oder politisch-weltanschauliches Drama?*

Das Grundproblem jeder Beschäftigung mit Schillers *Don Carlos*, dem Stück, das eine wichtige Nahtstelle in Schillers dichterischer und ideologischer Entwicklung markiert, liegt in der Frage, wie das Verhältnis zwischen dem Familiendrama, dem «Familiengemälde in einem fürstlichen Hauße» (an Dalberg 7. Juni 1784; NA 23, 144), und dem Ideendrama, der theatralischen Inszenierung des Kampfes um Gedankenfreiheit und politische Selbstbestimmung der flämischen Provinzen (und mit ihnen der «Menschheit»), zu bestimmen ist (vgl. Polheim). Wie ist die Gewichtsverlagerung zu verstehen, die sich im Laufe von Schillers Arbeit an dem Drama (vgl. Böckmann 1974) ergeben hat und in deren Verlauf der Marquis Posa zum ‹Helden› des Stückes geworden ist – in einer Weise, die bei manchem Betrachter Zweifel erweckt hat, ob der Titel des Dramas dessen Inhalt und Gehalt überhaupt noch gerecht wird.

In der Forschungsgeschichte (vgl. die Überblicke bei Koopmann 1982 und 1992 sowie bei Zymner) ist eine auffällige Polarisierung festzustellen: Während die eine Gruppe von Interpreten das private Drama des Don Carlos in den Vordergrund stellt und die mit der Figur Posas verbundene Dimension des aufklärerischen Kampfes gegen den Despotismus und den Aberglauben vernachlässigt, deuten andere die ‹Familiengeschichte› als Beiwerk, das gerade von dem ‹eigentlichen› ideengeschichtlichen und politischen Drama abzulenken scheint. Und während das Interesse an einer variierenden Aufnahme der Problematik des bürgerlichen Trauerspiels in adeligem Milieu nachzulassen scheint, geht eine differenzierte Diskussion um die Bewertung der Figur des Marquis Posa und um die Einschätzung der von diesem repräsentierten Ideen weiter (vgl. insbesondere Malsch 1990).

Einer befriedigenden Gesamtinterpretation muss es demnach darum gehen, den *Zusammenhang* zwischen der familiär-privaten und der ideengeschichtlich-politischen Ebene des Dramas zu erhellen (vgl. hierzu bereits Böckmann 1982 und Kittler). Als Voraussetzung für eine solche kann gelten, dass in dem Stück zwei Positionen aufeinander prallen, die sich darum bemühen, das Verhalten des Prinzen Carlos in ihrem Sinne zu beeinflussen, und dass diese beiden Positionen zwei unterschiedlichen historischen Konfigurationen zuzuordnen sind, die auf verschiedene Weise das Verhältnis von intimen Beziehungen und politischer

Herrschaft zu organisieren versuchen. König Philipp ist dem noch aus dem Mittelalter stammenden, in den absolutistischen Feudalstaaten der frühen Neuzeit aber noch mächtigen Prinzip der Allianz verpflichtet, nach dem eheliche Verbindungen auf dynastischen Interessen gründen und emotionale Neigungen keine Rolle spielen (vgl. Foucault, Gesamtbibl. 7). Indem Philipp (der von Schiller bezeichnenderweise älter ‹gemacht› wird, als es der historischen Gegebenheit entspricht) dem Sohn und Thronfolger die Braut ‹wegnimmt›, dient er den aktuellen Interessen der spanischen Krone, weil er die Verbindung mit Frankreich unmittelbar stärkt, und er schützt sich selbst vor eventuellen Ansprüchen des Thronfolgers, der mit der ‹geeigneten› Gattin einen schnelleren Wechsel der monarchischen Führung (möglicherweise sogar gewaltsam) einfordern könnte. Bei der Verteidigung der mit dem Prinzip der Allianz begründeten ehelichen Gemeinschaft mit der Königin greift Philipp bedenkenlos auf Gewalt zurück, die im Rahmen seines Wertesystems legitim erscheint, wie im übrigen auch seine Erziehungsmaximen (Züchtigung) und Herrschaftspraktiken («Bluthurteile») zeigen. Während sich Carlos einer im Interesse der Dynastie vollzogenen gewaltsamen Missachtung seiner Gefühle gegenüber sieht, erscheint – vor allem vom Schluss des Dramas her betrachtet – die Position des Marquis Posa nur auf den ersten Blick als ein eindeutiger Beweis seiner vorbehaltlosen Freundschaft für den Thronfolger. Denn auch er will Carlos die Erfüllung seiner Liebe zu seiner Stiefmutter verweigern; nur greift er nicht zum Mittel offener Repression, sondern versucht vielmehr, die affektive Zuwendung des Prinzen zu Elisabeth umzulenken in politische Energie zur Befreiung der niederländischen Provinzen. Mit einem Wort: Posa setzt an die Stelle des Allianzprinzips, das sich der Repression bedient und familiäre Verbindungen dynastischen Interessen unterordnet, eine bürgerlich-aufklärerische Sublimierungsstrategie, die das Objekt des sinnlichen Begehrens in die Mutterrolle überführt und die Liebe den Interessen einer aufgeklärten Politik dienstbar macht. *An die Stelle der repressiven Politik der Allianz tritt also die subtile Manipulation durch ödipale Sublimierung* (vgl. zur Kritik am ‹Ödipus-Modell› Deleuze und Guattari, Gesamtbibl. 7). Schillers Drama zeigt den Übergang zwischen diesen beiden Formen der Instrumentalisierung privater Beziehungen zu politischen Zwecken.

Aus dieser Perspektive lässt sich begründen, warum das Drama zurecht den Titel *Don Carlos* trägt; ist es doch die Person des Thronfolgers, um deren Formung sich die alte und die neue Herrschaftsinstanz mit den ihnen jeweils spezifischen Mitteln bemühen. Plausibel gemacht werden kann auch die Wahl des historischen Ortes im Stück, weil das katholische Spanien des sechzehnten Jahrhunderts das Allianzprinzip historisch authentisch verkörpert und Schiller das Zeitalter der Aufklärung als dasjenige ausweisen kann, das durch die Ablösung dieses Prinzips geprägt ist. Freilich ist die hier vorgeschlagene Perspektive mit einer Bestätigung der Positionen verbunden, die jegliche naive Identifizierung mit den von Posa verkörperten Prinzipien der Aufklärung zurückweisen. Schiller scheint vielmehr die Instrumentalisierung der ‹Triebe› und ‹Neigungen› des Einzelnen zugunsten eines universalistischen Prinzips offen zu legen und damit auf die Tendenzen zu verweisen, die heute unter den Stichworten «Dialektik der Aufklärung» und «Logozentrismus» Gegenstand einer kritischen Betrachtung sind. Der kritische Blick auf die Manipulationen im Namen von Fortschritt und Freiheit wird im übrigen noch dadurch verschärft, dass Posa nicht nur im Sinne der ödipalen Sublimierung das Begehren Carlos' manipuliert, sondern auch – nach dem Modell des Odysseus – sein Handeln durch das Prinzip der List im Dienste einer ‹höheren› Vernunft ausrichtet und damit andere zum Mittel seiner Zwecke degradiert (vgl. zur Dialektik von Zweck und Mitteln bei Müller-Seidel).

2.2. *Feudal-aristokratische und bürgerliche Konditionierung der Gefühle*

Als negativer Kontrast zu der das Stück prägenden Reflexion über die Art und Weise, wie im bürgerlich-aufgeklärten Geiste die Konditionierung der Gefühle funktioniert, sind die Verhaltensregulierungen am spanischen Hofe zu verstehen. Die Grundsätze aufklärerischen Denkens profilieren sich vor dem Hintergrund einer feudalistisch-absolutistischen Mentalität und berühren damit die Schnittstelle zwischen ‹privatem› und politischem Verhalten, die als Zentrum des dramatischen Konflikts anzusehen ist. Intimste Verhältnisse, vor allem und insbesondere Eheschließungen, werden – so zeigt die Dramenhandlung – nach strategischen Gesichtspunkten gestaltet – etwa nach dem Allianzprinzip, das die Verbindung zwischen adeligen und königlichen Familien (nach dem Grundsatz einer ‹Mischung› aristokratischen Blutes) fordert und somit die eheliche Partnerschaft dem Imperativ dynastischer Interessen unterwirft. «O ich weiß,/wer dieser Ehe Stifter war» (V. 776 f.; NA 6, S. 44), ruft Carlos der geliebten (‹Stief›-)›Mutter‹ zu, womit sich zeigt, dass der Grundkonflikt des Dramas eben darauf beruht, dass die Partnerwahl in dem «königlichen Hause» nicht nach psychologischen Kriterien erfolgt, dass die Neigung der Partner keine wesentliche Rolle spielt, dass vielmehr Elisabeth aus politischen Gründen Philipps Gemahlin wurde, obwohl sie bereits mit dessen Sohn Carlos verlobt war. Schiller hat diesen Aspekt dadurch ‹dramatisiert›, dass Philipp II. in dem Stück nicht (wie es den historischen Fakten entspräche) einundvierzig, sondern sechzig Jahre alt ist (vgl. V. 2462 f.; NA 6, S. 125) – wodurch die Verbindung mit der dreiundzwanzigjährigen Elisabeth besonders ‹unnatürlich› erscheint. Carlos' im Geiste einer aufgeklärten Empfindsamkeit vorgetragener Vorwurf gegenüber seinem Vater besteht konsequenterweise gerade darin, dass er behauptet, der Grauhaarige liebe die schöne Französin nicht; er habe sie – so ist zu folgern – nur geheiratet, um das Verhältnis zu Frankreich (nach dem Frieden von Cateau-Cambrésis am 3. April 1559) zu stabilisieren – ein Effekt, der durch die zuerst geplante Heirat des Thronfolgers Carlos mit Elisabeth offenbar nicht erzielt worden wäre.

In diesem Kontext steht auch die Art und Weise, wie die Erziehung des Kronprinzen Carlos geschildert wird. Grausame Strafen, eine «knechtische Erziehung» (348 f.; NA 6, S. 22) werden offenbar benötigt – so jedenfalls die Perspektive des Stückes –, um die Gefühle des Heranwachsenden abzustumpfen, damit dieser etwa die «Bluthurteile» (355; ebd.) des väterlichen Despoten zu akzeptieren lerne. Historische Bezüge lassen sich mit Blick auf Schillers Stück insofern erkennen, als Carlos' Erinnerungen an seine Jugend mit Berichten über die Erziehung Friedrichs II. übereinstimmen (man denke an die Hinrichtung von Friedrichs Freund Leutnant Katte; vgl. hierzu die dramatische Zuspitzung im historischen Drama Heiner Müllers). Carlos erinnert sich im Gespräch mit Posa:

> Im Angesicht des ganzen Hofgesindes,
> das mitleidsvoll im Kreise stand, ward sie [die Rache]
> auf Sklavenart an deinem Karl vollzogen.
> Ich sah auf dich und weinte nicht. Der Schmerz
> schlug meine Zähne knirschend an einander;
> ich weinte nicht.
> *(277–282; NA 6, S. 20)*

Die ‹barbarische› Erziehung des Thronfolgers, die offenbar das Ziel hat, diesen in der Hinsicht zu konditionieren, dass er eigene Gefühle unterdrückt und die ‹sachliche› Haltung eines zukünftigen Herrschers anzunehmen vermag – diese Erziehung wird in dieser Szene kontrastiert mit dem empfindsamen Freundschaftskult, der, anachronistisch, dem Verhältnis zwischen Carlos und Posa zugeordnet wird. Aus der Sicht des achtzehnten Jahrhunderts, vor dem Hintergrund empfindsamer Liebes- und Freundschaftsschwärmereien, erscheint die feudalistische Erziehung als eine Konditionierung der Sinne und der Gefühle im Dienste einer dynastischen (später absolutistischen) Machtpolitik, die – so zeigt das Drama – nicht nur die politische Ebene beherrscht, sondern auch die Mentalität der Individuen bestimmt. Zum anschaulichen Symbol einer unbarmherzigen Steuerung des Verhaltens wird die Etikette am spanischen Hofe, die jede persönliche Gefühlsregung erstickt und jedes ‹natürliche› Empfinden unterdrückt. Die bürgerlich-aufgeklärte Empörung über eine solche repressive Verhaltenssteuerung manifestiert sich in dem Unwillen der Königin, der es verwehrt wird, die vermeintlich ‹natürlichsten› Gefühle, die Zärtlichkeit einer Mutter für ihr Kind, in spontaner Weise zu artikulieren:

> *Olivarez sieht auf die Uhr:* Es ist
> noch nicht die Stunde, Ihro Majestät –
> *Königinn:* Noch nicht die Stunde, wo ich Mutter sein darf?
> Das ist doch schlimm. Vergessen Sie es ja nicht,
> mich zu erinnern wenn sie kommt.
> (523–527; NA 6, S. 30 f.)

Die positive Zeichnung der Elisabeth beruht nicht zuletzt darauf, dass die Figur in ihrem schroffen Gegensatz zu der durch die Hofetikette bestimmten Verhaltensregelung dargestellt wird. Dass die Konditionierung der Gefühle auch bei den «sanften» Hofdamen in eindrucksvoller Weise ‹funktioniert›, zeigt sich in Elisabeths betroffener Reaktion, als die jungen Frauen ihre frohe Hoffnung auf ein Spektakel der Ketzerverbrennung ausdrücken (vgl. 472–485; NA 6, S. 28).

Von entscheidender Bedeutung für das Verständnis des Dramas und dessen Grundkonflikt ist nun aber die Tatsache, dass die kritische Distanz nicht nur gegenüber der katholischen Monarchie des sechzehnten Jahrhunderts, sondern auch gegenüber dem feudalistischen und aristokratischen Denken des achtzehnten Jahrhunderts bewahrt wird und veranschaulicht, dass also das Muster des bürgerlichen Trauerspiels auf die historische Situation angewendet wird. Die Modelle der empfindsamen Liebe und der schwärmerischen Freundschaft, die als Paradigmen gegen die feudalistisch-aristokratische Konditionierung der Gefühle dargestellt werden, sind nur als Elemente der Mentalitätsgeschichte des achtzehnten Jahrhunderts sinnvoll in den semantischen Gehalt des Dramas zu integrieren. Die Pointe einer neuen Deutung des *Don Carlos* liegt nun aber in dem Verweis auf die Tatsache, dass die neuen Modelle nicht ihrem eigenen Anspruch gemäß schlicht und einfach die «Stimme der Natur» vertreten, dass vielmehr in und mit ihnen lediglich eine andere, eine bürgerlich-aufklärerische, der feudalistischen Konditionierung der Gefühle entgegengesetzt wird. Schillers Stück geht über die Logik des bürgerlichen Trauerspiels weit hinaus, und es braucht die Posa-Figur mit ihrer ‹ideologischen› Dimension, um das zu zeigen, was wir vielleicht heute erst ganz und gar illusionslos feststellen können: Die bürgerliche Mentalität bedeutet keineswegs eine ‹Befreiung› aus einer ‹unnatürlichen› Unterdrückung von Gefühl und Spontaneität; sie bindet vielmehr die libidinösen Energien des Individuums an abstrakte ideologische Gehalte, an humane Ziele, deren Vermittlung mit den Interessen des Einzelnen sich als äußerst problematisch erweist. Die Figur des Marquis Posa ist damit nicht als Identifikationsfigur und auch nicht als Transporteur ideologischer ‹Botschaften› des Autors Schiller zu verstehen, sondern als die Instanz zu fassen, anhand derer sich die ambivalente Dialektik bürgerlich-aufklärerischer ‹Humanität› zeigen lässt. Die ‹Liebe› wird nicht als das neue Ideal einer aufgeklärten Empfindsamkeit als ‹Wert an sich›, als Selbstzweck verstanden, sondern vielmehr im

Dienste eines allgemeinen Menschheitsideals instrumentalisiert; die ‹Freundschaft› wird in ganz analoger Weise zwar als eine personale Beziehung exponiert, die sich der interessegeleiteten Gestaltung zwischenmenschlicher Beziehungen zu widersetzen scheint, sie kann aber im entscheidenden Moment einem ‹höheren› Interesse aufgeopfert werden – und wird es auch.

2.3. *Bürgerlich-aufklärerische Konditionierung der Gefühle: Carlos, Elisabeth, Posa*

Menschliche Interaktion beruht im Bannkreis des feudalistischen Denkens auf Mentalitätsstrukturen, die von Interesse und Gewalt bestimmt sind. Vertrauen und Liebe, selbst verwandtschaftliche Bindungen gelten nicht als handlungsbestimmende Faktoren. Gegen diese Verhältnisse rebellieren Carlos und Posa in dem Stück; sie setzen die Freundschaft, die Liebe und die Freiheit dem feudalen Herrschafts- und Gewaltmechanismus entgegen. Eine vertiefte Reflexion muss jedoch erkennen, dass im Bereich der personalen Beziehungen, die den Kern der dramatischen Handlung darstellen (Carlos-Elisabeth, Carlos-Posa, Posa-Philipp, Carlos-Philipp), den Gefühlen der Beteiligten entgegen dem Anspruch des aufgeklärten Bewusstseins die ersehnte Freiheit gerade nicht gewährt wird, dass vielmehr der Bereich des Privaten, des Persönlich-Intimen im Dienste allgemeiner menschlicher Werte vereinnahmt wird. Diese Vereinnahmung beruht nicht wie im Mentalitätssystem des Feudalismus auf unmittelbarer Repression und Gewalt, sondern auf einer subtilen Manipulation der Gefühle, einer indirekten Konditionierung der Psyche der beteiligten Personen, die aber durchaus auch als Fremdbestimmung bezeichnet werden muss.

Das Paradigma für diese Kunst der aufgeklärten Konditionierung der Gefühle ist Posas Umgang mit Carlos' Neigung zu Elisabeth. So erscheint auch die wohlwollende Unterstützung des Marquis, der dem verliebten Prinzen hilft, die Königin heimlich zu treffen, als Teil einer perfekten Strategie, der es darum geht, die Liebe zu Elisabeth in den Enthusiasmus für die Befreiung der Niederlande und damit für die Freiheit der Menschheit umzuwandeln. An die Stelle unmittelbarer Zuwendung zu einer konkreten, individuellen Person setzt Posa ein Ensemble von Abstrakta, die mit dem unmittelbaren Leben des Prinzen und damit auch mit seinen Gefühlen nichts zu tun haben. Posa – so könnte man zugespitzt formulieren – ‹erfindet› die bürgerliche Version des Ödipuskomplexes, indem er die Liebe Carlos' zu Elisabeth zugleich fördert und als vermeintliche Mutterliebe tabuisiert und damit einen Sublimierungsvorgang einzuleiten versucht, an dessen Ende die libidinösen Energien des wankelmütigen Thronfolgers in ein begeistertes Engagement für die politische Freiheit verwandelt werden können.

Der Infant wird «geleitet»; seine Liebe zu der Königin wird zum Instrument der Hinführung zu der abstrakten Menschenliebe, die sich paradigmatisch in der Befreiung der Niederlande realisieren soll. Hier zeigt sich tatsächlich in mentalitätsgeschichtlicher Perspektive die ‹Erzeugung› des Ödipuskomplexes, der «mit allen Gärtnerkünsten einer Pflanzschule genährt» (Kittler, 271) wird. Die späte Szene des Dramas setzt ein System der «Rückspiegelungen» in Gang, welches die eigentlich affirmativ besetzten Ideale Posas in eine problematische Dialektik der Mittel und der Zwecke einbindet. Das Drama zeigt die Spuren seines Entstehungsprozesses, denn seine einzelnen Schichten verweisen auf die verschiedenen Sinndimensionen, die nacheinander Schillers Interesse an dem Stoff bestimmten: Da war zuerst das Faktum der unglücklichen Liebe mit der unklaren Verbindung zum niederländischen Befreiungskampf; da war die Figur Posas mit ihrer Formulierung der aufklärerischen Ideale, die nicht mehr nur privatistische Idyllen meinten (Liebe, Freundschaft), sondern universelle Utopien formulierten («Gedankenfreiheit», «ein Abgeordneter der ganzen Menschheit»). Und da ist die dramatische Konzeption, die in ihrer komplexen Rückbezüglichkeit die einzelnen Intentionen relativiert und mit deren Hilfe es gelingt, die Ambivalenzen der privaten wie der gesellschaftlich-allgemeinen Ideale und Utopien zu veranschaulichen (vgl. Böckmann 1982, S. 38).

Was auf den ersten Blick als ein historischer Fortschritt, als eine Überwindung autoritärer und gewaltbestimmter Strukturen erscheint, erweist sich bei näherem Hinsehen als problematisch, weil das neue Denken eine Unterordnung des konkreten individuellen Falles unter das abstrakte Ideal mit sich bringt. Posas «Leitung», seine intendierte Steuerung des Infanten, die diesen von der sinnlichen Liebe («Leidenschaft») zu Elisabeth zu einer ‹geistigen› Liebe führen soll, die der ganzen Menschheit gilt, ist letzten Endes eine andere, ja sogar eine raffiniertere, weil auf äußere Gewalt verzichtende Konditionierung der Gefühle des Betroffenen. Bürgerlich-aufklärerische ‹Menschenführung› zeichnet sich nicht durch eine vorbehaltlose Respektierung der Rechte und Ansprüche des Individuums aus (die sie doch postuliert), sondern neigt dazu, die konkreten Intentionen des Einzelnen zugunsten der eigenen abstrakten universellen Ziele zu unterdrücken.

Vollzog sich im feudalistischen («despotischen») System die Verhaltenssteuerung im Dienste partikularer Interessen (des Einzelnen oder der Dynastie), die sich eine ideologische Rechtfertigung illegitimerweise erborgten (Inquisition), so besteht im bürgerlich-aufgeklärten Kontext die Gefahr, dass im Sinne einer universalen, *apriori* durchaus zu bejahenden Idee der konkrete Einzelne fremdbestimmt wird. Die Ambivalenz der Figur des Marquis Posa erweist sich genau darin, dass sie Ideale der Aufklärung verkörpert, mit denen der Autor Schiller und die meisten seiner zeitgenössischen und aktuellen Leser durchaus sympathisieren, dass sich an ihr aber gerade demonstrieren läßt, wie im Namen der Freiheit die Unterdrückung konkreter Ansprüche und Begierden organisiert wird. Ein Despotismus im Dienste der Freiheit ist das Ergebnis der bürgerlich-aufklärerischen Konditionierung der Gefühle, und zwar deshalb, weil das aufklärerische Denken von einem problematischen Hang zur Abstraktion bestimmt wird und damit eine Unterdrückung der Sinnlichkeit in Kauf nimmt, die sich eigensinnig der erwarteten ‹Verallgemeinerung› in den Weg stellt.

III. Geschichtsschreibung

Texte und Materialien

NA 17–19.
SW IV (nach dieser Ausgabe wird im Folgenden zitiert).
DKV VI und VII (mit gutem Kommentar).

Forschungsliteratur

Dann u. a. (Hrsg.): Schiller als Historiker (s. Gesamtbibl. 4). [Umfassende aktuelle Darstellungen zu den verschiedenen Aspekten des Themas.]

Engelberg, Erich: Friedrich Schiller als Historiker. In: Joachim Streisand (Hrsg.): Die deutsche Geschichtswissenschaft vom Beginn des 19. Jahrhunderts bis zur Reichseinigung von oben. Berlin 1963, S. 11–31. [Aus der Sicht eines führenden DDR-Historikers.]

Fulda, Daniel: Wissenschaft aus Kunst. Die Entstehung der modernen deutschen Geschichtsschreibung 1760–1860. Berlin, New York 1996 (zu Schiller S. 224–263). [Kompetente Darstellung auf der Basis der neueren geschichtswissenschaftlichen Diskussion.]

Goertz, Hans-Jürgen: Umgang mit Geschichte. Eine Einführung in die Geschichtstheorie. Reinbek bei Hamburg 1995.

Hahn, Karl-Heinz: Schiller als Historiker. In: Weimarer Beiträge 5 (1959), S. 180–195 sowie S. 205–208. [Diese und die folgenden Darstellungen bezeugen den Versuch einer differenzierten marxistischen Deutung.]

Hahn, Karl-Heinz: Schiller und die Geschichte. In: Weimarer Beiträge 16 (1970), S. 39–69.

Hahn, Karl-Heinz: Schillers Beitrag zur Theorie der Geschichtswissenschaft. In: Helmut Brandt (Hrsg.): Friedrich Schiller. Angebot und Diskurs (s. Gesamtbibl. 4), S. 78–91.

Hart-Nibbrig, Christiaan L.: «Die Weltgeschichte ist das Weltgericht». Zur Aktualität von Schillers ästhetischer Geschichtsdeutung. In: Jahrbuch der Deutschen Schillergesellschaft 20 (1976), S. 255–277. [Frühe kreative Würdigung von Schillers Historik.]

Kuczynski, Jürgen: Schiller – Dichter und Historiker. In: J. K., Wolfgang Heise: Bild und Begriff. Studien über die Beziehung zwischen Kunst und Wissenschaft. Berlin, Weimar 1978, S. 257–273.

Mann, Golo: Schiller als Historiker: In: Jahrbuch der Deutschen Schillergesellschaft 4 (1960), S. 98–109. [Frühe Verteidigung der ästhetischen und narrativen Geschichtsschreibung Schillers.]

Namowicz, Tadeuz: Schillers Schriften zur Geschichte in komparatistischer Sicht. In: Helmut Brandt (Hrsg.): Friedrich Schiller. Angebot und Diskurs (s. Gesamtbibl. 4), S. 99–116.

Prüfer, Thomas: Die Bildung der Geschichte. Friedrich Schiller und die Anfänge der modernen Geschichtswissenschaft. Köln, Weimar, Wien 2002. [Philologisch präzise und sorgfältig argumentierende Studie, die von der neueren geschichtswissenschaftlichen Diskussion ausgeht, dabei aber sehr eng an Schillers Texten orientiert ist; Grundlage für jede weitere Behandlung des Themas.]

Reinitzhuber, Holger: Schillers *Geschichte des Dreißigjährigen Kriegs* als schriftstellerische Leistung. Ein Beitrag zur Kritik der historischen Belletristik. Phil. Diss. Kiel 1970.

Riedel, Wolfgang: Weltgeschichte als «erhabenes Object». Zur Modernität von Schillers Geschichtsdenken. In: Am Beginn der Moderne. Schiller um 1800. Marbach 2001, S. 3–22.

Rüsen, Jörn: Bürgerliche Identität zwischen Geschichtsbewußtsein und Utopie. Friedrich Schiller. In: Dirk Grathoff, Erwin Leibfried (Hrsg.): Schiller. Vorträge aus Anlaß seines 225. Geburtstages. Frankfurt am Main 1991, S. 178–193. [Grundlegende Darstellung aus der Perspektive der zeitgenössischen Geschichtswissenschaft.]

Rüsen, Jörn: Die vier Typen historischen Erzählens. In: Reinhart Kosellek, Heinrich Lutz, Jörn Rüsen (Hrsg.): Formen der Geschichtsschreibung. Frankfurt am Main 1982, S. 514–605. [Systematische Darstellung, die sich um eine Aufnahme der Anregungen Hayden Whites bemüht.]

Rüsen, Jörn: Rhetorik und Ästhetik in der Geschichtsschreibung. Leopold Ranke. In: Hartmut Eggers u. a. (Hrsg.): Geschichte als Literatur. Formen und Grenzen der Repräsentation der Vergangenheit. Stuttgart 1990, S. 1–9.

Schieder, Theodor: Schiller als Historiker. In: Historische Zeitschrift 190 (1960), S. 31–54. [Würdigung der Geschichtsschreibung Schillers aus der Perspektive eines führenden Historikers der Nachkriegszeit.]

Seeba, Hinrich C.: Historiographischer Idealismus? Fragen zu Schillers Geschichtsbild: In: Wolfgang Wittkowski (Hrsg.): Friedrich Schiller (s. Gesamtbibl. 4), S. 229–251. [Sehr anregender Beitrag, der den Weg zu weiter führenden Untersuchungen weist, weil er die innovativen Tendenzen der neueren Geschichtswissenschaft bereits auf die Deutung von Schillers Texten anwendet.]

White, Hayden: Auch Klio dichtet oder Die Fiktion des Faktischen. Studien zur Tropologie des historischen Diskurses. Stuttgart 1986.

White, Hayden: Die Bedeutung der Form. Erzählstrukturen in der Geschichtsschreibung. Frankfurt am Main 1990.

White, Hayden: Metahistory. Die historische Einbildungskraft im 19. Jahrhundert in Europa. Frankfurt am Main 1991. [Wie die beiden anderen Titel Zeugnis für Whites Herausforderung der Geschichtswissenschaft durch die Betonung von deren narrativen und rhetorischen Grundlagen.]

A. Schiller als Historiker

Die Bedeutung der historischen Schriften für Schillers Gesamtwerk und, allgemeiner gesprochen: die Bedeutung der Historie auch für die ästhetischen Abhandlungen und die späten Dramen, ist in den letzten Jahren nachhaltig ins Bewusstsein der Forschung geraten. Nahm die germanistische Zunft lange Zeit den Lebensabschnitt, den Schiller der Geschichte gewidmet hat, nicht ernst, weil die Beschäftigung mit dem Gegenstand von äußerlichen Interessen des Broterwerbs motiviert schien, so verweigerte die Geschichtswissenschaft seit dem neunzehnten Jahrhundert Schillers Historiographie ihre Anerkennung, weil sie nur den *Dichter* sah, der sich mit der Historie eben in poetischer Form zu befassen und so die wissenschaftlichen Standards einer an der Quellenforschung ausgerichteten Historie zu vernachlässsigen schien. Eine Chance zur Neubewertung des Historikers Schiller ist mit dem ‹linguistic turn› der Geschichtswissenschaft gekommen, mit ihrer selbstreflexiven Einsicht in die Bedeutung narrativer Strukturen für die Konstitution geschichtlichen Wissens. Hayden White hat unter dem Einfluss der Diskursanalyse nachgewiesen, dass historische Darstellungen in ihren narrativen Strukturen rhetorischen und tropologischen Grundmustern folgen und damit wie narrative Texte analysierbar sind. Indem White die Bedeutung des Narrativen in der Darstellung von Wirklichkeit hervorhebt und die Problematik des Erzählens in der modernen Geschichtstheorie kritisch reflektiert, fordert er die etablierte Geschichtswissenschaft heraus, weil er die Differenz zwischen fiktionalen und historiographischen Texten einebnet. White leugnet zwar nicht die Bedeutung der Quellenforschung für die Geschichtswissenschaft, verweist jedoch darauf, dass die Einordnung und die Verknüpfung der Quellen nicht nach dem Muster positivistischer Objektivität vollzogen, sondern vielmehr von einem Konstruktionsprinzip vermittelt wird, das durch die narrativen Strukturen des Geschichtsschreibens gegeben ist.

Die Geschichtswissenschaft hat auf die Studien Whites zunächst mit dem Hinweis reagiert, dass die Entwicklung der Historie seit der Aufklärung zu einer Ausdifferenzierung zwischen ‹Kunst› und ‹Wissenschaft› und damit zu einer Verwissenschaftlichung der professionellen Historie geführt habe, die sich insbesondere im methodisch bewussten Umgang mit den Quellen zeige. Dennoch führte die Herausforderung durch White zu einer Neubesinnung auf den narrativen Charakter jeder geschichtlichen Darstellung und insbesondere zu einer Reflexion über die Frage, wie sich innerhalb eines historiographischen Textes Sinnzuweisungen vollziehen, das heißt wie das in Quellen zugängliche Material interpretiert und in einen umfassenden Sinnzusammenhang integriert wird.

Jörn Rüsen hat auf die Anregungen Whites reagiert, indem er in systematisierender Absicht eine Typologie von Geschichtsdarstellungen entworfen hat. Er unterscheidet das traditionale, das exemplarische, das kritische und das genetische Erzählen. Mit diesen Unterscheidungen versucht er sowohl den auf Kontinuität bedachten als auch den kritisch-destruktiven Haltungen zur Geschichte gerecht zu werden. Entscheidend ist aber Rüsens Gedanke, dass die genannten Erzählweisen niemals rein vorkommen, sondern in jedem konkreten historiographischen Text in einer charakteristischen Mischung zu erkennen sind:

> Geschichtsdarstellungen bedienen sich der vier Weisen des historischen Erzählens, indem sie sie zur Einheit eines einzigen Erzählduktus zusammenfügen, und ihre Eigenart besteht darin, wie sie diese Einheit jeweils realisieren. Die für die Geschichtsdarstellung wesentliche Sinnbildungsleistung ergibt sich daher aus ihrer Verbindung der unterschiedlichen historischen Erzählweisen. Diese Verbindung legt fest, was als Geschichte darstellend in den Blick kommt, welche Formen der Darstellung verwendet werden und welche Orientierungsfunktionen die Darstellung wahrnehmen kann. (Rüsen 1994, S. 561)

Die Einsicht in die Bedeutung (vor allem) narrativer und tropologischer Strukturen für die Geschichtsschreibung bietet Chancen für eine Neubewertung des Historikers Schiller, weil sie die überlieferte unfruchtbare Opposition zwischen «Aufklärung» und «Historismus» (vgl. unten) zu überwinden vermag. Ein interessanter Forschungsprozess nimmt seinen Anfang, bei dem Historiker Schillers Version einer narrativ und ästhetisch fundierten Geschichtsschreibung und Geschichtskonzeption würdigen, ohne die vermeintliche Unwissenschaftlichkeit des Poeten und Historikers Schiller zur Exkommunizierung aus der professionellen Historie zu benutzen.

In seiner 1996 erschienenen Dissertation mit dem bezeichnenden Titel «Wissenschaft aus Kunst» hat Daniel Fulda Schillers Beitrag zur Entwicklung der «modernen deutschen Geschichtsschreibung» gewürdigt und insbesondere die Bedeutung einer «Ästhetisierung von Wissenschaft in der *bildenden* Bedeutung» erkannt, «die ihr wie der Kunst zukommen soll.» (Fulda, S. 237) Fulda gibt darüber hinaus wesentliche Anregungen für eine Untersuchung der Typen des historischen Erzählens, wie sie sich vor allem in den beiden großen Monographien Schillers ausmachen lassen (vgl. Fulda, S. 251–263). Hier liegt sicherlich ein Forschungsdesiderat, das durch weiter spezialisierte Untersuchungen zu füllen sein wird.

Eine wegweisende Arbeit, die Schillers Verhältnis zur «Begründung der modernen Geschichtswissenschaft» erörtert und ebenfalls von deren «linguistic turn» ausgeht, hat Thomas Prüfer verfasst. Prüfer setzt die Einsicht in die Bedeutung narrativer Strukturen für die Geschichtswissenschaft voraus, geht aber in methodischer Hinsicht einen eigenen Weg, indem er nicht die neuen Kategorien Whites oder Rüsens auf Schillers Texte anwendet, sondern dessen Geschichtskonzeption immanent rekonstruiert und dabei verschiedene Gesichtspunkte in systematischer Absicht berücksichtigt: so das Konzept einer bildenden Geschichte, die Idee einer ästhetisierten Historie («Kunst der Wissenschaft»), die anthropologischen Bezüge von Schillers Geschichtsverständnis, die Frage des Fortschritts in der Geschichte und methodische Probleme einer

«Epistemologie der Geschichte» und einer «forschenden Geschichtsschreibung». Prüfers Arbeit ist ein originärer Beitrag zur Schiller-Philologie im Lichte der methodologischen Reflexionen in der aktuellen Geschichtswissenschaft und damit gleichzeitig eine ausführliche kommentierende «Gesamtinterpretation» der Jenaer Antrittsvorlesung Schillers (vgl. Prüfer, S. 23).

Auch für den Bereich der Geschichtsschreibung ist Schillers dialektisches Verhältnis zur Aufklärung signifikant. Es geht ihm wie den Historikern der Aufklärung darum, den Entwicklungszusammenhang zu rekonstruieren, der von der fernen Vergangenheit in die Gegenwart führt; er betont aber dabei den subjektiven Anteil des Historikers bei dieser Konstruktion, und er sieht auch in der Geschichte die Ansätze für solche Tendenzen des Menschen und der Menschheit, die in der Verstandeskultur der Aufklärung noch nicht verwirklicht sind: «Hinsichtlich der Methode des historischen Denkens betont er den konstruktiven Charakter der Fortschrittskategorie, die die historische Erkenntnis im Denkhorizont der Spätaufklärung organisiert. Erst im Rahmen einer gedanklichen Konstruktion [...] gewinnen die geschichtlichen Tatsachen die ‹Harmonie› eines Sinnzusammenhangs.» (Rüsen 1991, S. 182) Der Fortschrittsgedanke wird von Schiller nicht als fraglose Voraussetzung verwendet und auch nicht wie in der Philosophie Hegels als ein objektives metaphysisches Prinzip, das sich dem spekulativen Denken offenbart:

> Schiller schreibt aber nicht wie später Hegel diese identitätsbildende Signatur der historischen Erfahrung metaphysisch als Bewegungsgesetz geschichtlicher Veränderungen in der Vergangenheit fest, sondern er gibt dem subjektiven Ausgriff auf die historische Erfahrung die Flexibilität eines offenen Fragerahmens, mit dem die Erfahrung der Vergangenheit zur Orientierung der aktuellen Lebenspraxis systematisch erschlossen werden kann. (Rüsen 1991, S. 182)

Die Historie wird somit für Schiller zu einer «kunstvollen Wissenschaft» (Prüfer, S. 141), weil die Kohärenz des geschichtlichen Zusammenhangs durch die ästhetische Kompetenz des Geschichtsforschers gestiftet wird, wobei diese Kohärenz auf der Idee einer Verwirklichung der Möglichkeiten des «ganzen Menschen» beruht. Schiller überträgt somit die anthropologische Perspektive seines Frühwerks in einer ästhetischen Wendung auf die Geschichtsschreibung. «In ästhetischer Autonomie entwirft der Geschichtsschreiber Sinnkriterien zur Deutung der historischen Erfahrung, und dabei bringt er die utopischen Gesichtspunkte versöhnter Subjektivität ein, die ihm die Kunst liefert.» (Rüsen 1991, S. 191)

Schiller selbst hat sein Verhältnis zur Geschichte in einer viel zitierten Bemerkung in einem Brief an Caroline von Beulwitz vom 10. Dezember 1788 so charakterisiert: «Die Geschichte ist überhaupt nur ein Magazin für meine Phantasie, und die Gegenstände müssen sich gefallen lassen, was sie unter meinen Händen werden.» (NA 25, S. 154) Diese Äußerung wurde von der Geschichtswissenschaft des neunzehnten Jahrhunderts als Beleg dafür genommen, dass Schillers Beschäftigung mit der Geschichte rein poetisch sei und keinen wissenschaftlichen Anspruch erhebe. Demgegenüber ist zu betonen, dass Schiller sehr wohl ein Studium der Quellen für notwendig hält, dass er aber der Meinung ist, die ästhetische Kompetenz des Geschichtsschreibers stifte «eine Form der inneren Kohärenz, die die Gestalt eines harmonischen Ganzen annimmt, in dem Wahrheit und Schönheit eins sind». (Prüfer, S. 136) Schiller intendiert keinen willkürlichen Umgang mit den Fakten, er verweist vielmehr darauf, dass die Synthese des historischen Materials in einem Akt vollzogen wird, der die ästhetische Kreativität des Historikers demonstriert:

Die Auflösung der Unstimmigkeiten, über die der Geschichtsschreiber, konstruierend wie der Dichter, zu Gericht sitzt, ist die Utopie, deren Verwirklichung ästhetisch antizipiert wird. Die ästhetischen Konstruktionen, die die historische Wahrheit in die poetische überführen, sind als kritisches Bild der Vergangenheit ein Vorschein auf die Zukunft, in der die «Harmonie» [...] nicht mehr nur die Form der Kunst, sondern der Inhalt des Lebens ist. (Seeba, S. 243 f.)

Gegenüber der Historie der Aufklärung bemüht sich Schiller in der Geschichtsschreibung – wie später in den Überlegungen zur ästhetischen Erziehung – um eine Ergänzung und Korrektur des aufklärerischen Denkens, das in seiner pragmatischen Orientierung dem Bedürfnis des Menschen nach einer Übereinstimmung seiner Vermögen, nach einer Befriedigung von «Kopf» *und* «Herz» nicht gerecht wird. Es geht Schiller somit «um die Fortsetzung der Aufklärung mit den Mitteln einer ästhetischen Kultur. Schiller mobilisiert das ästhetische Potential der Kunst gegenwartskritisch, um dem steckengebliebenen, in seine revolutionäre Krise geratenen Prozeß der bürgerlichen Emanzipation wieder auf die Sprünge seines eigenen Humanitätsanspruchs zu verhelfen.» (Rüsen 1991, S. 191)

Mit dieser Diagnose haben wir allerdings bereits Schillers historische Phase im engeren Sinne verlassen, gleichzeitig aber verdeutlicht, dass die Konzeption der ästhetischen Erziehung als eine Fortsetzung von Schillers historischem Denken zu begreifen ist und dass er in seinen ästhetischen Schriften den Gedanken von der Sinnstiftung durch die ästhetische Kultur fortführt, den er im Zusammenhang mit der Reflexion auf die Grundlagen des historischen Denkens entwickelt hat. Wenn im Folgenden auf die Wandlungen von Schillers Geschichtsbild und auf seine zunehmende Skepsis im Blick auf den Fortschrittsgedanken zu verweisen ist, so darf nicht außer Acht gelassen werden, dass bereits die aufklärungsfreundliche Jenaer Antrittsvorlesung von 1788 den subjektiven Charakter der Fortschrittskonstruktion und die Notwendigkeit der ästhetischen Kompetenz des Historikers hervorgehoben hat (vgl. B).

Der Beginn von Schillers Arbeit als Historiker mit der Arbeit über die Rebellion der Niederländer und der Jenaer Antrittsvorlesung bezeugt, dass er zunächst weitgehend dem optimistischen Geschichtsbild der Aufklärung folgte. Der Aufstand der Niederlande erscheint ihm in der Einleitung seiner Schrift als «dieses schöne Denkmal bürgerlicher Stärke» und als ein «neues unverwerfliches Beispiel» dafür, «was Menschen wagen dürfen für die gute Sache und ausrichten mögen durch Vereinigung» (IV, 33; vgl. NA 17, S. 10). Und in der Antrittsvorlesung heißt es: «Unser *menschliches* Jahrhundert herbeizuführen, haben sich [...] alle vorhergehenden Zeitalter angestrengt. Unser sind alle Schätze, welche Fleiß und Genie, Vernunft und Erfahrung im langen Alter der Welt endlich heimgebracht haben.» (IV, 766; vgl. NA 17, S. 375 f.) Die ästhetische Konstruktion des geschichtsschreibenden Subjekts wird hier gewissermaßen durch dessen Einschätzung der Verhältnisse begünstigt, die als erfreulich im Sinne einer Entwicklung der Zivilisation erscheinen. Durch diese Konstellation wird Schillers Konzeption noch eng an die Positionen der Aufklärung angeschlossen.

Es zeigte sich jedoch schon in der Auseinandersetzung mit den Fragestellungen des *Don Carlos*, dass die Bestrebungen der Aufklärung nicht notwendig zu einer Zivilisierung und Humanisierung des Menschen führen müssen. In der Geschichtsschrift über die Niederlande ergeben sich ebenfalls Zweifel an der vorausgesetzten Übereinstimmung zwischen den Zielen der Geschichte und der Verhaltensweise der vermeintlichen Träger dieser Ziele (Geusenbund, Bilderstürmerei, Oranien). Diese Zweifel an einer Kohärenz des Geschichtslaufs und an der Vorbildlichkeit der Zustände seiner Gegenwart wurden bei Schiller insbesondere durch den Verlauf der Französischen Revolution verstärkt. Ausdruck dieser Zweifel ist die Gegenwartsdiagnose in den Briefen *Ueber die ästhetische Erziehung des Menschen* (1795), in der Schiller die einseitige Verstandeskultur auf der einen und die Entfesselung der Triebe auf der anderen Seite als Fehlentwicklungen der Aufklärung brandmarkt und die Entfremdung des Menschen, sein Ungenügen an einer bruchstückhaften Existenz verdeutlicht. Als Fluchtpunkt der utopischen Potentiale menschlicher Existenz erscheint jetzt die Kultur des antiken Griechenland, während noch die Jenaer Antrittsvorlesung vor einer «übertriebenen Bewunderung des Altertums» gewarnt hatte.

B. Die Jenaer Antrittsvorlesung

In der öffentlichen Wirkung und in der systematischen Bedeutung einer Verzahnung wichtiger Tendenzen im Werk Schillers ist die Jenaer Antrittsvorlesung von 1788 mit dem Titel *Was heißt und zu welchem Ende studiert man Universalgeschichte?* einer der maßgeblichen Texte Schillers. Epochale Bedeutung kommt der Unterscheidung zwischen dem Brotgelehrten und dem philosophischen Kopf zu, die im Werkkontext das Konzept der ästhetischen Erziehung vorbereitet und in ihrer Wirkung auf Wilhelm von Humboldt das Bildungsideal der deutschen Universität nachdrücklich beeinflusste. Darüber hinaus werden die Tendenzen von Schillers Verständnis der Historie in einer glänzenden sprachlichen Form eindrucksvoll vorgetragen.

Mit der Kritik am Brotgelehrten wendet sich Schiller gegen ein rein zweckrationales Verständnis der Wissenschaft und auch gegen die pragmatische Geschichtsschreibung der Aufklärung. Das Wissen erscheint dem Brotgelehrten, so Schiller, nur als Mittel zum Zweck, als eine Möglichkeit, Geld und Ansehen zu erwerben. Demgegenüber ist der philosophische Kopf darauf aus, die Elemente seines Wissens zu einem Ganzen zusammenzufügen, eine Totalität des Wissens zu erwerben, die nicht als ein lebloses System anzusehen ist, sondern als eine lebendige Ordnung dieses Wissens:

Wo der Brotgelehrte trennt, vereinigt der philosophische Geist. Frühe hat er sich überzeugt, daß im Gebiet des Verstandes, wie in der Sinnenwelt, alles ineinander greife, und sein reger Trieb nach Übereinstimmung kann sich mit Bruchstücken nicht begnügen. Alle seine Bestrebungen sind auf Vollendung seines Wissens gerichtet; seine edle Ungeduld kann nicht ruhen, bis alle seine Begriffe zu einem harmonischen Ganzen sich geordnet haben, bis er im Mittelpunkt seiner Kunst, seiner Wissenschaft steht und von hier aus ihr Gebiet mit befriedigtem Blick überschauet. (IV, 752; vgl. NA 17, S. 362)

Die Bestimmungen, die dem Streben des philosophischen Kopfes zugewiesen werden, beziehen sich charakteristischerweise gleichermaßen auf die Kunst und die Wissenschaft und damit auf das Bedürfnis nach Totalität, nach einem «harmonischen Ganzen». Schiller argumentiert somit analog zu dem 1789 fertig gestellten Gedicht *Die Künstler*, in dem er der Kunst die Funktion zuwies, die Menschen für die Ansprüche des wissenschaftlichen Denkens bereit zu machen. Während die epochale Tendenz auf eine Ausdifferenzierung und Autonomie der Künste und Wissenschaften ausgeht, sucht Schiller im Bereich der Geschichtswissenschaft eine Form der Synthese, bei der die Totalität des Wissens durch das ästhetische Vermögen des Menschen garantiert wird. Karl Philipp Moritz, mit dem Schiller im Dezember 1788 ausgiebig diskutierte, hatte ihm nicht nur seine Ideen zur Erfahrungsseelenkunde und zur Autonomie der Kunst vorgetragen; er plädierte auch für eine Annäherung der Künste und der «schönen Wissenschaften», wie seine 1785 erschienene Schrift *Versuch einer Vereinigung aller schönen Künste und Wissenschaften unter dem Begriff des in sich selbst Vollendeten* demonstriert (vgl. Prüfer, S. 131), in der ebenfalls der Begriff der Totalität eine entscheidende Rolle spielt. Die Bildung, die Schiller für den philosophischen Kopf postuliert und die er als Modell für seine Studenten vorführt, soll damit die Gesamtheit des menschlichen Wesens umfassen. Dieser Gedanke wird in den Briefen *Ueber die ästhetische Erziehung des Menschen* weiter geführt; es handelt sich bereits in der Antrittsvorlesung um ein Konzept ästhetischer Bildung, das für die Geschichtswissenschaft, über sie hinaus aber für die Studenten aller Fächer, die sich in Schillers Vorlesung versammelten, Gültigkeit haben sollte.

Die Bestimmung des Konzepts der Universalgeschichte ergibt sich für Schiller aus der Bedeutung der jeweiligen historischen Fakten für die Gegenwart des Geschichtsschreibers:

Aus der ganzen Summe dieser Begebenheiten hebt der Universalhistoriker diejenigen heraus, welche auf die *heutige* Gestalt der Welt und den Zustand der jetzt lebenden Generation einen wesentlichen, unwidersprechlichen und leicht zu verfolgenden Einfluß gehabt haben. Das Verhältnis eines historischen Datums zu der *heutigen* Weltverfassung ist es also, worauf gesehen werden muß, um Materialien für die Weltgeschichte zu sammeln. (IV, 762; vgl. NA 17, S. 371)

In der Antrittsvorlesung überwiegt noch ein optimistisches Bild der Gegenwart, sodass die Geschichte unter dem Gesichtspunkt einer Zivilisierung der Menschheit betrachtet werden kann. Schiller vergleicht mit Blick auf Berichte von Seefahrern aus überseeischen Gebieten den zu vermutenden Zustand einer primitiven Menschheit mit den zeitgenössischen Verhältnissen und gelangt zu einem positiven Fazit: «Von dem blinden Zwange des Zufalls und der Not hat er [der Mensch] sich unter die sanftere Herrschaft der Verträge geflüchtet und die Freiheit des Raubtiers hingegeben, um die edlere Freiheit des Menschen zu retten.» (IV, 756; vgl. NA 17, S. 366) Die politischen Verhältnisse der aufgeklärten Staaten haben eine positive Wirkung auf das Verhalten der Menschen entfaltet: «Ein großer Schritt zur Veredlung ist geschehen, dass die Gesetze tugendhaft sind, wenn auch gleich noch nicht die Menschen. Wo die Zwangspflichten von den Menschen ablassen, übernehmen ihn die Sitten. Den keine Strafe schreckt und kein Gewissen zügelt, halten jetzt die Gesetze des Anstands und der Ehre in Schranken.» (IV, 757; vgl. NA 17, S. 366) Dem optimistischen Bild der Welt des späten achtzehnten Jahrhundert entspricht – vor den krisenhaften Entwicklungen im Zuge der Französischen Revolution! – Schillers Einschätzung einer durch gegenseitige Abhängigkeit bewirkten Harmonie der europäischen Politik:

Endlich unsre Staaten – mit welcher Innigkeit, mit welcher Kunst sind sie ineinander verschlungen! Wie viel dauerhafter durch den wohltätigen Zwang der Not als vormals durch die feierlichsten Verträge verbrüdert! Den Frieden hütet jetzt ein ewig geharnischter Krieg, und die Selbstliebe eines Staats setzt ihn zum Wächter über den Wohlstand des andern. Die europäische Staatengesellschaft scheint in eine große Familie verwandelt. Die Hausgenossen können einander anfeinden, aber hoffentlich nicht mehr zerfleischen. (IV, 757; vgl. NA 17, S. 367)

Dieses harmonisierende Bild der Gegenwart ist die Voraussetzung für Schillers spezifische Idee der Universalgeschichte. Der Historiker muss aus der Fülle der Fakten und Geschehnisse *auswählen*, und ein wesentliches Kriterium dieser Auswahl liegt in der Wirkung, die ein historisches Ereignis auf die Gegenwart des Geschichtsschreibers entfaltet:

> Aus der ganzen Summe dieser Begebenheiten hebt der Universalhistoriker diejenigen heraus, welche auf die *heutige* Gestalt der Welt und den Zustand der jetzt lebenden Generation einen wesentlichen, unwidersprechlichen und leicht zu verfolgenden Einfluß gehabt haben. Das Verhältnis eines historischen Datums zu der *heutigen* Weltverfassung ist es also, worauf gesehen werden muß, um Materialien für die Weltgeschichte zu sammeln. (IV, 762; vgl. NA 17, S. 371 f.)

Und diese Perspektive ist für Schiller in seiner Rede tatsächlich keine abstrakte. Er verweist vielmehr darauf, dass etwa die Geschichte der Reformation als Voraussetzung dafür anzusehen ist, dass er an einer protestantischen Universität mit ihrem Ethos der Freiheit des Geistes und des Gewissens vor seinen Zuhörern steht:

> Selbst daß *wir* uns in diesem Augenblick hier zusammenfanden, uns mit diesem Grade von Nationalkultur, mit dieser Sprache, diesen Sitten, diesen bürgerlichen Vorteilen, diesem Maß von Gewissensfreiheit zusammenfanden, ist das Resultat vielleicht aller vorhergegangenen Weltbegebenheiten: die *ganze* Weltgeschichte würde wenigstens nötig sein, dieses einzige Moment zu erklären. [...] Die Hierarchie [des Papsttums] mußte in einem Gregor und Innozenz alle ihre Greuel auf das Menschengeschlecht ausleeren, damit das überhandnehmende Sittenverderbnis und des geistlichen Despotismus schreiendes Skandal einen unerschrokkenen Augustinermönch auffordern konnte, das Zeichen zum Abfall zu geben und dem römischen Hierarchen eine Hälfte Europens zu entreißen – wenn wir uns als protestantische Christen hier versammeln sollten. (IV, 759; vgl. NA 17, S. 368 f.)

Deutlich wird, dass der Geschichtsschreiber Schiller sich durchaus als *écrivain engagé* versteht, dass er also die historischen Kräfte nach ihrem Beitrag beurteilt, den sie zu der Zivilisierung und Kultivierung des Menschengeschlechts geleistet haben. Dass sich diese parteiische Perspektive nicht immer mit dem Ethos des unvoreingenommenen Quellenstudiums in Übereinstimmung befindet, dem Schiller auf der anderen Seite durchaus auch huldigt, demonstrieren seine historischen Monographien (vgl. Abschnitt C). Weiterhin deutet sich eine Tendenz an, unerfreuliche und grausame Ereignisse der Geschichte einer Interpretation zu unterziehen, die deren Funktion in der Geschichte einer Zivilisierung der Menschheit zu verdeutlichen vermag. Schiller zeigt sich hier einerseits als ein Vorläufer Hegels, der mit seiner berühmten Lehre von der «List der Vernunft» solche Ereignisse und Strukturen zu legitimieren suchte; es ist jedoch andererseits eine Tendenz in Schillers Denken zu erkennen, die Erinnerung an die Opfer der Geschichte wach zu halten und diese nicht umstandslos auf dem Altar eines vermeintlichen menschheitlichen Fortschritts zu opfern (vgl. die Überlegungen zur Schilderung des Massakers zu Magdeburg in der *Geschichte des Dreyßigjährigen Kriegs* [Abschnitt C] und die Gegenüberstellung von Menschheit und Individuum in den Briefen *Ueber die ästhetische Erziehung des Menschen* [Arbeitsbereich IV]). Deutlich ist auch, dass die Konstruktion der Universalgeschichte in Schillers Sinne eng mit einer zweifelsfrei positiven Einschätzung der Gegenwart zusammen hängt; wenn sich – wie es durch den Verlauf der Französischen Revolution geschehen wird – diese Überzeugung nicht mehr halten lässt, ist von einer anderen, tragischen Geschichtskonzeption auszugehen, die dann für Schillers späte Dramen charakteristisch sein wird (vgl. Arbeitsbereich VI).

Zunächst ist genauer zu zeigen, wie Schiller die Herstellung von Kohärenz in der universalgeschichtlichen Konstruktion versteht. Im Gegensatz zu der späteren spekulativ-objektivistischen Konzeption Hegels glaubt er nicht daran, dass die Entwicklung hin zu Zivilisierung und Humanität als eine *objektive Realität* zu verstehen ist. Ihre Herstellung ist vielmehr das Resultat einer subjektiven Hervorbringung des Historikers. Die «Harmonie», welche dieses Bild der Geschichte bestimmt, lässt sich nicht aus dem objektiven Material der geschichtlichen Ereignisse und Begebenheiten herauslesen, sondern ist das Ergebnis einer ästhetisch beeinflussten subjektiven Aktivität:

> Er [der «philosophische Geist»] nimmt also diese Harmonie aus sich selbst heraus und verpflanzt sie außer sich in die Ordnung der Dinge, d. i. er bringt einen vernünftigen Zweck in den Gang der Welt und ein teleologisches Prinzip in die *Weltgeschichte*. (IV, 764; vgl. NA 17, S. 374)

Hier zeigt sich eindrucksvoll die Einheit von ästhetischem und philosophischem Anspruch, die Schillers Selbstverständnis als Historiker kennzeichnet. Er sieht sich nicht als einen Interpreten eines objektiv wirkmächtigen Weltgeistes, sondern als einen Betrachter der Geschehnisse und Ereignisse, der *aus einem ästhetischen Interesse heraus* («Harmonie») auf Gesetze der Vernunft zurückgreift, um die Einheit der Weltgeschichte darstellen zu können. Dabei betont Schiller ausdrücklich, dass die Bewertung des Materials genauso gut etwa im Sinne einer nihilistischen Deutung des historischen Prozesses ausfallen könnte und dass somit im Umgang mit dem Material eine eindeutig subjektive Auswahl zu treffen ist:

> Mit diesem [teleologischen Prinzip] durchwandert er [der Universalhistoriker] sie [die Weltgeschichte] noch einmal und hält es prüfend gegen jede Erscheinung, welche dieser große Schauplatz ihm darbietet. Er sieht es durch tausend bestimmende Fakta *bestätigt* und durch ebenso viele andere *widerlegt*; aber solange in der Reihe der Weltveränderungen noch wichtige Bindungsglieder fehlen, solange das Schicksal über so viele Begebenheiten den letzten Aufschluß noch zurückhält, erklärt er die Frage für *unentschieden*, und diejenige Meinung siegt, welche

dem Verstande die höhere Befriedigung und dem Herzen die größte Glückseligkeit anzubieten hat. (IV, 764; vgl. NA 17, S. 374)

Diese ästhetische Dimension der Geschichtsschreibung ist gerade deshalb von hoher zeitdiagnostischer Bedeutung, weil sie ein Ideal verkörpert, das im Gegensatz zu einer einseitigen Aufklärung des Verstandes nicht nur an die rationalen Vermögen des Menschen appelliert, sondern auch dessen emotionale, moralische und spirituelle Bedürfnisse anspricht. Das Utopische ist der Geschichtsschreibung insofern immanent, als sie einen Maßstab an die Überlieferung anlegt, der von einer Versöhnung und Überwindung menschlicher Entfremdung ausgeht. Die Nähe zwischen dem Historiker und dem Dichter liegt in der Notwendigkeit, dass der Geschichtsschreiber die Lücken füllen muss, die es in der Überlieferung gibt. Schiller greift ein Begriffspaar der Spätaufklärung (Schlözer) auf, indem er die Forderung erhebt, die Universalgeschichte dürfe nicht «Aggregat», sondern müsse «System» sein; er füllt aber den System-Begriff mit der dargelegten ästhetischen Bedeutung, die zwischen Wissenschaft und Kunst keinen Gegensatz sieht, sondern vielmehr eine enge Beziehung postuliert:

So würde denn unsre Weltgeschichte nie etwas anders als ein Aggregat von Bruchstücken werden und nie den Namen einer Wissenschaft verdienen. Jetzt also kommt ihr der philosophische Verstand zu Hülfe, und indem er diese Bruchstücke durch künstliche Bindungsglieder verkettet, erhebt er das Aggregat zum System, zu einem vernunftmäßig zusammenhängenden Ganzen. (IV, 763; vgl. NA 17, S. 373)

Ein weiterer Gesichtspunkt ist zu berücksichtigen: Der Konvergenzpunkt von Philosophie, Ästhetik und Geschichte ist für Schiller – hier wie in seinem Denken über alle Veränderungen hinweg – die Anthropologie. Um die Lücken der Überlieferung zu füllen, greift der Historiker vor diesem Hintergrund zu plausiblen Konstruktionen, die von der Überzeugung geleitet sind, dass sich der Mensch *als Mensch* in seinen verschiedenen historischen Entwicklungsstufen im Kern immer nach gleichen Grundsätzen verhält. Die Kunst der Porträts, die Schillers Geschichtsdarstellungen in besonderer Weise charakterisiert, beruht auf dieser anthropologischen Prämisse und auf der Überzeugung, dass die anthropologische Perspektive eine psychologisch plausible Beschreibung der in der Geschichte handelnden Figuren ermöglicht:

Seine Beglaubigung dazu liegt in der Gleichförmigkeit und unveränderlichen Einheit der Naturgesetze und des menschlichen Gemüts, welche Einheit Ursache ist, daß die Ereignisse des entferntesten Altertums, unter dem Zusammenfluß ähnlicher Umstände von außen, in den neuesten Zeitläuften wiederkehren; daß also von den neuesten Erscheinungen, die im Kreis unsrer Beobachtung liegen, auf diejenigen, welche sich in geschichtslosen Zeiten verlieren, rückwärts ein Schluß gezogen und einiges Licht verbreitet werden kann. (IV, 763 f.; vgl. NA 17, S. 373.)

Die Rekonstruktion vergangener Handlungen beruht demnach auf der Voraussetzung, dass Menschen sich in ähnlichen Situationen gleich verhalten, auch wenn sie in historisch weit von einander entfernt gelegenen Epochen leben. Weiterhin orientiert sich die Beschreibung *jeder historischen Epoche* an dem Bedürfnis von Schillers Gegenwart, eine Synthese von *Kopf* und *Herz* zu schaffen und die einseitige Verstandeskultur der Aufklärung zu überwinden. Dieses Kriterium gilt für jede Epoche, weil jede eine Epoche menschlichen Handelns ist und weil sich die Geschichtsschreibung nicht empiristisch mit der Wiedergabe bestimmter Verhaltensweisen begnügt, sondern diese an den anthropologischen Reflexionen ihrer Gegenwart misst. So zeigt die Geschichtsschreibung das Bedürfnis des Menschen nach einer Aufhebung von Verhältnissen der Unterdrückung und Entfremdung, nach einer Überwindung des Widerspruchs zwischen Individuum und Gattung: Sie «führt das Individuum unvermerkt in die Gattung hinüber.» (IV, 765; vgl. NA 17, S. 375)

C. *Geschichte des Dreyßigjährigen Kriegs*

Schillers Darstellung des Dreißigjährigen Krieges ist narrative Historiographie, die sich nicht primär an den Fachgelehrten wendet, sondern an ein vor allem literarisch interessiertes Publikum. So ist das Werk auch in Göschens *Historischem Calender für Damen für das Jahr 1791* veröffentlicht worden und hat damit eine relativ große Verbreitung erfahren. Der Stoff ist gerade deshalb von besonderem Interesse, weil der große Krieg des siebzehnten Jahrhunderts vor allem durch seine Grausamkeiten im Gedächtnis der Menschen geblieben ist. Die chaotische Masse des Geschehenen in ein «System» zu überführen, musste gerade in diesem Fall besonders reizvoll für den Historiker sein. Schiller geht von der Prämisse aus, dass der übergreifende «Sinn» des Geschehens in der Verteidigung der Religionsfreiheit für die protestantische Konfession und in der Bewahrung der Freiheit der Stände gegenüber den Machtansprüchen des Hauses Habsburg lag. Vor diesem Hintergrund müssen die beklagenswerten Gewalttaten (die wohl mit Rücksicht auf das Zielpublikum nur ausnahmsweise in grellen Farben gezeichnet werden) als unumgänglich gedeutet werden, die letztlich zu dem von dem Historiker bejahten Ergebnis des Friedens von Münster und Osnabrück geführt haben. Die übergreifende Deutung des Geschehens wird aber in Schillers Darstellung überlagert von den einzelnen Episoden des Krieges, die im Wesentlichen durch die strategischen Konstellationen und den Machthunger der Beteiligten determiniert erscheinen. Während Schiller zunächst die Vorgeschichte des Krieges seit dem Augsburger Religionsfrieden darstellt und dessen Anfangsphase, die durch wechselnde Akteure bestimmt wird, fokussiert sich im zweiten und dritten Band (die den Höhepunkt der Schrift bilden) die Perspektive auf die Widersacher Gustav Adolf von Schweden und Wallenstein. Während das vierte Buch die militärischen Ereignisse nach dem Tod des Schwedenkönigs und den Untergang Wallensteins darstellt, rafft das letzte Buch die Geschehnisse von 1634 bis 1648 in einer flüchtigen Darstellung zusammen, ohne den Friedensschluss von Münster und Osnabrück ausführlich zu charakterisieren.

Vor diesem Hintergrund ist eine Krise der teleologischen Betrachtungsweise zu konstatieren, die Schiller in der Antrittsvorlesung postuliert hatte und die auch im Prinzip seine Erzählung vom Dreißigjährigen Krieg bestimmt: Wenn das Ziel der Ereignisse – wie angedeutet – in der Freiheit der evangelischen Religion und in der Beschränkung der Macht des Kaisers liegt, so hätte eine ausführliche Würdigung der Bestimmungen des Friedensschlusses die Evidenz des «Systems» veranschaulicht, das der Geschichtsdarstellung zugrunde liegen soll. Da dies aber nicht geschieht, gewinnen die Episoden der Erzählung und auch die Handlungen der Protagonisten einen narrativen Eigenwert, der das Verhältnis von konkreter geschichtlicher Handlung und dem Ideal des historischen Telos unklar erscheinen lässt.

Einer kritischen Analyse der Geschichtsschrift stellen sich zwei Leitfragen: Zunächst ist der Umgang mit Gewalttaten und Gräueln in der geschichtlichen Überlieferung im Blick auf die vorausgesetzte Sinnstiftung des historischen Geschehens zu untersuchen; und schließlich ist das Verhältnis von Ideal und historischem Handeln zu analysieren, wie es sich in der Darstellung des Schwedenkönigs und seines Gegenspielers Wallenstein zeigt.

Schiller greift zu wirksamen rhetorischen Mitteln, um die Gewalttaten der katholischen Soldateska bei der Eroberung Magdeburgs im Jahre 1631 zu beschreiben:

> Die Würgeszene fing jetzt an, für welche die Geschichte keine Sprache und die Dichtkunst keinen Pinsel hat. Nicht die schuldfreie Kindheit, nicht das hülflose Alter, nicht Jugend, nicht Geschlecht, nicht Stand, nicht Schönheit können die Wut der Sieger entwaffnen. Frauen werden in den Armen ihrer Männer, Töchter zu den Füßen ihrer Väter mißhandelt, und das wehrlose Geschlecht hat bloß das Vorrecht, einer gedoppelten Wut zum Opfer zu dienen. Keine noch so verborgene, keine noch so geheiligte Stätte konnte vor der alles durchforschenden Habsucht sichern. Dreiundfünfzig Frauenspersonen fand man in der Kirche enthauptet. Kroaten vergnügten sich, Kinder in die Flammen zu werfen – Pappenheims Wallonen, Säuglinge an den Brüsten ihrer Mütter zu spießen. (IV, 520 f.; vgl. NA 18, S. 161)

Diese Passage ist in mancherlei Hinsicht von besonderem Interesse. Zunächst ist festzustellen, dass Schiller, indem er das Grauen des Geschehens im erzählerischen Detail festhält, diesem Grauen einen Wert zumisst, der nur schwer durch eine teleologische Konstruktion abgeschwächt werden kann. Das Inkommensurable der Gewalttaten ist textimmanent ein Hindernis bei dem Versuch, Sinnstiftung in der Darstellung von Geschichte zu betreiben. Dieser Schwierigkeit begegnet Schiller mit einer Doppelstrategie: Er betont zunächst, dass es sich um Gewalttaten der Katholischen und des kaiserlichen Heeres handelt, dass also die Partei, die er als Gegner der zu erreichenden geschichtlichen Ziele ansieht, für die Verbrechen verantwortlich ist, und zwar um so mehr, als der Feldherr Tilly nach Schillers Darstellung noch nicht einmal den Versuch unternahm, die Gewalttaten zu verhindern oder zu begrenzen:

> Ein nur etwas menschlicher Feldherr würde *solchen* Truppen vergeblich Schonung anbefohlen haben; Tilly gab sich auch nicht die Mühe, es zu versuchen. Durch das Stillschweigen seines Generals zum Herrn über das Leben aller Bürger gemacht, stürzte der Soldat in das Innere der Häuser, um ungebunden alle Begierden einer viehischen Seele zu kühlen. (IV, 520; vgl. NA 18, S. 161)

Im Kontrast lobt Schiller die «Manneszucht» der schwedischen Truppen, die, durch das Beispiel ihres tugendhaften Königs belehrt, nach Schillers Darstellung weitgehend auf Gewalttaten verzichten. Wenn allerdings von Ausschreitungen der schwedischen Truppen zu berichten ist, hat der parteiische Historiker Schiller ganz offensichtlich ein Problem, das er nur lösen kann, indem er die Verbrechen herunterspielt und – vor allem – den Feldherrn Gustav Adolf von jeder Verantwortung entlastet. Die Eroberung deutscher Städte durch die Schweden wird etwa folgendermaßen beschrieben:

> An jedem katholischen Orte, den Gustav Adolf unter seine Botmäßigkeit brachte, schloß er der protestantischen Religion die Kirchen auf, doch ohne den Papisten den Druck zu vergelten, unter welchem sie seine Glaubensbrüder so lange gehalten hatten. Nur an denen, die sich ihm mit dem Degen in der Hand widersetzten, wurde das schreckliche Recht des Krieges ausgeübt; für einzelne Gewalttaten, welche sich eine gesetzlose Soldateska in der blinden Wut des ersten Angriffs erlaubt, kann man den menschenfreundlichen Führer nicht verantwortlich machen. (IV, 550; vgl. NA 18, S. 193 f.)

Es ist ein Zeichen der Redlichkeit des Historikers Schiller, dass dem aufmerksamen Leser Zweifel kommen müssen an der Differenzierung zwischen den Gewalttaten der Kaiserlichen und der Schweden; nahe liegt der Schluss, dass beide Seiten ganz unabhängig von den Zielen, die sie verfolgten, «das schreckliche Recht des Krieges» in unbarmherziger Weise angewendet haben. Wir erkennen hier eine Selbstkorrektur der teleologischen Struktur des Textes; die Schilderung der Gewalt *auf beiden Seiten des Krieges* lässt Zweifel daran aufkommen, dass die Ideale etwa der protestantischen Religion und der Freiheit der deutschen Stände tatsächlich die Praxis der schwedischen Heere und ihrer Verbündeten bestimmt haben.

Das zweite Element der angesprochenen Doppelstrategie der Sinnstiftung im Angesicht des Grauenhaften besteht darin, dass Schiller die Folgen des Magdeburger Massakers so darstellt, dass gerade durch die Grausamkeit der kaiserlichen Truppen der Widerstand gegen diese entschlossener werden konnte:

> Schrecklich war die Hand des Kaisers über Deutschland. Die schnelle Übermacht, welche er durch diesen Vorfall erlangte, mehr scheinbar als in der Wirklichkeit gegründet, führte ihn über die Grenzen der bisherigen Mäßigung hinweg und verleitete ihn zu einem gewaltsamen übereilten Verfahren, welches endlich die Unentschlossenheit der deutschen Fürsten zum Vorteil Gustav Adolfs besiegte. So unglücklich also die nächsten Folgen von Magdeburgs Untergang für die Protestanten auch sein mochten, so wohltätig waren die spätern. Die erste Überraschung machte bald einem tätigen Unwillen Platz, die Verzweiflung gab Kräfte, und die deutsche Freiheit erhob sich aus Magdeburgs Asche. (IV, 525; vgl. NA 18, S. 165 f.)

Wir erkennen hier ein anschauliches Beispiel für Schillers Versuch, ein teleologisches Prinzip in die Geschichte einzuführen. Die prägnante Schlussformel des Abschnitts scheint von dem Versuch bestimmt, dem offenbar Sinnlosen einen Sinn zu unterschieben. Fast übertrieben wirkt Schillers Bemühen, die Geschichte als «Weltgericht» darzustellen, wenn er über Tillys Verluste nach der Zerstörung Magdeburgs schreibt: «Auf seinem Rückzuge nach Wolmirstedt verminderte sich die Armee des Tilly durch häufige Desertionen. Seit dem Blutbade zu Magdeburg floh ihn das Glück.» (IV, 528; vgl. NA 18, S. 169) Die beredte Argumentation kann freilich nicht darüber hinweg täuschen, dass die vorgestellte Konstruktion (die in der letzten Passage an eine von Gott oder der Nemesis gelenkte Geschichte denken lässt) prekär ist und dass die Geschehnisse des Dreißigjährigen Krieges als eine chaotische Folge erscheinen, der nur mit größter Mühe eine teleologische Struktur unterlegt werden kann. Schillers Darstellung kann den unvoreingenommenen Betrachter nämlich sehr wohl zu dem Schluss führen, dass der große Krieg eine Auseinandersetzung von Mächten und Interessen ist, bei der die religiöse und die politische Freiheit nur ein Vorwand für die ideologische Rechtfertigung dieser Machtinteressen zu ist.

Diese skeptische Einschätzung gilt auch für Schillers ausführliche Schilderung der beiden Gegenspieler Wallenstein und Gustav Adolf. Nach dem übergreifenden historischen Schema ist Wallenstein als der dämonische Machtpolitiker und der Schwedenkönig als derjenige anzusehen, der den Deutschen die Religionsfreiheit überbrachte. In beiden Fällen zeigt aber die intensive Auseinandersetzung mit den einzelnen Gegebenheiten und Perspektiven des Handelns, dass sowohl die negative Einschätzung Wallensteins als auch die unkritische Zeichnung Gustav Adolfs revidiert werden müssen.

Dies gilt insbesondere für die historische Figur Wallensteins, die als Gegenspieler Gustav Adolfs zunächst ausgesprochen negativ bewertet wird. Über Wallensteins Truppenfinanzierung und seine Ausbeutung der Länder heißt es etwa: «Je mehr man das Heer verstärkte, desto weniger durfte man um den Unterhalt desselben bekümmert sein, denn desto mehr brachte es die widersetzlichen Stände zum Zittern; je schreiender die Gewalttätigkeiten, desto ungestrafter konnte man sie verrichten.» (IV, 475; vgl. NA 18, S. 118) Wallensteins erneute Einsetzung in die Feldherrenwürde im Frühjahr 1632 wird mit eindeutig bewertenden Worten kommentiert:

Aber wie konnte er [Wallenstein, M. H.] einen Vertrag für gültig halten, der seinem Oberherrn abgetrotzt und auf ein Verbrechen gegründet war? Wie konnte er hoffen, den Kaiser durch eine Vorschrift zu binden, welche denjenigen, der so vermessen war, sie zu geben, zum Tode verdammte? Doch dieser todeswürdige Verbrecher war jetzt der *unentbehrlichste* Mann in der Monarchie, und Ferdinand, im Verstellen geübt, bewilligte ihm alles, was er verlangte. (IV, 602; vgl. NA 18, S. 246)

Eindeutig sind also die moralischen Bewertungen – nicht nur in Bezug auf Wallenstein, sondern auch auf den Kaiser. Von Interesse ist für Schillers Darstellung nun zunächst zweierlei: Auf der einen Seite geht es ihm um die Frage, wie es möglich sei, dass ein so offenkundig böser Mensch eine solche Macht ausüben konnte (hier erkennt man Schillers Faszination durch den großen Verbrecher, die bereits sein Frühwerk kennzeichnet), auf der anderen Seite konzentriert er sich auf Wallensteins *Charakter*, um die Motivation seines Handelns erklären zu können. Während die erste Frage mit der besonderen Schwäche und auch der charakterlichen ‹Verderbnis› des Kaisers beantwortet wird, schreibt Schiller über das ‹Wesen› Wallensteins:

Von einer glühenden Leidenschaft aufgerieben, während daß eine fröhliche Außenseite Ruhe und Müßiggang log, brütete er still die schreckliche Geburt der Rachbegierde und Ehrsucht zur Reife und näherte sich langsam, aber sicher zum Ziele. Erloschen war alles in seiner Erinnerung, was er durch den Kaiser geworden war; nur was *er* für den Kaiser getan hatte, stand mit glühenden Zügen in sein Gedächtnis geschrieben. (IV, 589; vgl. NA 18, S. 234)

So versucht Schiller, Charakterzüge Wallensteins wie Ehrgeiz, Rachsucht und Egoismus als auslösende Momente für das hinzustellen, was zunächst eindeutig als Verrat am Kaiser interpretiert wird. Auf den ersten Blick erscheinen damit die Figur und das Schicksal Wallensteins als Exempel für die Frevelhaftigkeit eines übertriebenen Ehrgeizes und für dessen gerechte Bestrafung. Als konsequentes Gegenmodell zu Wallenstein erscheint in dieser Logik der ‹gute› Schwedenkönig Gustav Adolf. Auch in seinem Falle ist die positive Bewertung an die Darstellung seines Charakters geknüpft:

Eine ungekünstelte lebendige Gottesfurcht erhöhte den Mut, der sein großes Herz beseelte. Gleich frei von dem rohen Unglauben, der den wilden Begierden des Barbaren ihren notwendigen Zügel nimmt, und von der kriechenden Andächtelei eines Ferdinands, der sich vor der Gottheit zum Wurm erniedrigt und auf dem Nacken der Menschheit trotzig einherwandelt, blieb er auch in der Trunkenheit seines Glücks noch Mensch und noch Christ, aber auch in seiner Andacht noch Held und noch König. (IV, 497; vgl. NA 18, S. 139)

In der Darstellung Schillers entsprechen sich zunächst also die charakterliche Zeichnung des Schwedenkönigs und die gute Sache, für die er kämpft. Und doch zeigt Schillers Geschichtsschrift, dass die machtpolitischen und militärischen Imperative ein Eigenleben gewinnen können. Selbst die Lichtgestalt Gustav Adolf scheint in seiner Perspektive von den egoistischen und partikularen Interessen bestimmt, die insgesamt die verschiedenen Parteien des Konflikts beherrschen. Schiller findet für diese problematische Wendung Gustav Adolfs konkrete Anhaltspunkte: Die Befestigung der Stadt Mainz erscheint als ein Zeichen dafür, dass Gustav Adolf die Absicht gehabt haben könnte, sich *als Eroberer* und nicht als Überbringer der Freiheit in Deutschland festzusetzen; seine Weigerung, dem unglücklichen Pfalzgrafen Friedrich V. seine Ländereien zurückzugeben, deutet ebenfalls auf expansionistische Absichten des Schweden. Auch Gustav Adolf kann somit einer skeptischen Reflexion auf den Zusammenhang von Selbstbehauptung und Dienst an der guten Sache nicht entgehen. Schiller erklärt, das Bild des Königs sei vor allem aufgrund von dessen frühem Tod so strahlend geblieben, durch den er vor dem Fall in die Zweideutigkeit bewahrt worden sei:

Das Glück, das ihn auf seinem ganzen Laufe nie verlassen hatte, begnadigte den König auch im Tode noch mit der seltenen Gunst, in der Fülle seines Ruhmes und in der *Reinigkeit* seines Namens zu sterben. Durch einen zeitigen Tod flüchtete ihn sein schützender Genius vor dem unvermeidlichen Schicksal der Menschheit, auf der Höhe des Glücks die Bescheidenheit, in der Fülle der Macht die Gerechtigkeit zu verlernen. Es ist uns erlaubt zu zweifeln, ob er bei längerm Leben die Tränen verdient hätte, welche Deutschland an seinem Grab weinte, die Bewunderung verdient hätte, welche die Nachwelt dem ersten und einzigen *gerechten* Eroberer zollt. (IV, 547; vgl. NA 18, S. 190 f.)

Der Tod Gustav Adolfs, der zunächst als ein Unglück für die protestantische Partei erscheint, hat das Bild des guten Königs bewahrt. Die Diskrepanz, die zwischen der Suche nach dem Ideal und dem praktischen Handeln aus strategischem Machtinteresse besteht, ist ein Thema Schillers zumindest vom *Don Carlos* bis zum *Wallenstein*, und sie kann auch in der Geschichtsschrift als die Tragödie Gustav Adolfs angesehen werden. Dessen Tod kann der Historiograph Schiller aber durchaus einen Sinn abgewinnen. Denn nicht nur hat er die Reinheit des Bildes vom guten Schwedenkönig bis auf einige Einschränkungen bewahrt; er hat auch bewirkt, dass die protestantischen Parteien ihr Schicksal in die eigenen Hände nahmen:

Die wohltätige Hälfte seiner Laufbahn hatte Gustav Adolf geendigt, und der größte Dienst, den er der Freiheit des Deutschen Reichs noch erzeigen kann, ist –

zu sterben. Die alles verschlingende Macht des einzigen zerfällt, und viele versuchen ihre Kräfte; der zweideutige Beistand eines übermächtigen Beschützers macht der rühmlichen Selbsthülfe der Stände Platz, und vorher nur die Werkzeuge zu *seiner* Vergrößerung, fangen sie erst jetzt an, für sich selbst zu arbeiten. (IV, 637; vgl. NA 18, S. 280)

In Schillers Darstellung überwiegt aber die Skepsis; Eigensinn, Egoismus und Machtstreben beherrschen die geschichtliche Praxis und nicht der Kampf für das Ideal. Denn diejenigen, die den Platz Gustav Adolfs einnehmen, kämpfen ihrerseits nicht für hehre Prinzipien wie Freiheit und Selbstbestimmung, sondern orientieren sich an ihren partikularen Interessen: «Wie viel sich auch die protestantischen Fürsten mit der Gerechtigkeit ihrer Sache und mit der Reinigkeit ihres Eifers wußten, so waren es doch größtenteils sehr eigennützige Triebfedern, aus denen sie handelten; und die Begierde zu rauben, hatte wenigstens ebenso viel Anteil an den angefangenen Feindseligkeiten als die Furcht, sich beraubt zu sehen.» (IV, 651; vgl. NA 18, S. 294) Es ist die «Pflicht der Unparteilichkeit, die heiligste des Geschichtsschreibers», die Schiller zu diesem «Geständnis» (IV, 651; vgl. NA 18, S. 293 f.) über die Handlungsweise der von ihm verteidigten Kriegspartei bewegt. Und in der Tat hat diese Ehrlichkeit des Historiographen entscheidende Folgen für die Struktur der Darstellung. Der Charakter der Handelnden oder deren ‹edle› Motive haben in der historischen Praxis keinen Bestand, sodass der Eindruck eines unaufhörlichen Kampfes entsteht, der durch das instabile strategische Gleichgewicht seine jeweils wechselnden Formen erlebt. Schiller hätte zu der Idee geleitet werden können, dass die eigennützigen Handlungen der verschiedenen Parteien durch eine Art ‹List der Vernunft› zu einem sinnvollen Ende führen. Diese Position, die weitgehend der von Hegel in seiner Geschichtsphilosophie verteidigten entspricht, hätte in Schillers Schrift nur durch eine ausführliche Analyse des Friedensschlusses von Münster und Osnabrück gezeigt werden können. Dies leistet Schiller – vor allem aus äußerlichen Gründen – nicht; er sieht aber durchaus die Notwendigkeit eines solchen Abschlusses, wenn er den Westfälischen Frieden ein «Riesenwerk» nennt, einen «berühmten, unverletzlichen und heiligen Frieden» (IV, 745; vgl. NA 18, S. 384). So wird die teleologische Struktur der Darstellung an deren Schluss nur behauptet, nicht überzeugend belegt.

In der abschließenden Würdigung Wallensteins vollzieht Schiller eine erstaunliche Wendung, indem er darauf verweist, dass die Interpretation von Wallensteins Verrat auf Dokumenten beruht, die aus dem zweifellos parteiischen Hause Habsburg stammen («daß es nicht ganz treue Federn sind, die uns die Geschichte dieses außerordentlichen Mannes überliefert haben» [IV, 688; vgl. NA 18, S. 329]). Vor diesem Hintergrund kann die eindeutige Bewertung Wallensteins nicht mehr aufrecht erhalten werden; seine Taten erscheinen in einer charakteristischen

Doppeldeutigkeit und Ambivalenz, die auf die Grundproblematik der Dramentrilogie vorausdeutet:

Noch hat sich das Dokument nicht gefunden, das uns die geheimen Triebfedern seines Handelns mit historischer Zuverlässigkeit aufdeckte, und unter seinen öffentlichen, allgemein beglaubigten Taten ist keine, die nicht endlich aus einer unschuldigen Quelle könnte geflossen sein. Viele seiner getadeltsten Schritte beweisen bloß seine ernstliche Neigung zum Frieden; die meisten andern erklärt und entschuldigt das gerechte Mißtrauen gegen den Kaiser und das verzeihliche Bestreben, seine Wichtigkeit zu behaupten [...]. Wenn endlich Not und Verzweiflung ihn antreiben, das Urteil wirklich zu verdienen, das gegen den Unschuldigen gefällt war, so kann dieses dem Urteil selbst nicht zur Rechtfertigung gereichen; so fiel Wallenstein, nicht weil er Rebell war, sondern er rebellierte, weil er fiel. (IV, 688; vgl. NA 18, S. 329)

In diesen Sätzen, die auf den berüchtigten «Doppelsinn des Lebens» hindeuten, ist die Problematik der Dramentrilogie im Kern bereits enthalten: Nicht mehr um moralische Urteile oder um die Frage, welche geschichtlichen Handlungen welche bedeutenden Ideen befördern, geht es, sondern um die Widersprüche geschichtlichen Handelns, die es in einer Welt ohne verbindliche Normensysteme unmöglich machen, die ‹Unschuld› und ‹Reinheit› eines ‹guten Willens› zu bewahren. Wo jegliche Handlung in einer unheilvollen Dialektik von Selbstbehauptung des Individuums und Einsatz für ein höheres Ganzes verstrickt ist, sind nicht nur eindeutige Urteile unmöglich, sondern es ist auch die Verfügungsgewalt des Einzelnen über seine eigenen Handlungen in Frage gestellt. So ist aus dieser Perspektive die Frage nicht zu beantworten, ob Wallenstein die böhmische Krone aus Ehrgeiz, also aus selbstsüchtigen Motiven, oder zur Erlangung von Frieden und Religionsfreiheit angestrebt hat.

Die Geschichtsschrift über den Dreißigjährigen Krieg ist vor allem der Versuch, dieser Geschichte eine teleologische Struktur zu geben. Die Versenkung in die Details der Geschehnisse und die kritische Untersuchung der Motive aller Handelnden führen jedoch zu der Erkenntnis, dass es nicht die Ideen sind, welche das geschichtliche Handeln bestimmen, sondern die Interessen der großen Einzelnen und der Staaten. Die späte Dramatik wird solche Konstellationen in eindrucksvoller Weise beschreiben und die Kunst als ein Gegenmodell zu einer ‹wirklichen Welt› verstehen, die durch Kontingenz und die Imperative der Selbstbehauptung gekennzeichnet ist.

IV. Ästhetik und Poetik

In Schillers Werk ist die poetische Produktion immer auch auf die philosophische Reflexion bezogen. Entwürfe zur Dramentheorie begleiten bereits das Frühwerk ebenso wie die Analyse ästhetischer Probleme. Eine eigene Periode philosophischer Bemühungen ist auf die Zeit zwischen 1791 und 1795 zu datieren. Diese beginnt nach der lebensgefährlichen Erkrankung des Dichters mit dessen intensivem Kantstudium. 1792 und 1793 hält der Professor für Geschichte Vorlesungen über Ästhetik, und ab 1792 beginnt eine lebhafte Publikationstätigkeit im Bereich der Tragödientheorie und der Ästhetik. Nach der bedeutenden Abhandlung *Ueber Anmuth und Würde*, in der sich 1793 zeigt, wie groß die Beeinflussung durch die Kantische Philosophie, insbesondere die *Kritik der Urteilskraft*, ist, erreichen wir den Höhepunkt der ästhetisch-poetologischen Reflexion mit den epochalen Untersuchungen *Ueber die ästhetische Erziehung des Menschen in einer Reihe von Briefen* (1795) und *Ueber naive und sentimentalische Dichtung* (1795/96). Nach diesem Höhepunkt seiner philosophischen ‹Periode› wendet Schiller sich wieder der Dichtung zu; es entstehen große Gedichte und das wichtige dramatische Spätwerk. Von entscheidender Bedeutung für ein revidiertes Bild des Klassikers Schillers ist aber neben diesen auch stilistisch brillanten Texten die Theorie des Erhabenen, die als Vermächtnis des Theoretikers erscheint und die Eigenart der späten Dichtung in besonderer Weise bestimmt.

Die Hinwendung zur Philosophie erscheint als Abschied von der Historie (auch wenn die ästhetischen Abhandlungen stets auf geschichtsphilosophische Argumentationsmuster und die späten Dramen auf historische Stoffe zurückgreifen) und als Ausdruck einer Desillusionierung im Hinblick auf das Vertrauen in den geschichtlichen Fortschritt, welches noch die Antrittsvorlesung des Historikers im Revolutionsjahr 1789 bestimmt hatte. Die Tragödientheorie und insbesondere die Konzeption der ästhetischen Erziehung sind auch als Antwort auf Schillers Diagnose zu verstehen, dass die Menschen sich als unfähig erwiesen haben, durch ein vernünftiges Verhalten den revolutionären Prozess zu einem Erfolg zu führen und so die politische Freiheit zu erzielen, die von ihnen angestrebt wurde. Über die Schönheit sollen die Menschen zur Freiheit geführt werden – so lautet die Formel für die ursprüngliche Konzeption der ästhetischen Erziehung. Aber der Verlauf der großen Abhandlung ist von dem Zweifel geprägt, ob dieses Ziel zu erreichen ist, ob der angestrebte ästhetische Staat nicht nur auserlesenen Zirkeln vorbehalten bleibt – und ob nicht die Welt der Moderne eher durch Zerrissenheit als durch die Aussicht auf Versöhnung der Widersprüche gekennzeichnet ist. Die geschichtsphilosophische Gegenüberstellung von Antike und Moderne prägt die Überlegungen zur naiven und sentimentalischen Dichtung, aber auch der Gegensatz zwischen Goethe und Schiller und insbesondere Schillers eigene Überzeugung, dass die Verbindung von Dichtung und Reflexion, die ihn kennzeichnet, ein Spezifikum der Moderne und damit des sentimentalischen Poeten darstellt. Dass dieser in einer sentimentalischen Idylle die Quadratur des Kreises schaffen könne, die Reflexion über die Widersprüche der Moderne mit einer neuen Harmonie zu verbinden vermöge, war Schillers Hoffnung im Jahre 1796. Das Scheitern des eigenen Idyllenplans führt ihn zu der Einsicht, dass die Dichtung nicht mehr die Utopie der Versöhnung darstellen, sondern das Aushalten der Widersprüche inszenieren sollte, weshalb die Theorie des Erhabenen in dem erwähnten Sinne als das eigentliche Vermächtnis der philosophischen Periode erscheint. Die Rezeption der Versöhnungsutopie wie der Poetik des Erhabenen zeigt, dass Schillers ästhetische und poetologische Schriften Problemkonstellationen beschrieben haben, die als repräsentativ für die Dichtung der Moderne gelten können. Insofern ist die philosophische Reflexion über die Grundlagen von Kunst und Dichtung ein unverzichtbarer Bestandteil von Schillers Werk und ein wesentlicher Ausdruck seiner geistigen Persönlichkeit.

Texte und Materialien

Ästhetische Erziehung/Ueber naive und sentimentalische Dichtung/Ueber das Erhabene: NA 20/21.

Sonstige ästhetische und philosophische Schriften: NA 20/21.

Briefe an den Augustenburger: NA 26.

Reclam RUB 18 062 (*Ästhetische Erziehung*), RUB 18 213 (*Ueber naive und sentimentalische Dichtung*) (beide im Originaltext); RUB 2731 («Vom Pathetischen und Erhabenen», modernisierter Text).

SW V.

DKV VIII («Theoretische Schriften», mit ausführlichem Kommentar).

Friedrich Schiller: Über die ästhetische Erziehung des Menschen in einer Reihe von Briefen. Text, Materialien, Kommentar. Hrsg. v. Wolfgang Düsing. München, Wien 1981.

Wir zitieren aus den beiden Hauptschriften nach den neuen Reclam-Ausgaben mit Originaltext und geben parallel die Belegstelle in NA an.

Forschungsliteratur

Bolten, Jürgen (Hrsg.): Schillers Briefe über die ästhetische Erziehung. Frankfurt am Main 1984. [Grundlegende Beiträge mit differenzierter sozialgeschichtlicher Perspektive, deshalb immer noch aktuell.]

Borchmeyer, Dieter: Rhetorische und ästhetische Revolutionskritik. Edmund Burke und Schiller. In: Karl Richter, Jörg Schönert (Hrsg.): Klassik und Moderne. Die Weimarer Klassik als historisches Ereignis und Herausforderung im kulturgeschichtlichen Prozeß. Walter Müller-Seidel zum 65. Geburtstag. Stuttgart 1983, S. 56–80. [Interessante komparatistische Perspektive: europäische Revolutionskritik.]

Borchmeyer, Dieter: Aufklärung und praktische Kultur. Schillers Idee der ästhetischen Erziehung. In: Helmut Brackert, Fritz Wefelmeyer (Hrsg.): Naturplan und Verfallskritik. Zu Begriff und Geschichte der Kultur. Frankfurt am Main 1984, S. 122–147. [Wichtig für die Einschätzung von Schillers Verhältnis zur Aufklärung.]

Bräutigam, Bernd: Rousseaus Kritik ästhetischer Versöhnung. Eine Problemvorgabe der Bildungskritik Schillers. In: Jahrbuch der Deutschen Schillergesellschaft 31 (1987), S. 137–155. [Grundlegender Beitrag zur Frage des Einflusses von Rousseau auf Schiller.]

Brinkmann, Richard: Romantische Dichtungstheorie in Friedrich Schlegels Frühschriften und Schillers Begriffe des Naiven und Sentimentalischen. Vorzeichen einer Emanzipation des Historischen. In: Deutsche Vierteljahrsschrift für Literaturwissenschaft und Geistesgeschichte 32 (1958), S. 344–371. [Frühe Arbeit mit grundlegender Bedeutung für Schillers Verhältnis zur Frühromantik.]

Bürger, Peter: Zur Kritik der idealistischen Ästhetik (s. Gesamtbibl. 7). [Typisch für die «ideologiekritische» Frage nach den affirmativen Tendenzen der klassischen Ästhetik Schillers.]

Dod, Elmar: Die Vernünftigkeit der Imagination in Aufklärung und Romantik. Eine komparatistische Studie zu Schillers und Shelleys ästhetischen Theorien im europäischen Kontext. Tübingen 1985.

Düsing, Wolfgang: Schillers Theorie des Erhabenen. Köln 1967. [Philologisch fundierte Analyse der Texte, die eine gute Grundlage für die Neubewertung des Erhabenen in der aktuellen Forschung bildet.]

Eagleton, Terry: Ästhetik. Die Geschichte ihrer Ideologie. Stuttgart, Weimar 1994 [englische Originalausgabe 1990). [Ideologiekritische Auseinandersetzung mit der Geschichte der Ästhetik; kritische Auseinandersetzung mit den ‹affirmativen› Aspekten von Schillers ästhetischer Konzeption.]

Feger, Hans: Die Macht der Einbildungskraft in der Ästhetik Kants und Schillers. Heidelberg 1995. [Wichtige theoretische Arbeit zur Bewertung des Verhältnisses zwischen Kant und Schiller.]

Götze, Martin: Ironie und absolute Darstellung. Philosophie und Poetik in der Frühromantik. Paderborn u.a. 2001. [Aktuelle fundierte Untersuchung zur Bedeutung Schillers für die Frühromantik.]

Hamburger, Käte: Schillers Fragment *Der Menschenfeind* und die Idee der Kalokagathie. In: Deutsche Vierteljahrsschrift für Literaturwissenschaft und Geistesgeschichte 30 (1956), S. 367–400. [Früher grundlegender Beitrag zur Bewertung von Schillers Ästhetik.]

Henrich, Dieter: Der Begriff der Schönheit in Schillers Ästhetik. In: Zeitschrift für philosophische Forschung 11 (1957), S. 527–547. [Frühe grundlegende Untersuchung aus systematischer philosophischer Perspektive.]

Hinderer, Walter: Utopische Elemente in Schillers ästhetischer Anthropologie.

In: Hiltrud Gnüg (Hrsg.): Literarische Utopie-Entwürfe. Frankfurt am Main 1982, S. 173–186. [Wichtige Betonung des utopischen Gehalts von Schillers ästhetischen Konzepten.]

Homann, Renate: Erhabenes und Satirisches. Zur Grundlegung einer Theorie ästhetischer Literatur bei Kant und Schiller. München 1977. [Gründliche und philologisch fundierte Arbeit; wichtige Grundlage für die Neubewertung des Erhabenen.]

Jauß, Hans Robert: Schlegels und Schillers Replik auf die ‹Querelle des Anciens et des Modernes›. In: H. R. J.: Literaturgeschichte als Provokation (s. Gesamtbibl. 7), S. 67–106. [Wichtige Öffnung des Blicks durch Einordnung von Schillers geschichtsphilosophischer Perspektive in einen gesamteuropäischen Kontext.]

Lyotard, Jean-François: Das Erhabene und die Avantgarde (s. Gesamtbibl. 7). [Grundlegender Beitrag des Philosophen der Postmoderne zur Neubewertung von Kants Theorie des Erhabenen; wichtig für die innovative Umdeutung von Schillers Konzeption des Erhabenen bei Zelle.]

Pott, Hans Georg: Die Schöne Freiheit. Eine Interpretation zu Schillers Schrift *Über die ästhetische Erziehung des Menschen in einer Reihe von Briefen.* München 1980. [Philosophisch orientierte gründliche Studie.]

Pries, Christine (Hrsg.): Das Erhabene (s. Gesamtbibl. 7). [Wichtige Aufsatzsammlung zur Neubewertung der Kategorie des Erhabenen im Anschluss an Lyotard.]

Puntel, Kai: Die Struktur künstlerischer Darstellung. Schillers Theorie der Versinnlichung in Kunst und Literatur. München 1986. [Gründliche philosophische Studie.]

Riecke-Niklewski, Rose: Die Metaphorik des Schönen. Eine kritische Lektüre der Versöhnung in Schillers *Über die ästhetische Erziehung des Menschen in einer Reihe von Briefen.* Tübingen 1986. [Überzeugende textnahe Studie, der es gelingt, die immanente Problematik des Versöhnungsparadigmas in Schillers Ästhetik zu verdeutlichen.]

Rohrmoser, Günter: Zum Problem der ästhetischen Versöhnung. Schiller und Hegel. In: Euphorion 53 (1959), S. 351–366. [Forschungsgeschichtlich bedeutsamer Beitrag zur Diskussion des Versöhnungsparadigmas in Schillers Ästhetik.]

Schmidt, Benjamin Marius: Denker ohne Gott und Vater. Schiller, Schlegel und der Entwurf von Modernität. Stuttgart, Weimar 2001. [Fundierter aktueller Beitrag, der Schillers Bezüge zur Frühromantik und zur ästhetischen Moderne akzentuiert.]

Schröder, Gert: Schillers Theorie ästhetischer Bildung zwischen neukantianischer Vereinnahmung und ideologiekritischer Verurteilung. Frankfurt am Main 1998. [Bedeutende Studie, der es gelingt, die Erträge der sozialgeschichtlichen Deutung mit einer systematischen philosophischen Fragestellung zu verbinden.]

Szondi, Peter: Das Naive ist das Sentimentalische. Zur Begriffsdialektik in Schillers Abhandlung. In: P. S.: Schriften II. Frankfurt am Main 1978, S. 59–105. [Forschungsgeschichlich bedeutsamer Beitrag zur kritischen Analyse von Schillers Begriffen.]

Szondi, Peter: Poetik und Geschichtsphilosophie. Hrsg. v. Wolfgang Fietkau. 2 Bde. Frankfurt am Main 1974.

Tschierske, Ulrich: Vernunftkritik und ästhetische Subjektivität. Studien zur Anthropologie Friedrich Schillers. Tübingen 1988. [Bedeutsame Studie, die den Zusammenhang von Aufklärungskritik und Ästhetik Schillers betont.]

Welsch, Wolfgang und Christine Pries (Hrsg.): Ästhetik im Widerstreit (s. Gesamtbibl. 7). [Fundierte Beiträge zur Ästhetik Lyotards, die Anregungen für eine neue Deutung von Schillers Ästhetik vermitteln können.]

Wiese, Benno von: Das Problem der ästhetischen Versöhnung bei Schiller und Hegel. In: Jahrbuch der Deutschen Schillergesellschaft 9 (1965), S. 169–188. [Forschungsgeschichtlich wichtiger Beitrag.]

Wilkinson, Elizabeth M.: Schiller und die Idee der Aufklärung. Betrachtungen anläßlich der Briefe über die ästhetische Erziehung. In: Jahrbuch der Deutschen Schillergesellschaft 4 (1960), S. 42–59.

Wilkinson, Elizabeth M. und Leonard A. Willoughby: Schillers *Ästhetische Erziehung des Menschen*. Eine Einführung. München 1977 [Original Oxford 1967]. [Gründliche textnahe Studie, von angelsächsischem ‹common sense› in angenehmer Art geprägt.]

Zelle, Carsten: Die doppelte Ästhetik der Moderne (s. Gesamtbibl. 5). [Bahn brechende Studie, die durch eine Neuinterpretation der Theorie des Erhabenen die Deutung von Schillers Ästhetik revolutioniert.]

A. *Ueber die ästhetische Erziehung des Menschen in einer Reihe von Briefen*

1. Voraussetzungen und Entstehung

Schillers epochale ästhetische Abhandlung ist aus Briefen hervorgegangen, die Schiller zwischen Februar und Dezember 1793 seinem Gönner und Mäzen, den Prinzen Friedrich Christian von Schleswig-Holstein-Augustenburg («Augustenburger») geschrieben hatte. Diese Briefe in der Tradition des Fürstenspiegels sollten dem adeligen Herrn Aufschlüsse über die Funktion der Kunst und des Ästhetischen in der aufgeklärten Gesellschaft vermitteln. Sie waren der Dank für eine finanzielle Hilfe, die dem Dichter aus einer schweren Notlage herausgeholfen hatte: Als nämlich 1791 die schwere Krankheit ausbrach, von der sich Schiller nie mehr ganz erholen sollte, die aber vor allem die Fortsetzung der akademischen Lehrtätigkeit verhinderte, sprang der Prinz mit einem dreijährigen Stipendium ein, das Schiller für umfangreiche philosophische Studien nutzte. Diese schlossen die intensive Beschäftigung mit der Philosophie Kants, insbesondere mit dessen *Kritik der Urteilskraft*, ebenso ein wie die Abfassung eigener zunächst kleinerer ästhetischer und poetologischer Schriften zur Tragödientheorie und zu einer ersten Beschäftigung mit der Gegenüberstellung des Schönen und des Erhabenen (*Ueber Anmuth und Würde*, 1793). Die Forschung hat die *Briefe an den Augustenburger* meist nur summarisch behandelt. Festzustellen ist, dass Schiller hier eine empirisch orientierte Betrachtungsweise verfolgt, die sich um die Wirkungen der Schönheit bemüht, und dass er in deutlich aufklärerischer Tendenz von einer Unterordnung der Schönheit und der Ästhetik unter die Ansprüche der Gesellschaft und der Politik ausgeht. Die späteren Briefe *Ueber die ästhetische Erziehung des Menschen* nehmen diese Perspektive zwar zunächst auf, gehen aber zu einer systematischen und transzendentalen Analyse des Schönen über. Damit verbunden ist eine prinzipiell andere Konzeption, die nicht mehr von einer Indienstnahme der Kunst im Interesse von Staat und Gesellschaft ausgeht, sondern die Autonomie der Kunst und den humanen Wert der Beschäftigung mit dem ästhetischen Schein hervortreten lässt. Wenn die spätere Schrift gerade auch deshalb ein besonderes Interesse verdient, weil in ihr durchaus widersprüchliche Konzeptionen und Interessen konkurrieren, so ist dieser Befund zu einem großen Teil in der Entstehungsgeschichte begründet. Diese zeigt auch exemplarisch den Übergang von einer aufklärerischen Wirkungsästhetik zur Autonomieästhetik der Weimarer Klassik, wobei der literaturgeschichtliche Übergang Affinitäten und Grenzen zwischen den ‹Perioden› deutlich erkennen lässt. Bei einem Brand des königlichen Schlosses in Kopenhagen wurden Schillers Briefe vernichtet; verlässliche Abschriften haben sich jedoch erhalten. Für die Zeitschrift *Die Horen* überarbeitete Schiller einen Teil der Briefe und fügte neue hinzu. Die transzendentale Analyse des Schönheits-Begriffs steht jetzt an der Stelle von Überlegungen, die an dem traditionellen, auch auf höfische Kontexte zu beziehenden Konzept des Geschmacks orientiert waren; die Verbindung von Humanität und Spiel-Begriff und die abschließenden Reflexionen über den «ästhetischen Staat» erschließen Schillers Kunsttheorie ganz neue Dimensionen. Schiller publiziert die Briefe *Ueber die ästhetische Erziehung des Menschen* 1795 in drei Stücken in den *Horen* und später mit kleinen Änderungen im dritten Band seiner *Kleineren prosaischen Schriften* (1801).

2. *Textanalyse*

Die Entstehungsgeschichte der Abhandlung über die ästhetische Erziehung bringt es mit sich, dass sich in der *Horen*-Fassung eine empirische Fragestellung, welche die Briefe an den Augustenburger kennzeichnete, mit einem systematischen Interesse verbindet – mit der ehrgeizigen Absicht Schillers, in Konkurrenz zu Kant und Fichte eine transzendentale Theorie des Schönen und des ästhetischen Zustands zu entwerfen, die der Kunst und der ästhetischen Erziehung eine Bedeutung zuweisen sollte, die weit über derjenigen der Moral (Kant) und der «Tathandlung» (Fichte) anzusetzen wäre. Während in der Konsequenz der empirischen Betrachtungsweise die mögliche Wirkung des Schönen im Hinblick auf die Erlangung der politischen Freiheit zunächst im Vordergrund des Interesses steht, führt die systematische, mit fundamentalen anthropologischen Perspektiven bereicherte Konzeption einer ästhetischen Erziehung zu einem Bild, das den ästhetischen Zustand nicht als Übergangsstadium, sondern als Vollendung der Menschheit zu charakterisieren scheint. Wenn sich nun der ästhetische Zustand als utopisches Ideal einer Versöhnung der menschlichen Grundtriebe darstellt, die empirischen Befunde aber keineswegs erkennen lassen, wie der Weg von der Zerrissenheit des modernen Menschen zu diesem utopischen Ideal gangbar gemacht werden kann, so stellen sich verzwickte Fragen: Ist der ästhetische Zustand, ist gar die gesamte ästhetische Erziehung nur etwas für die «auserlesenen Zirkel», von denen Schiller am Schluss seiner Abhandlung spricht? Oder ist es doch kein Zufall, dass die in der Disposition des sechzehnten Briefes angekündigten Betrachtungen über die energische Schönheit (die mit einer Ästhetik des Erhabenen zu identifizieren sind) in der weiteren Ausführung fehlen? Ist der fragmentarische Charakter der Abhandlung Ausdruck einer Problematik, die nicht gelöst wurde und die als Krise einer Versöhnungsästhetik beschrieben werden kann? Verlangen die an der Theorie der Schönheit orientierten Überlegungen zur anthropologischen Fundierung der Konzeption des ästhetischen Zustandes aus systematischen Gründen nach einer Ergänzung durch die Theorie des Erhabenen? Diese könnte sich freilich als ein ‹supplément› im Sinne Derridas erweisen, das die Grundlage der zu ‹ergänzenden› Konzeption in Frage stellt.

Ausgangspunkt Schillers ist eine fundamentale Zeitkritik, die auf geschichtsphilosophische Konzepte zurückgreift, Bahn brechende Analysen von Entfremdungsphänomenen liefert, ein idealisiertes Bild der griechischen Antike mit einer dezidierten Kritik problematischer Aspekte der Aufklärung verbindet und schließlich in einer problematisierenden Analyse des revolutionären Prozesses in Frankreich kulminiert (2.1). Dieses durchaus heterogene Bündel historischer und zeitkritischer Motive wird in der *Horen*-Fassung der Briefe mit einer entscheidenden Neuerung konfrontiert, die den Kern des späteren Textes bildet und die eine transzendentale Fundierung der Begriffe «Schönheit» und «ästhetischer Zustand» darstellt. Die Zerrissenheit des modernen Menschen, die in dem problematischen Verlauf der Französischen Revolution ihren tragischen Ausdruck fand, soll durch eine Besinnung auf die Potentiale der Schönheit und der Kunst überwunden werden (2.2). Im Gegensatz zu der vom aufklärerischen Denken beeinflussten potentiellen Instrumentalisierung der Kunst im Hinblick auf die politische Freiheit führen diese Überlegungen zu der für die Ästhetik und Poetik der Weimarer Klassik charakteristischen Konzeption einer Autonomie der Kunst und zu einer Neubewertung des ästhetischen Scheins, der nicht als geringer wertig im Vergleich zur politischen Praxis gilt, sondern als Charakteristikum der menschlichen Freiheit verstanden wird (2.3). So eindrucksvoll Schillers emphatische Bestimmungen zum Zusammenhang von Schönheit, Freiheit und Humanität auch heute noch erscheinen mögen, so ist doch nicht zu verkennen, dass die Abhandlung ebenso viele neue Probleme aufzeigt, wie sie zu lösen versucht. Zunächst ist zu fragen, wie es mit dem Verhältnis von schmelzender und energischer Schönheit steht, wobei aus heutiger Sicht die fundamentale Problematik zu erkennen ist, ob Schiller letztlich eine Versöhnungsästhetik liefert oder ob er angesichts der offenbar unaufhebbaren Diskrepanz zwischen Ideal und empirischer Wirklichkeit nicht die Notwendigkeit einer impliziten Ästhetik des Widerstreits andeutet (2.4). Abschließend ist die Frage zu vertiefen, wie Schillers Konzeption eines ästhetischen Staates als eine partielle Zurücknahme des überfliegenden Anspruchs seiner Abhandlung zu verstehen ist (2.5).

2.1. *Zeitkritik, Entfremdungskritik, geschichtsphilosophische Perspektive – Antike, Aufklärung und revolutionärer Prozess*

Der entscheidende Ausgangspunkt der Abhandlung, der einen Grundstein für deren intensive spätere Rezeption legte, besteht in der grundlegenden Analyse der Zerrissenheit des modernen Menschen. Kompensation für Modernisierungsfolgen – so könnte in aktualisierender Form die Funktion bestimmt werden, die Schiller der Kunst und der ästhetischen Erziehung zuweist. Aus heutiger Sicht steht dabei nicht so sehr die Frage im Vordergrund, ob die Dimension des Ästhetischen nicht mit dem überfordert ist, was ihr hier zugemutet wird (diese Frage kann wohl nur bejaht werden); es ist vielmehr zu betonen, dass Schiller schonungslos die Aporien einer sich entwickelnden Moderne heraus stellt und dabei eine Krise der Aufklärung und damit auch der neuzeitlichen Rationalität als ganzer konstatiert, ohne sich freilich etwa im Sinne Rousseaus unter das Niveau zu begeben, das Aufklärung und Moderne gerade im Hinblick auf die kritische Reflexion entwickelt haben. Eine systematische Rekonstruktion von Schillers Modernitätsanalyse kann drei Perspektiven unterscheiden: eine geschichtsphilosophische Konstruktion, welche die ‹Entfremdung› des modernen Menschen im Kontrast zu einer idealisierten Antike heraus stellt; eine Aufklärungskritik, die der Frage nachgeht, warum die Fortschritte der Aufklärung nicht zu einer wirklichen Humanisierung der Gesellschaft geführt haben; eine kritische Analyse des revolutionären Prozesses in Frankreich, die sich der Frage widmet, warum die politische Freiheit nicht zu einer gerechten politischen Ordnung geführt hat.

Wirkmächtig und durch die sprachliche Formulierung eindringlich erscheinen Schillers Formulierungen, welche die Einheit und Kohärenz des antiken Staates der «Zerrüttung» der modernen Gesellschaft entgegen setzen. Die Entfremdungskritik des jungen Marx hat sich an diesen Passagen orientiert, und noch die utopische Gesellschaftskritik der ‹Kulturrevolution› von 1968 nahm – vermittelt über die Schillerrezeption Herbert Marcuses – Gedanken Schillers auf.

Schillers Argumentation geht von einer Analogie zwischen der Staatsordnung und der Situation des Individuums aus: Wenn nämlich der Einzelne in einem harmonischen Verhältnis zum Ganzen steht, kann er als Mensch seine Anlagen in einer ebenso harmonischen Art entwickeln und sich zu einer umfassenden Persönlichkeit ausbilden. Umgekehrt entspricht der Atomisierung des sich herausbildenden modernen Staates eine innere Entfremdung des Individuums:

> Jene Polypennatur der griechischen Staaten, wo jedes Individuum eines unabhängigen Lebens genoß, und wenn es Noth that, zum Ganzen werden konnte, machte jetzt einem kunstreichen Uhrwerke Platz, wo aus der Zusammenstückelung unendlich vieler, aber lebloser, Theile ein mechanisches Leben im Ganzen sich bildet. Auseinandergerissen wurden jetzt der Staat und die Kirche, die Gesetze und die Sitten; der Genuß wurde von der Arbeit, das Mittel vom Zweck, die Anstrengung von der Belohnung geschieden. (23; NA 20, S. 323)

Die organologische Metaphorik zeichnet das Bild der Harmonie, der Übereinstimmung von Teil und Ganzem und das Ideal einer inneren Identität des Menschen, während die Bilder des Mechanischen und der Maschine die Entfremdung der Moderne charakterisieren. Diese Selbstentfremdung des Menschen wird in einer berühmten Textstelle mit den Vorboten der Industriellen Revolution in Verbindung gebracht, mit der Schiller die Gedankenwelt von Karl Marx vorzuformulieren scheint:

> Ewig nur an ein einzelnes kleines Bruchstück des Ganzen gefesselt, bildet sich der Mensch selbst nur als Bruchstück aus, ewig nur das eintönige Geräusch des Rades, das er umtreibt, im Ohre, entwickelt er nie die Harmonie seines Wesens, und anstatt die Menschheit in seiner Natur auszuprägen, wird er bloß zu einem Abdruck seines Geschäfts, seiner Wissenschaft. (23; NA 20, S. 323)

Schon in dieser einleitenden Formulierung ist zu erkennen, wie Schiller die Funktion der autonomen Kunst zu bestimmen sucht, soll sie doch gerade «die Menschheit» in dem einzelnen Menschen «ausprägen», die Zerstückelung aufheben, die als das Schicksal der modernen Gesellschaft und des modernen Menschen erscheint. Schiller identifiziert sich nicht mit der Zivilisationskritik Rousseaus, der die Menschheitsgeschichte lediglich als Verfallsprozess ansieht. Die Arbeitsteilung und die Aufhebung einer Identität von Individuum und Gattung werden vielmehr als Prozesse angesehen, die zur Entwicklung der Menschheit notwendig waren: «Die mannichfaltigen Anlagen im Menschen zu entwickeln, war kein anderes Mittel, als sie einander entgegen zu setzen. Dieser Antagonism der Kräfte ist das große Instrument der Kultur, aber auch nur das Instrument; denn solange derselbe dauert, ist man erst auf dem Weg zu dieser.» (26; NA 20, S. 326) Im Gegensatz zu anderen führenden Vertretern der Philosophie des Deutschen Idealismus, vor allem in Opposition zur Staatsorientierung Hegels, wendet sich Schiller jedoch dezidiert gegen eine völlige Unterordnung der Interessen des Individuums unter die des Staates. Dieser ist kein Selbstzweck, sondern letztlich ein Instrument zur Herstellung der Voraussetzungen, die für die Freiheit des Individuums notwendig sind. So ist die ästhetische Erziehung in der Gesellschaft der Moderne auch ein Beitrag zur Verteidigung der Würde des Individuums gegenüber den Ansprüchen kollektiver und staatlicher Institutionen:

Kann aber wohl der Mensch dazu bestimmt seyn, über irgend einem Zwecke sich selbst zu versäumen? Sollte uns die Natur durch ihre Zwecke eine Vollkommenheit rauben können, welche uns die Vernunft durch die ihrigen vorschreibt? Es muß also falsch seyn, daß die Ausbildung der einzelnen Kräfte das Opfer ihrer Totalität nothwendig macht; oder wenn auch das Gesetz der Natur noch so sehr dahin strebte, so muß es bey uns stehen, diese Totalität in der Natur, welche die Kunst zerstört hat, durch eine höhere Kunst wieder herzustellen. (28; NA 20, S. 328)

Wenn Schiller von der geschichtsphilosophischen Gesamtschau zur Gegenwartsanalyse übergeht, so zeigt sich die Problematik des modernen Menschen als eine doppelte. Einerseits erkennt Schiller eine problematische Entwicklung der neuzeitlichen Rationalität, die zu einer Unterdrückung der Gefühle und zu einer egoistischen Instrumentalisierung der Mitmenschen tendiert, andererseits diagnostiziert er ein unkritisches Ausleben der ‹niederen› Triebe, das zu einer Herrschaft des Ressentiments und des populistischen Vorurteils führt. Schillers Tendenz, in dualistischen Begriffspaaren zu denken, die seine ganze Abhandlung durchzieht und die Antithese zu einem glänzenden Stilmittel macht, kennzeichnet auch seine Gegenüberstellung des Wilden und des Barbaren:

Der Mensch kann sich aber auf doppelte Weise entgegen gesetzt seyn: entweder als Wilder, wenn seine Gefühle über seine Grundsätze herrschen; oder als Barbar, wenn seine Grundsätze seine Gefühle zerstören. Der Wilde verachtet die Kunst, und erkennt die Natur als seinen unumschränkten Gebieter; der Barbar verspottet und entehrt die Natur, aber verächtlicher als der Wilde fährt er häufig genug fort, der Sklave seines Sklaven zu seyn. Der gebildete Mensch macht die Natur zu seinem Freund, und ehrt ihre Freyheit, indem er bloß ihre Willkühr zügelt. (17; NA 20, S. 318)

Der Typus des Barbaren, den Schiller aus der geschichtsphilosophischen Perspektive in gewisser Weise deduziert hat, kennzeichnet in besonderer Weise auch seine Gegenwartsanalyse. Die «civilisirten Klassen», die von der Kultur der Aufklärung geprägt sind, erscheinen als «erschlafft»; das heißt ihre natürlichen Triebe, die Gefühle der Sympathie und des Mitleids bewirken, sind unterentwickelt. Die Maximen der Aufklärung, die

Kant in die berühmte Formel gefasst hatte: «Habe Mut, dich deines eigenen Verstandes zu bedienen!», werden von ihnen durchaus befolgt, aber im Dienste einer egoistischen Befriedigung egoistischer Ziele missbraucht:

Die Aufklärung des Verstandes, deren sich die verfeinerten Stände nicht ganz mit Unrecht rühmen, zeigt im Ganzen so wenig einen veredelnden Einfluß auf die Gesinnungen, dass sie vielmehr die Verderbniß durch Maximen befestigt. [...] Mitten im Schooße der raffinirtesten Geselligkeit hat der Egoism sein System gegründet [...]. Stolze Selbstgenügsamkeit zieht das Herz des Weltmanns zusammen, das in dem rohen Naturmenschen noch oft sympathetisch schlägt, und wie aus einer brennenden Stadt sucht jeder nur sein elendes Eigenthum aus der Verwüstung zu flüchten. (19; NA 20, S. 320)

Der «Erschlaffung» der aufgeklärten Oberschichten steht in Schillers Zeitkritik eine «Verwilderung» der unteren Klassen gegenüber, die als Missachtung aller moralischen Gesetze durch eine triebgesteuerte Wildheit anzusehen ist. Während die Maximen der Aufklärung bei den gebildeten Schichten zu Grundsätzen werden, die das Verhalten steuern, dabei aber ‹natürliche› Gefühle von Sympathie und Solidarität unterdrücken, führt die anarchische Triebentladung der ‹Wilden› zu einer Herrschaft derjenigen Dimensionen des Natürlichen, die von der Kultur gerade verfeinert werden sollen:

In den niedern und zahlreichern Klassen stellen sich uns rohe gesetzlose Triebe dar, die sich nach aufgelöstem Band der bürgerlichen Ordnung entfesseln, und mit unlenksamer Wuth zu ihrer thierischen Befriedigung eilen. [...] Die losgebundene Gesellschaft, anstatt aufwärts in das organische Leben zu eilen, fällt in das Elementarreich zurück. (18 f.; NA 20, S. 319)

Wenn Schiller hier auf die Berichte anspielt, die von den Sansculottes, der plebejischen Bewegung der Französischen Revolution, kursierten und bei denen vor allem Schilderungen des Treibens entfesselter ‹Weiber› eine geradezu traumatisierende Wirkung entfalteten, so deutet die letzte Formulierung auf die Tragik hin, die der politische Prozess birgt und die den Weg über die ästhetische Erziehung in Schillers Augen unabdingbar macht: Die Befreiung aus den repressiven Strukturen des feudalistischen Herrschaftssystems war notwendig, und sie hätte zu der Errichtung gerechter und freier Strukturen führen können, wenn die Menschen mit dem entstandenen Vakuum verantwortungsvoll umgegangen wären. Warum haben sie dies aber nicht getan? Weil sie nicht dazu bereit, weil sie entweder erschlafft oder verwildert waren. Der Übergang vom «Notstaat» zum Staat der Freiheit wurde verfehlt, weil die Menschen mit der Freiheit nicht umzugehen wussten:

Das Gebäude des Naturstaats wankt, seine mürben Fundamente weichen, und eine *physische* Möglichkeit scheint gegeben, das Gesetz auf den Thron zu stellen, den Menschen endlich als Selbstzweck zu ehren, und wahre Freyheit zur Grundlage der politischen Verbindung zu machen. Vergebliche Hoffnung! Die *morali-*

sche Möglichkeit fehlt, und der freygebige Augenblick findet ein unempfängliches Geschlecht. (18; NA 20, S. 319)

Plausibel erscheint in dieser Perspektive der Übergang von der Zeitkritik zu einer Bestimmung der Grundlagen von Schönheit und ästhetischer Freiheit, weil diese von einer anthropologischen Fragestellung geprägt sind, von der Frage nämlich, wie die menschliche Persönlichkeit durch die ästhetische Erziehung so verändert werden kann, dass sie die Verzerrungen überwindet, die den modernen Menschen kennzeichnen, und den Weg zu einer wirklichen Freiheit bahnt. Immer deutlicher wird sich freilich die Frage aufdrängen, ob die diskutierte Freiheit überhaupt mit dem Bereich des Politischen in Beziehung zu setzen ist – oder ob die ästhetische Freiheit, wenn sie denn erreichbar ist, nicht eher ein Selbstzweck ist, der einer politischen Befreiung gar nicht mehr bedarf.

2.2. *Transzendentale Analyse von «Schönheit» und «ästhetischem Zustand»: Ästhetik und Anthropologie*

Ausgangspunkt von Schillers systematischen Darlegungen zum Schönheitsbegriff ist das Ergebnis der zeitkritischen Analysen: «daß sich der Mensch auf zwey entgegen gesetzten Wegen von seiner Bestimmung entfernen könne, daß unser Zeitalter wirklich auf beyden Abwegen wandle, und hier der Rohigkeit, dort der Erschlaffung und Verkehrtheit zum Raub geworden sey.» (38; NA 20, S. 336) Der Fortgang der Abhandlung zielt darauf ab, einen transzendentalen Begriff der Schönheit zu entwickeln. Das bedeutet in der Nachfolge Kants: Es geht nicht um eine metaphysische Erkenntnis, die eine spekulative Einsicht in das Wesen der Schönheit vermitteln würde, sondern um die Frage, wie die Schönheit im Hinblick auf die Vermögen des Menschen fundiert werden kann. Schiller fragt nach der Bedingung der Möglichkeit der Schönheit als Ausdruck anthropologischer Grundkonstanten, mit denen einerseits Bedingungen des Menschseins dargestellt, andererseits die aufgezeigten Entfremdungsphänomene überwunden werden können. Die empirische Betrachtung des Schönen und seiner Wirkung wird also zugunsten einer apriorischen Untersuchung aufgegeben, wobei sich herausstellt, dass die Frage nach dem Schönen gleichzeitig eine Frage nach dem Menschen schlechthin ist: «Dieser reine *Vernunftbegriff* der Schönheit [...] müßte also [...] auf dem Weg der Abstraktion gesucht, und schon aus der Möglichkeit der sinnlichvernünftigen Natur gefolgert werden können: mit einem Wort: die Schönheit müsste sich als eine nothwendige Bedingung der Menschheit aufzeigen lassen.» (42; NA 20, S. 340) Den anthropologischen Dualismus (Sinnlichkeit – Vernunft) hatte Schiller benutzt, um die Krise seiner Zeit zu analysieren, und er dient auch als Grundlage für die transzendentale Bestimmung des Schönheitsbegriffs, die den Ausweg aus der Krise weisen soll. Diese führt zu einer ganzen Serie von Begriffspaaren (etwa Person/Zustand, Realität/Formalität) und kulminiert in der zentralen Lehre von den polaren Trieben des Menschen, die Schiller als Stofftrieb (oder sinnlicher Trieb) und Formtrieb bezeichnet. Ersterer «geht aus von dem physischen Daseyn des Menschen oder von seiner sinnlichen Natur, und ist beschäftigt, ihm die Schranken der Zeit zu setzen und zur Materie zu machen. [...] mithin fodert dieser Trieb, daß Veränderung sey, daß die Zeit einen Inhalt habe.» (47; NA 20, S. 344) Diesem Trieb entgegengesetzt ist der komplementäre Formtrieb; dieser «geht aus von dem absoluten Daseyn des Menschen oder von seiner vernünftigen Natur, und ist bestrebt, ihn in Freyheit zu setzen, Harmonie in die Verschiedenheit seines Erscheinens zu bringen, und bey allem Wechsel des Zustands seine Person zu behaupten. [...] Er umfasst mithin die ganze Folge der Zeit, das ist soviel als: er hebt die Zeit, er hebt die Veränderung auf, er will, daß das Wirkliche nothwendig und ewig, und daß das Ewige und Nothwendige wirklich sey: mit andern Worten: er dringt auf Wahrheit und Recht.» (48; NA 20, S. 345 f.)

Schiller selbst betont die Schwierigkeit, den Antagonismus von Stoff- und Formtrieb aufzulösen: «Und doch sind es diese beyden Triebe, die den Begriff der Menschheit erschöpfen, und ein dritter *Grundtrieb*, der beyde vermitteln könnte, ist schlechterdings ein undenkbarer Begriff. Wie werden wir also die Einheit der menschlichen Natur wieder herstellen, die durch diese ursprüngliche und radikale Entgegensetzung völlig aufgehoben scheint?» (50; NA 20, S. 347) Da kein dritter Trieb angenommen werden kann, der eine Verbindung zwischen den beiden antagonistischen Trieben bewirken könnte, geht Schiller zurück zu der anfänglichen Überlegung, die durch ein energetisches Modell der Anspannung und Entspannung gekennzeichnet war, und er postuliert, dass die beiden Triebe zwar nicht in ihren Forderungen und Bedürfnissen unterdrückt, dafür aber in ihrer Wirkung und in ihrer Reichweite *eingeschränkt* werden können:

Beyde Triebe haben also Einschränkung, und insofern sie als Energieen gedacht werden, Abspannung nöthig; jener [der Stofftrieb], daß er nicht ins Gebiet der Gesetzgebung, dieser [der Formtrieb], daß er sich nicht ins Gebiet der Empfindung eindringe. Jene Abspannung des sinnlichen Triebes darf aber keineswegs die Wirkung eines physischen Unvermögens und einer Stumpfheit der Empfindungen seyn, welche überall nur Verachtung verdient; sie muß eine Handlung der Freyheit, eine Thätigkeit der Person seyn, die durch ihre moralische Intensität jene sinnliche mäßigt, und durch Beherrschung der Eindrücke ihnen an Tiefe nimmt, um ihnen an Fläche zu geben. [...] Mit einem Wort: den Stofftrieb muß die Persönlichkeit, und den Formtrieb die Empfänglichkeit, oder die Natur, in seinen gehörigen Schranken halten.» (54 f.; NA 20, S. 352)

Der «Begriff einer solchen Wechsel-Wirkung zwischen beyden Trieben» (55; NA 20, S. 352) ist aber – und dieser Gesichtspunkt ist entscheidend

– nicht aus der Empirie gewonnen, sondern ein Postulat, das aus der Analyse der «sinnlichvernünftigen Natur» des Menschen deduziert worden ist. Die postulierte «Einheit der menschlichen Natur» ist nicht problemlos gegeben, sondern bleibt ein Ideal, in Schillers Worten: «eine Aufgabe der Vernunft, die der Mensch nur in der Vollendung seines Daseyns ganz zu lösen im Stand ist.» (55; NA 20, S. 352) Wenn Schiller im Folgenden die Existenz eines Spieltriebs postuliert, der eigentlich kein eigener Trieb ist, sondern die glückende Wechselwirkung der beiden Grundtriebe beschreibt, so darf man nicht aus den Augen verlieren, dass wir es mit einer utopischen Konzeption zu tun haben, deren ontologischer Status in jedem Fall als prekär anzusehen ist. Indem Form- und Stofftrieb auf die Begriffe «Gestalt» und «Leben» bezogen werden, kann der Gegenstand des Spieltriebs als «*lebende Gestalt*» (58; NA 20, S. 355) bezeichnet werden, und die weiteren Überlegungen führen zu dem viel zitierten Kernsatz der ästhetischen Erziehung: «Denn, um es endlich auf einmal herauszusagen, der Mensch spielt nur, wo er in voller Bedeutung Mensch ist, und *er ist nur da ganz Mensch, wo er spielt.*» (62 f.; NA 20, S. 359) Auch hier ist aber genau festzuhalten, welche Bedeutung dem Spielbegriff zuzuschreiben ist: Er bezeichnet die wechselseitige Einschränkung von Stoff- und Formtrieb und meint damit eine Befriedigung des sinnlichen Bedürfnisses, die nicht auf den Besitz des schönen Gegenstandes zielt, sowie eine Befriedigung des Stofftriebs, die nicht die Unterdrückung der Sinnlichkeit intendiert:

> Nun spricht aber die Vernunft: das Schöne soll nicht bloßes Leben und nicht bloße Gestalt, sondern lebende Gestalt, das ist, Schönheit seyn; indem sie ja dem Menschen das doppelte Gesetz der absoluten Formalität und der absoluten Realität diktiert. Mithin thut sie auch den Ausspruch: der Mensch soll mit der Schönheit *nur spielen*, und er soll *nur mit der Schönheit* spielen. (62; NA 20, S. 359)

Zu betonen ist auch in diesem Zusammenhang das analytische Verfahren Schillers: Auch der Spielbegriff ist nur aus den dualistischen Bestimmungen her zu verstehen, die aus der transzendentalen Betrachtung der menschlichen Natur erarbeitet wurden. Kritik, die meint, aus der Identifizierung von Schönheit und Spiel eine Geringschätzung der Kunst oder eine leichtfertige Artistenmentalität herauslesen zu können, gehen wohl in die Irre. Die Lehre vom Spieltrieb ist vielmehr mit Schillers Vorstellung von der Heiterkeit der Kunst in Verbindung zu bringen, wie sie auch im Prolog der *Wallenstein*-Trilogie angedeutet wird. («Ernst ist das Leben, heiter ist die Kunst.») Die Problematik der Konzeption Schillers liegt eher in ihrem utopischen Charakter und in der Frage, ob die utopische Vorstellung von der Aufhebung der Widersprüche im Spiel und in der Schönheit nicht doch Ausdruck einer Haltung ist, die über die Antagonismen der Realität gewaltsam hinweg geht.

2.3. *Autonomie der Kunst, Eigenwert des ästhetischen Scheins*

Dem Gedanken an die utopische Verwirklichung eines Ideals der Menschheit im Spieltrieb liegt eine Konzeption zugrunde, die in der Freiheit des Ästhetischen geradezu den Zweck des menschlichen Seins erkennt. Schiller konzipiert die Freiheit des Ästhetischen als eine umfassende «Bestimmbarkeit», als die Fähigkeit, sich einer Mannigfaltigkeit von Eindrücken zu öffnen, ohne sich von diesen determinieren zu lassen. Wenn der ästhetische Zustand somit als eine «*erfüllte Unendlichkeit*» (83; NA 20, S. 377) erscheint, so ist deutlich, dass er gegenüber den Vorstellungen politischer und moralischer Freiheit eine deutliche Überlegenheit aufweist, weil diese eher von einer Distanz gegenüber den empirischen Begebenheiten geprägt sind, während der ästhetische Zustand ausdrücklich durch die Offenheit gegenüber den sinnlichen Eindrücken geprägt ist. Wenn man diese Differenzierung aber ernst nimmt, dann kann das anfängliche Programm der ästhetischen Erziehung keine Gültigkeit mehr haben, das, «um das politische Problem in der Erfahrung zu lösen, durch das ästhetische den Weg nehmen muß, weil es die Schönheit ist, durch welche man zu der Freyheit wandert.» (11; NA 20, S. 312) Die emphatischen Bestimmungen des ästhetischen Zustands widersprechen der Vorstellung, dass die Schönheit als Durchgangsstation zu einer Freiheit zu verstehen sei, die mehr wert sei als die Schönheit. Die anthropologische Ausrichtung einer transzendentalen Bestimmung des Schönheitsbegriffs führt vielmehr zu der Schlussfolgerung, dass der ästhetische Zustand selbst gerade das Ziel darstellt, das der nach Freiheit strebende Mensch zu erreichen sucht. Nicht mehr die Änderung der menschlichen Disposition im Sinne einer Ermöglichung politischer Freiheit erscheint als das Ziel der ästhetischen Erziehung, sondern die Kontrastierung des ästhetischen Zustands gegenüber einer prosaischen Wirklichkeit, an deren Reformierbarkeit stark gezweifelt wird:

> Der Künstler ist zwar der Sohn seiner Zeit, aber schlimm für ihn, wenn er zugleich ihr Zögling oder gar noch ihr Günstling ist. Eine wohltätige Gottheit reisse den Säugling bey Zeiten von seiner Mutter Brust, nähre ihn mit der Milch eines besseren Alters, und lasse ihn unter fernerm griechischen Himmel zur Mündigkeit reifen. Wenn er dann Mann geworden ist, so kehre er, eine fremde Gestalt, in sein Jahrhundert zurück; aber nicht, um es mit seiner Erscheinung zu erfreuen, sondern furchtbar wie Agamemnons Sohn, um es zu reinigen. Den Stoff zwar wird er von der Gegenwart nehmen, aber die Form von einer edleren Zeit, ja jenseits aller Zeit, von der absoluten unwandelbaren Einheit seines Wesens entlehnen. Hier aus dem reinen Aether seiner dämonischen Natur rinnt die Quelle der Schönheit herab, unangesteckt von der Verderbniß der Geschlechter und Zeiten, welche tief unter ihr in trüben Strudeln sich wälzen. (34 f.; NA 20, S. 333 f.)

Diese Textpassage demonstriert eindringlich den Zusammenhang von Klassizismus und Kunstautonomie, die für den reifen Schiller charakteristisch sind; sie ratifiziert eigentlich die Abkehr von der aufklärerischen Erwartung, dass die Erfahrung der ästhetischen Freiheit eine Verbesserung der gegenwärtigen Verhältnisse bewirken könnte; sie zeigt aber auch die Problematik der neuen Kunstlehre, die, gemessen an den eigenen Voraussetzungen, einen aporetischen Charakter nicht verbergen kann.

Ähnlich wie im Hinblick auf die Konzeption des Klassizismus in Goethes *Iphigenie* (vgl. Adorno: Noten zur Literatur [Gesamtbibl. 7], S. 495–514) liegt darüber hinaus der Verdacht nahe, dass die klassizistische Harmonisierung mit einer Unterdrückung des Anderen, des nicht in die Synthese Passenden, einher geht. Ähnlich wie der «Barbar» Thoas am Schluss von Goethes Drama dazu gebracht wird, denen Glück zu wünschen, die *ihre* klassische Synthese in Griechenland zu erleben hoffen, wobei der Skythe als Betrogener zurück bleibt, so besteht in Schillers Konzeption die Gefahr, dass die klassizistische Form gegen das verstößt, was Schiller selbst postuliert: dass nämlich in der Utopie des Ästhetischen die Bedürfnisse der Sinnlichkeit ebenso ernst genommen werden wie die Synthetisierungstendenzen der Form. Wird man einmal auf diese Problematik aufmerksam, so fällt auf, dass Schiller in seinen Abhandlungen Metaphern der Gewalt verwendet, um die Funktionsweise der Schönheit zu beschreiben (vgl. Riecke-Niklewski). So erklärt er:

> Wenn der mechanische Künstler seine Hand an die gestaltlose Masse legt, um ihr die Form seiner Zwecke zu geben, so trägt er kein Bedenken, ihr Gewalt anzuthun [...]. Wenn der schöne Künstler seine Hand an die nehmliche Masse legt, so trägt er eben so wenig Bedenken, ihr Gewalt anzuthun, nur vermeidet er, sie zu zeigen. (16; NA 20, S. 317)

Die Gewaltlosigkeit der ästhetischen Synthese ist nach dieser Formulierung also selbst nur ein Schein – was hier aber in einem kritischen Sinne zu verstehen ist: Es handelt sich nicht um eine wirkliche Versöhnung zwischen Stoff und Form, sondern um eine vorgetäuschte; wir haben es mit einer verhüllten Unterordnung des Stoffes unter die Form zu tun. Schiller erklärt explizit, dass die eigentliche Meisterschaft des Künstlers darin liegt, «*daß er den Stoff durch die Form vertilgt*» (88; NA 20, S. 382). Festzuhalten ist somit: Mindestens zwei Kunstkonzepte konkurrieren miteinander in Schillers Abhandlung: eines, das eine gewaltlose Wechselwirkung zwischen Stoff und Form postuliert, und ein anderes, das eine Unterordnung des Stoffes unter die Form fordert. An dieser Ambiguität entzündet sich eine vehemente Kritik an diesem Kernstück idealistischer Ästhetik: Ist die postulierte Versöhnung zwischen Stoff und Form eine Schimäre, und plaudern die Gewaltmetaphern Schillers die Wahrheit über eine «erpresste Versöhnung» aus, von der Adorno im Blick auf Georg Lukács gesprochen hat? Ist die Ästhetik der «Kunstperiode» (Heine) eine Form der Autonomieästhetik, der es in Wirklichkeit darum geht, die Widersprüche der «wirklichen Welt» im ästhetischen Schein zu verdecken? Ist der Ansatz grundlegend zu kritisieren, der im utopischen Zustand des Spieltriebs ein Versöhnungsmodell beschreibt?

2.4. *Schmelzende und energische Schönheit*

Schiller legt eine Disposition seiner Abhandlung vor, die er letztlich nicht ausführen wird. Aus der Idee der harmonischen Wechselwirkung der beiden Grundtriebe ergibt sich wiederum in einem analytischen Schlussverfahren, dass die Wirkung der Schönheit in einer Begrenzung oder in einer Bestärkung der jeweiligen Triebe liegen kann. Schiller erklärt, «daß von dem Schönen zugleich eine auflösende und eine anspannende Wirkung zu erwarten sey: eine *auflösende*, um sowohl den sinnlichen Trieb als den Formtrieb in ihren Grenzen zu halten: eine *anspannende*, um beyde in ihrer Kraft zu erhalten.» (64 f.; NA 20, S. 360 f.) Zwar erklärt Schiller, dass ein reiner Begriff der Schönheit im Sinne einer Überwindung der dargestellten Antagonismen sowohl auflösend als auch anspannend sein müsste; gleichwohl nimmt er sich aber vor, die Funktionsweisen der so differenzierten Formen der Schönheit zu bestimmen. Entscheidend ist aber nun, dass die Briefe *Ueber die ästhetische Erziehung des Menschen* lediglich Ausführungen über die auflösende oder schmelzende Schönheit enthalten, sodass sich die Frage stellt, ob eine Theorie der anspannenden Schönheit vielleicht den Aporien entgehen könnte, zu denen die Konzeption einer Versöhnungsästhetik nach unseren Beobachtungen führte. Eine interessante Deutung des Sachverhalts (vgl. Zelle) geht von der These aus, dass die von Schiller ausgearbeitete Theorie des Erhabenen (vgl. C) der Konzeption einer anspannenden Schönheit entspricht und einen deutlichen Schritt weg von einer reinen Versöhnungsästhetik geht.

Schillers Abhandlung über die ästhetische Erziehung zeigt aber nicht dieses Modell, sondern demonstriert, wie die schmelzende Schönheit auf den angespannten Menschen wirkt. Es stellt sich dabei heraus, dass der Typus des Barbaren wie der des Wilden, die zu Beginn der Abhandlung als zeittypische Ausprägung der modernen Entfremdung exponiert worden waren, durch die schmelzende Schönheit zu einer entspannenden Harmonisierung gelangen:

> Der von Gefühlen einseitig beherrschte oder sinnlich angespannte Mensch wird also aufgelöst und in Freyheit gesetzt durch Form; der von Gesetzen einseitig beherrschte oder geistig angespannte Mensch wird aufgelöst und in Freyheit gesetzt durch Materie. Die schmelzende Schönheit, um dieser doppelten Aufgabe ein Genüge zu tun, wird sich also unter zwey verschiednen Gestalten zeigen. Sie wird *erstlich*, als ruhige Form, das wilde Leben besänftigen, und von Empfindungen zu Gedanken den Übergang bahnen; sie wird *zweytens* als lebendes Bild

die abgezogene Form mit sinnlicher Kraft ausrüsten, den Begriff zur Anschauung und das Gesetz zum Gefühl zurückführen. (69 f.; NA 20, S. 365)

Schillers Tendenz, eine gewalttätige Überwindung des Stoffes durch die Form zu bevorzugen, ist darauf zurückzuführen, dass er die Verirrung durch eine Herrschaft der Sinnlichkeit unbewusst für die schlimmere hält, so wollen seine Beispiele die schmelzende Schönheit beschreiben, welche die Sinnlichkeit zu beruhigen sucht. Das Bedenken bleibt jedoch, ob die schmelzende Schönheit nicht für ein Versöhnungsparadigma steht, das Konflikte und Widersprüche zu verdrängen sucht. Ist die Idee der Entspannung das Zeichen für eine quietistische Ästhetik, die nicht in einer Steigerung des Lebens (vgl. Nietzsche), sondern in dessen Verkleinerung den Sinn der ästhetischen Erziehung sieht? Oder ist die Konzeption einer anspannenden Schönheit etwa der Keim des Modells einer lebenssteigernden Ästhetik, die das Aushalten von Konflikten einer harmonisierenden Beruhigung vorzieht? Verstößt die Idee der schmelzenden Schönheit, welche die Gewalt verhüllt, die sie dem Stoff antut, nicht vielleicht gegen die Anforderungen, die Schiller an den ästhetischen Schein stellt, wenn er sagt, dieser müsse «*aufrichtig*» sein (111; NA 20, S. 402), das heißt seine Künstlichkeit und seine Funktionsweise reflektieren? Ist die Idee einer schmelzenden Schönheit nicht das Symptom einer «Ideologie des Ästhetischen» (vgl. Eagleton), die eine Unterdrückung von Kritik und eine subtile Herrschaft über die Empfindungen und die Körper intendiert? Es wird zu zeigen sein, dass die Wirkungsgeschichte von Schillers Ästhetik – durchaus problematisch affirmativ – gerade bei diesen harmonisierenden Tendenzen ansetzt, während sich kritische Anknüpfungen in neuerer Zeit auf eine konfliktuelle Ästhetik berufen, die mit der Theorie des Erhabenen verbunden werden kann (vgl. Zelle).

2.5. *Die reduzierte Freiheitskonzeption des ästhetischen Staates*

Zum Abschluss seiner Abhandlung muss sich Schiller der Frage stellen, was aus dem am Anfang skizzierten Programm geworden ist, das über die ästhetische Erziehung zur politischen Freiheit führen sollte. Es hat sich erwiesen, dass die Schönheit und der mit ihr verbundene ästhetische Zustand keineswegs nur als Übergang zu einer ‹höheren› Stufe der menschlichen Existenz verstanden werden kann, wenn es stimmt, dass das Modell der Schönheit mit dem Ideal der Menschheit identisch ist. Welchen Sinn macht es dann aber noch, von einem «ästhetischen Staat» zu sprechen? Zu bemerken ist zunächst, dass noch ein Überbleibsel der ursprünglichen Fragestellung zu erkennen ist, die mit einer Reflexion über den Geschmack und auch über die Hinführung zu einer kultivierten Geselligkeit von Idealen des höfischen Lebens geprägt war. Schiller argumentiert zwar auch in seinen ästhetischen Schriften als bürgerlicher Schriftsteller; die Weimarer Klassik ist Bürgerklassik. Sie zeigt aber auch die Bereitschaft der bürgerlichen Autoren, Formen des höfischen Leben bis zu einem gewissen Grade zu übernehmen und damit eine idealisierte Synthese aus bürgerlichen und adeligen Normen zu postulieren. Es darf nicht übersehen werden, dass schon der junge Schiller etwa in seinem bürgerlichen Trauerspiel *Kabale und Liebe* nicht nur die Verirrungen des Adels anprangerte, sondern auch die internen Widersprüche des bürgerlichen Bewusstseins aufdeckte. So nimmt es nicht Wunder, wenn in der abschließenden Beschreibung des utopischen ästhetischen Staates elitäre Vorstellungen aufscheinen, die durch die Begegnung der bürgerlichen Elite mit adeliger Kultur begünstigt wurden:

> Existiert aber auch ein solcher Staat des schönen Scheins, und wo ist er zu finden? Dem Bedürfniß nach existiert er in jeder feingestimmten Seele, der That nach möchte man ihn wohl nur, wie die reine Kirche und die reine Republik, in einigen wenigen auserlesenen Zirkeln finden, wo nicht die geistlose Nachahmung fremder Sitten, sondern eigne schöne Natur das Betragen lenkt [...]. (123; NA 20, S. 412)

Man kann diese Schlussfolgerung enttäuschend nennen, wenn man den Anspruch der Abhandlung bedenkt, mit der ästhetischen Erziehung die Verwirrungen des revolutionären Zeitalters zu überwinden. Man kann finden, dass ein großer Entwurf hier ins Privatistische gewendet wird; es lässt sich sagen, dass die Kleinstadt Weimar als Zentrum der deutschen Kultur in ihrer idyllischen Winzigkeit das Modell für eine Utopie abgegeben hat, die eigentlich für eine Metropole wie Paris gedacht war. Man kann aber auch begrüßen, dass Schiller die Überforderung des Ästhetischen, die ihm eine weltverändernde Funktion zuwies und bisweilen als Religionsersatz erschien, in diesen Schlusspassagen zurücknimmt. Irritierend bleibt weiterhin die politische Terminologie, die einerseits die quietistischen Tendenzen von Schillers Schlussfolgerungen zu dementieren scheint, andererseits aber zu reiner Metaphorik wird, die lediglich die ästhetischen Konzepte illustriert. Was überwiegt in Schillers Darlegung zuletzt – ein politischer Konservativismus, der aus Angst vor dem Aufstand der Plebejer auf die ästhetische Erziehung als Disziplinierungsinstrument setzt, oder eine radikale ästhetische Reflexion, die trotz aller Anpassung an bestehende Verhältnisse eine subversive Tendenz bewahrt? Schillers ästhetische Abhandlung enthält sowohl den Schein einer politischen Utopie als auch die Absage an radikale politische Konzepte:

> In dem ästhetischen Staat ist alles – auch das dienende Werkzeug ein freyer Bürger, der mit dem edelsten gleiche Rechte hat, und der Verstand, der die duldende Masse unter seine Zwecke gewaltthätig beugt, muß sie hier um ihre Beystimmung fragen. Hier also in dem Reiche des ästhetischen Scheins wird das Ideal

der Gleichheit erfüllt, welches der Schwärmer so gern auch dem Wesen nach realisiert sehen möchte [...]. (122 f.; NA 20, S. 412)

Zu fragen wird sein, ob das Ideal ästhetischer Autonomie auch mit Formen moderner Literatur verbunden werden kann, die weniger auf Harmonie und Entspannung und mehr auf Konflikt und Anspannung setzen. Schillers Schrift *Ueber naive und sentimentalische Dichtung* wird den Widerspruch und die Spannung als den Kern dieser modernen Dichtung herausstellen, und seine Theorie des Erhabenen wird die Versöhnungsästhetik nachhaltig in Frage stellen.

B. *Ueber naive und sentimentalische Dichtung*

1. Voraussetzungen und Entstehung

Ausgangspunkt für Schillers zweite epochale ästhetisch-poetologische Abhandlung ist der Plan zu einer kleinen Schrift *Ueber das Naive*, den Schiller schon im Herbst 1793 fasste (vgl. an Körner 4. 10. 1793; NA 26, S. 289). Das Projekt blieb längere Zeit aktuell; hinzu kam die Arbeit an den Briefen *Ueber die ästhetische Erziehung des Menschen*. Allgemeinere ästhetische und geschichtsphilosophische Perspektiven ergaben sich im Kontext dieser Schrift, die wie die folgende Abhandlung 1795 in den von Schiller herausgegebenen *Horen* erschien. Im September 1795 gibt es in einem Brief an Wilhelm von Humboldt ein deutliches Zeichen für die Erweiterung des ursprünglichen Plans, als Schiller davon spricht, dass er über den Gegensatz zwischen Natur und Kultur sowie über den zwischen den Dichtern der Antike und der Gegenwart ausführlich handeln wolle (7. 9. 1795; NA 28, S. 4 f.) Zunächst dachte Schiller aber immer noch an eine eher populär gehaltene «Abhandlung über das Naive», setzte aber im Herbst 1795 ausführliche Betrachtungen über die sentimentalischen Dichter hinzu. Der erste Teil der neuen Schrift erschien am 24. November 1795 im elften Stück des vierten Jahrgangs der *Horen* unter dem Titel *Über das Naive*, der zweite Teil noch im gleichen Jahr im zwölften Stück mit der Überschrift *Die sentimentalischen Dichter.* Das erste Stück des sechsten Jahrgangs (publiziert am 22. Januar 1796) enthielt den Schluss der Abhandlung, der neben Resümierendem über die sentimentalische Dichtung die Ausführungen zu einer Differenzierung der Realisten und der Idealisten enthielt.

Mit der ursprünglichen Fragestellung einer Reflexion über das Naive zeigt sich erneut Schillers anfängliche Verwurzelung im poetologischen und ästhetischen Diskurs der Aufklärung. Wieland und Mendelssohn, auch Kant in seiner *Kritik der Urteilskraft* hatten das Naive behandelt; in der Enzyklopädie von Diderot und d'Alembert fand sich ebenso ein

Artikel über das Naive wie in Sulzers *Allgemeiner Theorie der Schönen Künste*. Die Diskussion um die Natur und das Natürliche hatte durch die Schriften Rousseaus an besonderer Aktualität gewonnen. Schillers Vorgehen ist von der geschichtsphilosophischen Perspektive der Abhandlung über die ästhetische Erziehung her zu verstehen. Ebenso wie dort die Kultur der Griechen als ein Vorbild anzusehen war, das positiv mit der ‹Entfremdung› in Schillers Gegenwart kontrastierte und doch nicht mehr einfach imitiert werden konnte, erscheint die Natur als das Symbol einer verlorenen Einheit, nach der sich der ‹Sentimentalische› sehnt, die er aber nicht wieder erringen kann.

Vor diesem Hintergrund betrachtet, ist Schillers Schrift der profundeste deutsche Beitrag zu der *Querelle des Anciens et des Modernes*, welche die französische Diskussion des siebzehnten Jahrhunderts bestimmt hatte (vgl. Jauß), und zugleich eine Theorie der modernen Literatur, die deren Affinität, aber auch deren prinzipielle Differenz zur antiken präzise bestimmt. Die epochalen Darstellungen der Brüder Schlegel zur romantischen Literatur gehen von Schillers Unterscheidung zwischen dem Naiven und dem Sentimentalischen aus. Paradoxerweise ist die Schrift des Weimarer Klassikers Schiller ein Modell für eine dezidierte Historisierung der antiken Kunst und Literatur und ein Plädoyer für eine ‹sentimentalische› Reflexionskunst, die zur Basis unserer ästhetisch-literarischen Moderne werden konnte.

2. *Textanalyse*

Die dichotomische Struktur der Abhandlung, die in deren Titel präzise verdeutlicht wird, ist auch der Leitfaden unserer Darstellung. Zu zeigen ist, dass sich in der Theorie der sentimentalischen Dichtung eine Theorie der literarischen Moderne andeutet, deren Eigenart aber nur verständlich wird, wenn man sich den Bedeutungsreichtum des Begriffes «naiv» vor Augen führt. Zunächst ist Schillers Bemühen zu verdeutlichen und zu erklären, wie es möglich ist, dass sich ein naives Genie in einem sentimentalischen Zeitalter zeigt, und das heißt für ihn: wie die epochale literarische Figur Goethe eigentlich möglich ist (2.1). Einfacher, weil in Analogie zu der geschichtsphilosophischen Konzeption der Briefe *Ueber die ästhetische Erziehung des Menschen*, lässt sich zeigen, dass die naive Dichtung der harmonischen, aber begrenzten Welt der griechischen Antike entspricht (2.2). Schließlich ist zu belegen, welche Nuancen, aber auch welche Aporien in Schillers Verwendung der Begriffe «naiv» und «Natur» zu entdecken sind (2.3). Der zentrale Gehalt von Schillers Abhandlung liegt in seiner Charakterisierung der sentimentalischen Dichtung, die er als Elegie, Satire und Idylle begrifflich auffächert (2.4). Eine kritische Analyse dieser Konzeption aus heutiger Sicht zeigt die epochale Bedeutung von Schillers Synthese aus Klassizismus und Moderne, aber auch die immanenten Grenzen seines Programms, das wie in der Abhandlung über die ästhetische Erziehung über die eigentlich angestrebte Position hinausdrängt (2.5).

2.1 *Schiller und Goethe*

Die Zusammenarbeit mit Goethe war in Schillers letztem Lebensjahrzehnt entscheidend für seine literarische Produktivität – auch Goethe war auf den Austausch mit Schiller in geradezu existentieller Weise angewiesen. Als Schiller starb, wagte niemand, Goethe die traurige Kunde zu übermitteln, und als Goethe schließlich davon erfuhr, war er im Tiefsten seines Wesens erschüttert. Dass die Zusammenarbeit zweier bedeutender Autoren so intensiv war, ist außergewöhnlich; bemerkenswert ist aber vor allem, dass beide von gänzlich verschiedenen Ausgangspositionen her kamen und dass beide sich immer darüber im Klaren waren, dass ihre Art zu dichten und zu denken grundverschieden war. Diese Verschiedenheit, die im Groben so bestimmt werden kann, dass Goethe als der intuitive und Schiller als der reflektierende Kopf galt, war aber gerade für Schiller ein Problem, das sein Selbstverständnis und seine Selbstachtung in ihrem innersten Kern berührte. Denn schwer musste es ihm fallen, Goethes «geniale» Schaffensweise zu beobachten und mitzuerleben, während er selbst nach einer langen Zeit der philosophischen Studien und der poetologischen Abhandlungen um 1795 erst langsam zur Dichtung zurückfand. Und selbst als seine dichterische Produktion wieder einsetzte, empfand er den Kontrast zwischen seiner reflektierenden und konstruierenden Arbeitsweise und Goethes Vertrauen auf die Inspiration durchaus schmerzlich. Auch wenn man sich hüten sollte, die Stilisierung Goethes zu einem naiven Genie unkritisch zu übernehmen, so ist doch aus Schillers Perspektive zu bemerken, dass der Jüngere in seiner Selbsteinschätzung die geradezu heroische Überwindung von Schwierigkeiten und widrigen Verhältnissen ins Zentrum rückte (die auch seiner problematischen gesundheitlichen Situation entsprach), während er bei dem Älteren einen vergleichsweise mühelosen Schaffensprozess konstatierte. Die Pointe der Abhandlung über die naiven und die sentimentalischen Dichter scheint aber nun letztlich darin zu liegen, dass Schiller aus seinem vermeintlichen Handicap einen Trumpf macht, dass die reflektierende sentimentalische Dichtung letztlich als Dichtung *der Moderne* die Oberhand behält und das naive Genie als eine Art kurioser Anachronismus erscheint. Die spontane Übereinstimmung des naiven Genies mit der Natur und mit «natürlichen» Dispositionen der Dichtung erscheint auch in der Abhandlung *zunächst* als ein bewundertes Vorbild, dem der sentimentalische Dichter seine Reflexionskunst entgegensetzen kann; *letztlich* ist diese aber die Dichtungsform, die einem Zeitalter angemessen erscheint, das die Einheit mit der Natur verloren hat.

Zentral ist zunächst Schillers These von der Naivität des Genies:

> Naiv muß jedes wahre Genie seyn, oder es ist keines. Seine Natur allein macht es zum Genie […]. Unbekannt mit den Regeln, den Krücken der Schwachheit und den Zuchtmeistern der Verkehrtheit, bloß von der Natur oder dem Instinkt, seinem schützenden Engel, geleitet, geht es ruhig und sicher durch alle Schlingen des falschen Geschmackes, in welchen, wenn es nicht klug ist, sie schon von weitem zu vermeiden, das Nichtgenie unausbleiblich verstrickt wird. (RUB 18213, S. 19; NA 20, S. 424)

Deutlich ist hier die Differenzierung des Geniebegriffs, die sich sowohl von der rationalistischen Regelpoetik der Aufklärung als auch von der Rebellion gegen die Gesetze des guten Geschmacks abwendet, die den Sturm und Drang charakterisierte. Ohne sich an Regeln zu orientieren, folgt das Genie also der Natur, und zwar dem, was Schiller wie in der Abhandlung über die ästhetische Erziehung die «wahre Natur» nennt, und zu dieser «gehört eine innere Nothwendigkeit des Daseyns» (78; NA 20, S. 476). Es kommt jedoch einem Wunder gleich, wenn ein Mensch in einer Gesellschaft, die sich von der Natur entfernt hat, der Stimme der Natur zu folgen vermag. Und Schiller schreibt folgerichtig: «Dichter von dieser naiven Gattung sind in einem künstlichen Weltalter nicht so recht mehr an ihrer Stelle, auch sind sie in demselben kaum mehr möglich, wenigstens auf keine andere Weise möglich als daß sie in ihrem Zeitalter *wild laufen*, und durch ein günstiges Geschick vor dem verstümmelnden Einfluß desselben geborgen werden.» (32; NA 20, S. 435) In seinem berühmten Brief an Goethe vom 23. August 1794 hatte Schiller die Eigenart des Freundes charakterisiert und schon hier den Gedanken entwickelt, diese sei dadurch zu erklären, dass der Ältere die Geisteshaltung anderer Zeiten und Räume in das Deutschland des späten achtzehnten Jahrhunderts überführt habe:

> Wären Sie als ein Grieche, ja nur als ein Italiener geboren worden, und hätte schon von der Wiege an eine auserlesene Natur und eine idealisierende Kunst Sie umgeben, so wäre Ihr Weg unendlich verkürzt, vielleicht ganz überflüssig gemacht worden. Schon in die erste Anschauung der Dinge hätten Sie dann die Form des Nothwendigen aufgenommen, und mit Ihren ersten Erfahrungen hätte sich der große Styl in Ihnen entwickelt. Nun da Sie ein Deutscher geboren sind, da Ihr griechischer Geist in eine nordische Schöpfung geworfen wurde, so blieb Ihnen keine andere Wahl, als entweder selbst zum nordischen Künstler zu werden, oder Ihrer Imagination das, was ihr die Wirklichkeit vorenthielt, durch Nachhülfe der Denkkraft zu ersetzen, und so gleichsam von innen heraus und auf einem rationalen Wege ein Griechenland zu gebähren. (zit. n. NA 21, S. 282)

Auch in diesem Fall haben wir es mit einer beeindruckenden Formel Schillers zu tun, die ihren Gegenstand in glücklicher Weise charakterisiert, gleichzeitig aber mehr Fragen auslöst als beantwortet. Sicherlich durch Goethes Italienreise inspiriert, erklärt Schiller hier die Möglichkeit, die Harmonie der Antike in die Zeit der Aufklärung zu übertragen, durch den Kontakt mit den klassischen Kunstwerken; gleichzeitig unterstreicht er aber, dass die Modernen immer *auf rationalem Wege* Vorstellungen von Einheit erzeugen müssen, die in der Antike fraglos gegeben waren. Wenn Goethe ein Genie ist und alle Genies naiv sind, wie Schiller meint, dann steht die Formel, die das Genie Goethe charakterisieren soll, in einem eklatanten Widerspruch zu der Grundvoraussetzung Schillers, denn Goethe ist als ein spät geborener Nordländer offensichtlich nicht naiv, sondern muss durch Reflexion die Bedeutung der ursprünglichen Einheit mit der Natur rekonstruieren. Wir werden sehen, dass mit dieser Beobachtung ein Grundproblem der Kategorie des Naiven angedeutet ist (vgl. Szondi); dennoch bleibt Schiller bei seiner Einschätzung, dass die rationale Rekonstruktion eines Griechenland den Primat des Schauens bei dem Künstler Goethe nicht etwa ausschließt, sondern sogar unterstreicht. Den Unterschied zwischen sich selbst und Goethe bestimmt Schiller in seiner antithetischen Art, indem er das Gegensatzpaar «Intuition» – «Analysis» verwendet:

> Ueber so manches, worüber ich mit mir selbst nicht recht einig werden konnte, hat die Anschauung Ihres Geistes (denn so muß ich den TotalEindruck Ihrer Ideen auf mich nennen) ein unerwartetes Licht in mir angesteckt. Mir fehlte das Objekt, der Körper, zu mehreren speculativischen Ideen, und Sie brachten mich auf die Spur davon. Ihr beobachtender Blick, der so still und rein auf den Dingen ruht, setzt Sie nie in Gefahr, auf den Abweg zu gerathen, in den sowohl die Speculation als die willkührliche und bloß sich selbst gehorchende Einbildungskraft sich so leicht verirrt. In Ihrer richtigen Intuition ligt alles und weit vollständiger, was die Analysis mühsam sucht, und nur weil es als Ganzes in Ihnen ligt, ist Ihnen Ihr eigener Reichthum verborgen; denn leider wißen wir nur das, was wir scheiden. (zit. n. NA 21, S. 281 f.)

Schiller zeigt, wie beeindruckt er von der dichterischen Intuition Goethes ist; hier und an anderer Stelle betont er den Reichtum der Vorstellungen und Gehalte, aus denen der andere schöpft, während er selbst nur einen kleinen Kreis von Ideen in seiner analytischen Art durchläuft. Gleichzeitig zeigt der Schluss unseres Zitats aber durchaus die Ambivalenz in dieser Lobpreisung des großen Dichters, unterstellt Schiller doch, diesem fehle die analytische Fähigkeit, sich der Reichtümer bewusst zu werden, die er in sich berge. Schiller bietet sich gewissermaßen als denkender Kopf an, der Goethe helfen kann, sich selbst besser zu verstehen, wobei sich sein großes Ideal einer Versöhnung von Reflexion und Intuition, von Gedanke und Imagination andeutet. Goethe ließ sich die interpretatorischen Bemühungen Schillers gern gefallen, insbesondere wenn sie so werbend und schmeichelhaft vorgetragen wurden. Er konnte aber auch von der denkerischen Belehrung buchstäblich zuviel bekommen, wie seine ironische Abweisung weiterer Kommentare durch Schiller anlässlich der Arbeit an dem *Wilhelm Meister*-Roman zeigt.

Goethe selbst hat im Rückblick die entscheidende Begegnung mit Schiller beschrieben, die im Juli 1794 in Jena anlässlich eines Vortrags vor der Naturforschenden Gesellschaft stattgefunden hatte. In der autobiographischen Skizze mit dem schönen Titel *Glückliches Ereignis* betont Goethe zunächst einmal die ursprüngliche Distanz zu Schiller, den er noch bei seiner Rückkehr aus Italien als den Autor der *Räuber* geradezu verachtete. «An keine Vereinigung war zu denken. [...] Niemand konnte leugnen, dass zwischen zwei Geistesantipoden mehr als *ein* Erddiameter die Scheidung mache, da sie denn beiderseits als Pole gelten mögen, aber eben deswegen in eines nicht zusammenfallen können.» (HA 10, S. 540) Ein Gespräch über die Naturforschung führte dann zu einer Wende, zu einem angeregten Gespräch zwischen den beiden Rivalen. Goethe erklärt im Rückblick, er habe seine Konzeption der Naturbetrachtung dargelegt: «dass es wohl doch noch eine andere Weise geben könne, die Natur nicht gesondert und vereinzelt vorzunehmen, sondern sie wirkend und lebendig, aus dem Ganzen in die Teile strebend darzustellen.» (HA 10, S. 540) Diese Naturauffassung, die ihr Pendant in Goethes Dichtungskonzeption findet, veranschaulichte Goethe im Gespräch mit Schiller, in dem er eine «symbolische Pflanze» aufzeichnete, die Urpflanze, die er als anschaulich erkennbare Grundform der Metamorphose der Pflanzen «entdeckt» hatte. Über Schillers Reaktion schreibt der alte Goethe:

> Er vernahm und schaute das alles mit großer Teilnahme, mit entschiedener Fassungskraft; als ich aber geendet, schüttelte er den Kopf und sagte: «Das ist keine Erfahrung, das ist eine Idee.» Ich stutzte, verdrießlich einigermaßen: denn der Punkt, der uns trennte, war dadurch aufs strengste bezeichnet. (HA 10, S. 540 f.)

Der Geist der Analyse und des Denkens gegen die Intuition, die Anschauung, die sich zutraut, Grundformen des Seienden zu erkennen und in der Dichtung ohne Rekurs auf Begriffe Vorstellungen zu evozieren – so sieht Goethe den Gegensatz zwischen sich und dem jüngeren Freund, der seinerseits in seinem Einwand darauf verweist, dass die Intuition in der modernen Erkenntnis immer durch den Geist der Reflexion und der Analyse gestützt werden müsse. Im Rückblick meint Goethe aber sagen zu können, dass die Gegensätze gerade eine fruchtbare literarische Zusammenarbeit ermöglichten, wobei das Glück eben darin bestanden habe, dass eine solche Konstellation nicht im antagonistischen Konflikt geendet habe: «Selten ist es aber, dass Personen gleichsam die Hälften voneinander ausmachen, sich nicht abstoßen, sondern sich anschließen und einander ergänzen.» (HA 10, S. 543) Dass die Möglichkeit einer solchen Harmonie der Gegensätze lebenspraktisch und in der literarischen Produktion bewiesen wurde, macht die Konstellation der Weimarer Klassik aus – ein «glückliches Ereignis», aus dem aber nicht zweifelsfrei geschlossen werden kann, dass die antagonistischen Begriffspaare Schillers, die partiell als Interpretation seiner Begegnung mit Goethe gelesen werden können, ebenfalls versöhnt oder ausgeglichen werden können.

In Verbindung mit der Vorstellung der sich ergänzenden und nicht abstoßenden Antipoden steht eine spätere begriffliche Differenzierung Goethes, die ebenfalls mit Bezug auf die Unterscheidung zwischen naiver und sentimentalischer Dichtung gelesen werden kann. Liest man freilich Goethes Bemerkungen zu dem Begriffspaar «symbolisch» und «allegorisch» genau, so muss man feststellen, dass Goethe hier geneigt ist, zu Schillers ursprünglicher Ansicht zurückzukehren, die in der Intuition des naiven Genies den Ausdruck wahrer Dichtung sehen wollte. Zunächst greift Goethe die Interpretation Schillers auf, wenn er erklärt: «Mein Verhältnis zu Schiller gründet sich auf die entschiedene Richtung beider auf *einen* Zweck, unsere gemeinsame Tätigkeit auf die Verschiedenheit der Mittel, wodurch wir jenen zu erreichen strebten.» (HA 12, S. 471) Verweist die Rede von dem gleichen Ziel und den verschiedenen Mitteln auf eine Ebenbürtigkeit der dichterischen Eigenarten der beiden Antipoden, so ändert sich die Bewertung, wenn Goethe dem verstorbenen Freund die allegorische, sich selbst aber die symbolische Form der Dichtung zuweist:

> Es ist ein großer Unterschied, ob der Dichter zum Allgemeinen das Besondere sucht oder im Besondern das Allgemeine schaut. Aus jener Art entsteht Allegorie, wo das Besondere nur als Beispiel, als Exempel des Allgemeinen gilt; die letztere aber ist eigentlich die Natur der Poesie, sie spricht ein Besonderes aus, ohne ans Allgemeine zu denken oder darauf hinzuweisen. Wer nun dieses Besondere lebendig fasst, erhält zugleich das Allgemeine mit, ohne es gewahr zu werden, oder erst spät. (HA 12, S. 471)

Hier zeigt sich ein gewisses Ressentiment Goethes. Als Repräsentant einer intuitiven Dichtungsart, die seiner Meinung nach «die Natur der Poesie» verkörpert, wendet er sich gegen eine reflektierende Literatur, die nicht aus den Bildern der Versöhnung und der Einheit schöpft, sondern die Bilder mit den Begriffen und Ideen vergleicht und gegebenenfalls kontrastiert. Betrachten wir Goethes späte Konzeption aus der Perspektive seines Gesprächspartners Schiller im Dialog über die Urpflanze, so müssten wir die Fähigkeit der symbolischen Dichtung bezweifeln, die Ganzheit intuitiv zu erfassen. Und gehen wir von Schillers geschichtsphilosophischen Prämissen aus, so ist das naive Genie kaum legitimiert, in einem sentimentalischen Zeitalter die intuitive Schau der Ganzheit als verbindliches Modell hinzustellen.

2.2. *Antike und moderne Dichtung*

Die Unterscheidung zwischen naiven und sentimentalischen Dichtern ist in einer bestimmten Perspektive auch der Ausdruck einer Differenzierung in «alte und moderne» Poeten. Schiller vertritt eine Form des Klassizismus, die einerseits im Sinne der *Querelle des Anciens et des Modernes* die Antike zwar als ein wichtiges Modell vorstellt, sie aber andererseits konsequent historisiert. Antike und Moderne müssen in ihren jeweiligen Vorzügen begriffen und dürfen nicht unhistorisch gegeneinander ausgespielt werden:

> Keinem Vernünftigen kann es einfallen, in demjenigen, worinn Homer groß ist, irgend einen Neuern ihm an die Seite stellen zu wollen, und es klingt lächerlich genug, wenn man einen Milton oder Klopstock mit dem Nahmen eines neuern Homer beehrt sieht. Ebenso wenig aber wird irgend ein alter Dichter und am wenigsten Homer in demjenigen, was den modernen Dichter charakteristisch auszeichnet, die Vergleichung mit demselben aushalten können. Jener, möchte ich es ausdrücken, ist mächtig durch die Kunst der Begrenzung; dieser ist es durch die Kunst des Unendlichen. (37; NA 20, S. 439 f.)

Schiller entwickelt hier eine These, die sich für die weiteren Bemühungen um das Selbstverständnis der modernen Literatur als folgenreich erwies. August Wilhelm Schlegel folgte Schiller in seinen Vorlesungen *Über die dramatische Kunst und Literatur*, indem er das Plastische als die Eigenart der antiken, das Pittoreske als das Spezifikum auch der modernen Dichtung herausstellte. Victor Hugo schließlich radikalisierte die von Schiller initiierte Oppositionsbildung, indem er im Gefolge Schlegels das *Interessante* als eine zentrale Kategorie konzipierte und insbesondere den Übergang vom Grotesken zum Sublimen als typische Bewegung der modernen Kunst und Literatur darstellte (vgl. Zelle). Wenn sich in dieser Weise aus der Historisierung der klassizistischen Normen, die durchaus auf einen wesentlichen Impuls Schillers zurückgeht, die Herausbildung einer Ästhetik des Hässlichen andeutete, so konnte sich diese Radikalisierung der modernistischen Selbstreflexion des Poetischen nicht mehr unmittelbar auf Schiller berufen. Schiller, der postuliert, dass die sentimentalische Dichtung die Begrenzung der naiven durch den Bezug auf ein Ideal ersetzt, vertritt die Auffassung, dass die Gestaltung der diesem Ideal fernen Gehalte eben durch den Bezug auf das Ideal veredelt werden müsse. Wenn die sentimentalische Dichtung die Diskrepanz zwischen der Wirklichkeit und dem Ideal gestaltet, so darf dies nach Schillers Auffassung nicht dazu führen, dass die Dichtung von der Trivialität und Banalität ihrer Gegenstände infiziert wird.

2.3. *Naivität und Natur – Tragfähigkeit und Grenzen zentraler Kategorien*

Die Faszination, welche die Kategorie des Naiven in der ästhetischen Diskussion des achtzehnten Jahrhunderts auslöste, ist darauf zurückzuführen, dass die Aufklärung eine selbstkritische Überprüfung der Denk- und Verfahrensweisen einleitet, die sich durch die Regeln der Vernunft oder auch nur durch zivilisatorische Konventionen eines formalisierten Verstandes entwickelt hatten. Die Idylle einer Schäferwelt konnte gerade am Hofe eines Rokoko-Palastes reizvoll erscheinen, weil die Manieriertheit der höfischen Verhaltensmuster als Ausdruck einer überzüchteten Zivilisation interpretiert werden konnte. Die Angriffe Rousseaus auf die Selbstzufriedenheit einer erstarrten Aufklärung bestätigten eine Tendenz, die sich seit der Mitte des Jahrhunderts bereits in den europäischen Kulturen andeutete. Die Grundfrage lautet nun: Wie ist es möglich, dass Menschen, die von den vermeintlichen Segnungen der Zivilisation kaum etwas gespürt haben, ein Verhalten an den Tag legen, das freier und souveräner erscheint als das der so zivilisierten Mitglieder der kultivierten Gesellschaften? In diesem Zusammenhang ist auch an die zahlreichen Reiseberichte zu erinnern, die von der ‹Entdeckung› exotischer Länder Kunde gaben und die das ‹natürliche› Verhalten der ‹Wilden› mit Interesse und Neugier beschrieben und kommentierten.

Schiller ist weit davon entfernt, eine Rückkehr zur Natur zu propagieren, die im Geiste einer ermüdeten Spätzeit leichtfertig auf die Errungenschaften der Zivilisation verzichtet. Es geht ihm auch nicht darum, mit seiner Thematisierung des Naiven eine Flucht aus den problematischen Widersprüchen seiner Epoche zu propagieren. In seiner Darstellung des Naiven verknüpfen sich vielmehr anthropologische, geschichtsphilosophische und ästhetisch-poetologische Aspekte, die das Naive als *Herausforderung* für die Zeitgenossen einer aufgeklärten Epoche erscheinen lässt.

Naivität ist insofern nicht die Charakteristik einer autarken, sich selbst genügenden vormodernen Schäferwelt, sondern Ergebnis der Konfrontation zwischen einer reflexiven Haltung und einer, die überraschenderweise eben auf diese Reflexivität verzichtet:

> Zum Naiven wird erfodert, daß die Natur über die Kunst den Sieg davon trage es geschiehe dieß nun wider Wissen und Willen der Person, oder mit völligem Bewußtseyn derselben. In dem ersten Fall ist es das Naive der *Überraschung* und belustigt; in dem andern ist es das Naive der *Gesinnung* und rührt. (12 f.; NA 20, S. 417 f.)

Die Personen, die wir als naiv ansehen, sind aber gerade deshalb für die nicht (mehr) naiven reflektierenden Beobachter von besonderem Interesse; sie üben eine besondere Faszination aus, weil der zivilisierte

Mensch in dem Naiven etwas erkennt, was er verloren hat und was er auf einem näher zu bestimmenden Wege in einer möglicherweise veränderten Form wieder haben möchte:

> Sie *sind*, was wir *waren*; sie sind, was wir wieder *werden sollen*. Wir waren Natur, wie sie, und unsere Kultur soll uns, auf dem Wege der Vernunft und der Freyheit, zur Natur zurückführen. Sie sind also zugleich Darstellung unserer verlorenen Kindheit, die uns ewig das theuerste bleibt; daher sie uns mit einer gewissen Wehmuth erfüllen. Zugleich sind sie Darstellungen unserer höchsten Vollendung im Ideale, daher sie uns in eine erhabene Rührung versetzen. (8 f., NA 20, S. 414)

Schillers Formulierung zeigt Grundmuster einer idealistischen Geschichtsphilosophie, die von einem Dreischritt geprägt ist, bei dem eine ursprüngliche Harmonie durch eine Periode der Entzweiung abgelöst wird, die ihrerseits durch die Wiedererlangung einer neuen Einheit auf einer höheren Stufe überwunden wird. Auffällig ist auch die Parallelisierung der Menschheitsentwicklung mit derjenigen eines Individuums, die sich in der Rede von «unserer verlorenen Kindheit» manifestiert.

Das Naive ist Natur, die über die Kunst den Sieg davonträgt, so erklärt Schiller; das Naive ist Natur, wo man sie nicht mehr erwartet – aber was versteht Schiller hier und in anderen Zusammenhängen unter Natur? Er selbst bemerkte die Problematik seiner Verwendung dieses Natur-Begriffs und unterschied an einer etwas versteckten Stelle seiner Abhandlung ausdrücklich zwischen «wirklicher» und «wahrer» Natur:

> Wirkliche Natur existiert überall, aber wahre Natur ist desto seltener, denn dazu gehört eine innere Nothwendigkeit des Daseyns. Wirkliche Natur ist jeder, noch so gemeine Ausbruch der Leidenschaft, er mag auch wahre Natur seyn, aber eine wahre *menschliche* ist er nicht, denn diese erfordert einen Antheil des selbstständigen Vermögens an jeder Äusserung, dessen Ausdruck jedesmal Würde ist. Wirkliche menschliche Natur ist jede moralische Niederträchtigkeit, aber wahre menschliche Natur ist sie hoffentlich nicht; denn diese kann nicht anders als edel seyn. (78; NA 20, S. 476 f.)

Das Interesse am Naiven erweist sich als ein sentimentalisches; das Plädoyer für die Natur ist ein Phänomen der Kunst und der Kultur. Und Schiller will gerade zeigen, dass die sentimentalische Kunst geradezu notwendig ein Ideal des Naiven und der Natur *konstruiert*, um die Defizite einer Verlust- und Differenzerfahrung in einem utopischen Fluchtpunkt zu relativieren. In der «wahren Natur» und im Naiven steckt gewissermaßen schon das Ideal, das die sentimentalische Kunst umtreibt; wollte man das Paradoxon auf die Spitze treiben, so könnte man erklären: Die naive Dichtung ist eine Projektion der sentimentalischen, die Antike ist eine Erfindung der Moderne, die sich zu ihren Differenzerfahrungen im Geiste einer dichotomischen Denkweise ein Ideal der Harmonie konstruiert.

2.4. *Eine Theorie der Moderne: Formen der sentimentalischen Dichtung*

Im Zentrum von Schillers Abhandlung steht neben den Reflexionen über das Naive eine Bestimmung der Eigenarten und Formen der sentimentalischen Dichtung. Ausgangspunkt für diese heute noch ungebrochen aktuelle Dimension der Schrift ist der Kontrast der sentimentalischen Dichtung zur «Natur». Nähe und Distanz zwischen «alter» und «moderner» Dichtung zeigen sich gerade in diesem Zusammenhang in Schillers antithetischer Argumentationsweise:

> Die Dichter sind überall, schon ihrem Begriffe nach, die *Bewahrer* der Natur. Wo sie dieses nicht ganz mehr seyn können, und schon in sich selbst den zerstörenden Einfluß willkührlicher und künstlicher Formen erfahren oder doch mit demselben zu kämpfen gehabt haben, da werden sie als die *Zeugen*, und als die *Rächer* der Natur auftreten. Sie werden entweder Natur *seyn*, oder sie werden die verlorene *suchen*. Daraus entspringen zwey ganz verschiedene Dichtungsweisen, durch welche das ganze Gebiet der Poesie erschöpft und ausgemessen wird. Alle Dichter, die es wirklich sind, werden [...] entweder zu den *naiven* oder zu den *sentimentalischen* gehören. (28; NA 20, S. 432)

Die Modernität von Schillers Argumentation beruht darauf, dass er den sentimentalischen Dichter in ein problematisches Verhältnis zu seiner Gegenwart bringt und zeigt, wie die moderne Dichtung aus dem Unbehagen an den Strukturen der Wirklichkeit entspringt. Die *Diskrepanz* zwischen der empirischen Welt und den Erwartungen des Subjekts wird als die Grundlage moderner Subjektivität und moderner Literatur hervorgehoben. Damit ist eine elementare Unterscheidung begründet, die zeigt, wie deutlich Schiller die sentimentalische von der naiven abgrenzt: Während diese, die sich in Übereinstimmung mit einer harmonischen Natur befindet, vor der Aufgabe steht, eine «möglichst vollständige *Nachahmung des Wirklichen*» (34; NA 20, S. 437) zu leisten, muss es jener um «die Erhebung der Wirklichkeit zum Ideal oder, was auf eins hinausläuft, *die Darstellung des Ideals*» (ebd.) gehen. Somit zeigt sich: Für die sentimentalische oder moderne Dichtung lehnt Schiller das Ideal der Mimesis ab; diese konstruiert vielmehr Modelle, die deutlich machen, wie die reale Erfahrung der Menschen von ihren Ansprüchen an ein selbstbestimmtes und autonomes Leben abweicht. Insofern erscheint es plausibel, dass Schiller die Reflexivität zu einem wesentlichen Kennzeichen der sentimentalischen Dichtung erklärt. Während der naive Dichter gewissermaßen definitionsgemäß die Eindrücke der ihn umgebenden Erfahrungswelt eher passiv aufnimmt, erklärt Schiller von dem sentimentalischen:

> Dieser *reflektirt* über den Eindruck, den die Gegenstände auf ihn machen [...]. Der sentimentalische Dichter hat es daher immer mit zwey streitenden Vorstellungen und Empfindungen, mit der Wirklichkeit als Grenze und mit seiner Idee

des Unendlichen zu tun, und das gemischte Gefühl, das er erregt, wird immer von dieser doppelten Quelle zeugen. (38 f.; NA 20, S. 441)

Während die naive Dichtung nach diesem Modell dadurch Freude und «Lust» erregt, dass sie eine harmonische Wirklichkeit in angemessener Weise widerspiegelt, kann die sentimentalische nur die Unlust über eine unbefriedigende Erfahrung von Wirklichkeit mit der Lust über die dem Menschen innewohnende Bezugnahme zum Ideal verbinden. Nimmt man aber diese Bestimmung ernst und bedenkt man, dass die Mischung aus Lust und Unlust in allen Reflexionen über das Erhabene als ein entscheidendes Charakteristikum dieser ästhetischen Kategorie hervorgehoben wird, so erscheint es gerechtfertigt, pointierter als Schiller selbst dies tut, die sentimentalische Dichtung nicht vom Paradigma des Schönen, sondern von dem des Erhabenen her zu interpretieren (vgl. Zelle und C).

Ein weiteres Moment, das in der Poetik der Romantik und der sich bildenden Moderne aufgegriffen wird, liegt in der Bestimmung der sentimentalischen Dichtung als einer «Kunst des Unendlichen» (37; NA 20, S. 440). Während nämlich die naive Dichtung insbesondere insofern, als die antike Literatur unter diesem Begriff zu subsumieren ist, als eine «Kunst der Begrenzung» (ebd.) zu verstehen ist, welche ihre Harmonie dadurch erreicht, dass sie nur einen beschränkten und in sich abgeschlossenen Kreis von Erscheinungen widerspiegelt, erscheint das Prinzip der Reflexion, das die sentimentalische Dichtung kennzeichnet, als Ausdruck einer transzendierenden Energie, die an dem endlichen Gegenstand ein Ungenügen findet und diesen immer auf ein Unendliches zu beziehen sucht.

Aus den dargelegten Voraussetzungen ergibt sich, dass Schillers Typik der sentimentalischen Dichtung, die nicht als Gattungspoetik zu verstehen ist, der es vielmehr darum geht, «die in diesen Dichtungsarten [jeweils] herrschende *Empfindungsweise*» (47; NA 20, S. 449) zu bestimmen, nicht nur phänomenologisch das Material der deutschen und europäischen Literatur seiner Zeit (und des Kanons seiner Zeit) sichtet, sondern auch Bewertungsgrundlagen bietet, die in vielen Fällen zur Abqualifizierung durchaus profilierter Autoren führen. Zu betonen ist die Stringenz, mit der Schiller die begrifflichen Bestimmungen aus der antithetischen Konstruktion seines Modells der sentimentalischen Dichtung ableitet. In diesem stand das Verhältnis der jeweils vorgefundenen Wirklichkeit zum Ideal im Mittelpunkt, sodass die Typen der sentimentalischen Dichtung aus der Perspektive abzuleiten sind, aus der das (Miss-)Verhältnis von Realität und Ideal betrachtet wird:

Denn nun entsteht die Frage, ob er [der sentimentalische Dichter, M. H.] mehr bey der Wirklichkeit, ob er mehr bey dem Ideale verweilen – ob er jene als einen Gegenstand der Abneigung, ob er dieses als einen Gegenstand der Zuneigung ausführen will. Seine Darstellung wird also entweder *satyrisch* oder sie wird (in einer weitern Bedeutung des Worts [...]) *elegisch* seyn; an eine von diesen beyden Empfindungsarten wird jeder sentimentalische Dichter sich halten. (39; NA 20, S. 441 f.)

Eine der beiden «Empfindungsarten» ist also die satirische, von der Schiller Folgendes definitorisch festsetzt:

Satyrisch ist der Dichter, wenn er die Entfernung von der Natur und den Widerspruch der Wirklichkeit mit dem Ideale (in der Wirkung auf das Gemüth kommt beydes auf eines heraus) zu seinem Gegenstande macht. Dieß kann er aber sowohl ernsthaft und mit Affekt, als scherzhaft und mit Heiterkeit ausführen; je nachdem er entweder im Gebiethe des Willens oder im Gebiethe des Verstandes verweilt. Jenes geschieht durch die *strafende*, oder pathetische, dieses durch die *scherzhafte* Satyre. (39; NA 20, S. 442)

Schiller fügt hinzu, dass die strafende Satire in der Gefahr steht, die Freiheit des Spiels zu verfehlen, die wie in der Abhandlung über die ästhetische Erziehung als ein Grundelement der Kunst gilt; demgegenüber erkennt er bei der scherzhaften Satire die Problematik, dass diese nicht ernsthaft genug sein könnte, um der Kunst des Ideals gerecht zu werden. Folgendermaßen soll diesen Bedenklichkeiten entgegengewirkt werden: «Die strafende Satyre erlangt poetische Freyheit, indem sie ins Erhabene übergeht, die lachende Satyre erhält poetischen Gehalt, indem sie ihren Gegenstand mit Schönheit behandelt.» (40; NA 20, S. 442) Damit die postulierten Qualitäten des Erhabenen und des Schönen erreicht werden können, ist es im Sinne dieser Konzeption erforderlich, dass die Kritik an der gemeinen Wirklichkeit oder der Spott über diese wirklich aus einem Bewusstsein der Freiheit heraus erfolgen und nicht durch ein materielles Interesse an irgendwelchen Elementen dieser Wirklichkeit motiviert ist.

Neben die satirische Dichtung mit ihren Unterformen des Pathetischen und Scherzhaften stellt Schiller die elegische Dichtung:

Setzt der Dichter die Natur der Kunst und das Ideal der Wirklichkeit so entgegen, daß die Darstellung des ersten überwiegt, so nenne ich ihn *elegisch*. Auch diese Gattung hat wie die Satyre zwey Klassen unter sich. Entweder ist die Natur und das Ideal ein Gegenstand der Trauer, wenn jene als verloren, dieses als unerreicht dargestellt wird. Oder beyde sind ein Gegenstand der Freude, indem sie als wirklich dargestellt werden. Das erste giebt die *Elegie* in engerer, das andere die *Idylle* in weitester Bedeutung. (47; NA 20, S. 448)

Auch hier fällt auf, wie Schiller seine Kategorien gemäß der antithetischen Struktur seiner Argumentation anordnet. Die symmetrische Konstruktion der Begriffspaare wurde in der Rezeption der Abhandlung jedoch meistens zugunsten einer Dreiteilung vernachlässigt, weil die Unterscheidungen zwischen Satire, Elegie und Idylle die größte systematische Bedeutung zu haben schienen. Die Elegie im engeren Sinne ist in der Tat als Pendant zur Satire zu begreifen, weil auch sie von der Diskrepanz zwischen Ideal und Wirklichkeit ausgeht, sich von der Satire aber darin unterscheidet, dass nicht die Anklage oder der Scherz, sondern die Trauer um die Abwesenheit von Harmonie und Versöhnung im Mittelpunkt dieser Dichtungen steht. Als Grenzfall der ‹modernen› Dichtung ist die sentimentalische Idylle anzusehen. Es geht Schiller zunächst darum, die neue Idylle von der naiven Hirtendichtung, von der sie gleichwohl ihren Namen hat, deutlich zu unterscheiden. Die sentimentalische Idylle ist insofern die höchste Steigerungsstufe in Schillers Argumentationsgang, als sie innerhalb der sentimentalischen Dichtung, die in den beiden bisher besprochenen Formen durch die *Diskrepanz* zwischen Wirklichkeit und Ideal gekennzeichnet war, eine Form der ästhetischen Versöhnung garantieren soll; und bei dieser Versöhnung handelt es sich – wenn sie denn überhaupt möglich ist – um die Beschwörung einer Aufhebung all der Widersprüche, die das sentimentalische Bewusstsein im Gegensatz zu dem naiven gerade prägen.

Die sentimentalische Idylle ist tendenziell die Aufhebung des Gegensatzes zwischen naiver und sentimentalischer Dichtung und gleichzeitig als neues Elysium ein innerweltliches Paradies, das die Auflösung aller der Widersprüche symbolisiert, welche die gemeine Wirklichkeit der modernen Welt prägen. Die Bestimmungen der sentimentalischen Idylle gewinnen einen paradoxen Charakter, indem diese als *coincidentia oppositorum*, als Einheit all der Gegensätze erscheint, welche den antithetischen Charakter der Abhandlung überhaupt erst begründen. Der Kantianer Schiller häuft in einer rhetorisch wirksamen Hyperbel Gegensatzpaare wie Ruhe-Bewegung, Neigung-Gesetz, Schönheit-Wirklichkeit an, weil er die Aufhebung der Dualismen postuliert, die sein Denken gleichwohl prägen:

> Der Begriff dieser Idylle ist der Begriff eines völlig aufgelösten Kampfes sowohl in dem einzelnen Menschen, als in der Gesellschaft, einer freyen Vereinigung der Neigungen mit dem Gesetze, einer zur höchsten sittlichen Würde hinaufgeläuterten Natur, kurz, er ist kein andrer als das Ideal der Schönheit auf das wirkliche Leben angewendet. Ihr Charakter besteht also darinn, daß *aller Gegensatz der Wirklichkeit mit dem Ideale*, der den Stoff zu der satyrischen und elegischen Dichtung hergegeben hatte, vollkommen aufgehoben sey, und mit derselben auch aller Streit der Empfindungen aufhöre. (73 f.; NA 20, S. 472)

Während die Satire (in ihren beiden Formen) und die Elegie literarische «Empfindungsweisen» repräsentieren, die durch die Erfahrung einer Dissonanz, einer Diskrepanz zwischen der «Wirklichkeit» und dem «Ideal» gekennzeichnet sind, postuliert Schiller mit der Idee einer sentimentalischen Idylle die Möglichkeit einer Überwindung der beschriebenen Differenz, einer Versöhnung genau der Widersprüche, welche die Erfahrung der Moderne kennzeichnen.

2.5. *Aporien der sentimentalischen Idylle, Revision von Schillers Ästhetik aus heutiger Sicht*

Als Konsequenz aus dem Gedankengang der letzten ästhetisch-poetologischen Abhandlung wird Schiller versuchen, die Idee der sentimentalischen Idylle in die poetische Praxis zu überführen. Denn nicht als eine abstrakte Theorie verstand er die Bemühungen der poetologischen Reflexion, sondern als eine gedankliche Anstrengung, die sich unmittelbar auf die poetische Produktion auswirken sollte. In seinem Brief an Wilhelm von Humboldt erklärte er, dass er «eine *Idylle* schreiben» (NA 28, S. 118) wolle, wie er schon eine Elegie geschrieben habe. Das Gedicht *Elegie*, das später den Titel *Der Spaziergang* erhielt, hatte also seiner ursprünglichen Bezeichnung gemäß einen eminent programmatischen und exemplarischen Charakter, weil der Titel mit der Gattungsbezeichnung zusammenfällt und Schiller somit den Anspruch erhebt, diese elementare Form der von ihm so pointiert dargestellten sentimentalischen Dichtung modellhaft vorzustellen (vgl. die Analyse des Gedichts; Arbeitsbereich V). Nach Abschluss der wichtigen Abhandlung stellte Schiller die geplante Idylle in einen engen Zusammenhang mit einem anderen seiner bedeutendsten weltanschaulichen Gedichte, *Das Ideal und das Leben* (früherer Titel: *Das Reich der Schatten*). Dieses endete damit, dass der Text den Eintritt des Herkules in den Olymp und damit die potentielle Aufhebung aller Widersprüche andeutend skizzierte, aller Widersprüche der menschlichen Existenz, die in den Arbeiten und Kämpfen des Heroen eine anschauliche Verbildlichung erfahren hatten:

> Ich habe ernstlich im Sinn, da fortzufahren, wo das Reich der Schatten aufhört, aber darstellend und nicht lehrend. Herkules ist in den Olymp getreten, hier endigt letzteres Gedicht. Die Vermählung des Herkules mit der Hebe würde der Inhalt meiner Idylle seyn. Ueber diesen Stoff hinaus giebt es keinen mehr für den Poeten, denn dieser darf die menschliche Natur nicht verlassen, und eben von diesem Uebertritt des Menschen in den Gott würde diese Idylle handeln. Die Hauptfiguren wären zwar schon Götter, aber durch Herkules kann ich sie noch an die Menschheit anknüpfen und eine *Bewegung* in das Gemählde bringen. Gelänge mir dieses Unternehmen, so hoffte ich dadurch mit der sentimentalischen Poesie über die naive selbst triumphiert zu haben. (An Wilhelm von Humboldt, 30. November 1797; NA 28, S. 119)

Fraglich erscheint, ob Schiller auf der Höhe seines eigenen Reflexionsniveaus argumentiert, wenn er die sentimentalische Idylle – als Modell einer letztendlichen ästhetisch-poetischen Versöhnung – auch als die höchste Leistung der sentimentalischen Dichtung versteht. Denn selbst von Schillers eigener Argumentation her erscheint die Inthronisierung der sentimentalischen Idylle problematisch. Wenn als deren Gegenstand nämlich die Hochzeit des Herkules mit der Hebe erscheint, dann ist deutlich, dass die Göttin der ewigen Jugend eine Aufhebung der Zeit und damit – wie Schiller selbst erklärt – der Bewegung und der Unruhe symbolisiert. Nun ist aber – wieder nach Schillers eigener Aussage – die Aufgabe der Idylle, «das Ideal der Schönheit objektiv zu individualisieren» (NA 28, S. 118). Ob aber Figuren, die der Zeitlichkeit und damit jeder Veränderung entrückt sind, noch als Individuen wahrgenommen werden können, erscheint durchaus fraglich, und Schillers Kritik an einer Dichtung, bei der das Ideal nicht mehr in adäquater Weise anschaulich vermittelt erscheint, droht sich gegen sein eigenes Projekt einer sentimentalischen Idylle zu wenden. Diese müsste auch durch eine Vergeistigung der Figuren und damit durch einen Verlust der Anschaulichkeit und der Individualisierung gekennzeichnet sein.

C. Schillers Theorie des Erhabenen

Schillers Abhandlung *Ueber das Erhabene*, die für seine Beschäftigung mit dem Problem am wichtigsten ist, wurde wahrscheinlich im Anschluss an die Kantstudien, das heißt in der ersten Hälfte der neunziger Jahre, verfasst, aber erst im Jahre 1801 veröffentlicht. Dass Schiller sich an Kants Begriff des Dynamisch-Erhabenen orientiert, dass es also bei seiner Konzeption des Erhabenen um die Frage des Verhältnisses der menschlichen Subjektivität zu naturhaften Mächten geht, ergibt sich bereits aus der Einleitung seiner Schrift. Er geht nämlich von dem Problem der Willensfreiheit aus und stellt die Frage, wie diese angesichts einer Konstellation bewahrt werden könne, die den Menschen zu unterwerfen und damit unfrei zu machen drohe:

> Er soll aber ohne Ausnahme Mensch seyn, also in keinem Fall etwas *gegen* seinen Willen erleiden. Kann er also den physischen Kräften keine verhältnißmäßige physische Kraft mehr entgegen setzen, so bleibt ihm, um keine Gewalt zu erleiden, nichts andres übrig, als: *ein Verhältniß*, welches ihm so nachtheilig ist, *ganz und gar aufzuheben*, und eine Gewalt, die er der That nach erleiden muß, *dem Begriff nach zu vernichten*. (NA 21, S. 39)

Wenn man diese noch im Bereich des Ethischen argumentierenden Überlegungen auf die Ästhetik überträgt, so bedeutet dies: Die erhabene Kunst – es ist zu bemerken, dass Kant im Gegensatz zu Schiller von erhabenen Naturgegenständen, nicht aber von erhabener Kunst sprach – stellt Situationen dar, in denen die Vernunft und die Freiheit des Menschen von unvernünftigen Kräften unterdrückt werden; sie bewirkt aber durch die fiktionale Distanzierung von den ‹realen› Kräften eine Befreiung von diesen, sodass von einer imaginären Vernichtung des Vernunftwidrigen gesprochen werden kann. Auch für Schiller ist damit das Gefühl des Erhabenen durch eine Mischung aus Lust und Unlust gekennzeichnet. Bei der Gegenüberstellung des Erhabenen und des

Schönen fällt auf, dass dieses ausschließlich auf das Ideal der Harmonie bezogen ist, während jenes einen Zwiespalt, einen Konflikt ausdrückt, der für die sentimentalische Dichtung typisch zu sein scheint:

Wir fühlen uns frey bey der Schönheit, weil die sinnlichen Triebe mit dem Gesetz der Vernunft harmonieren; wir fühlen uns frey beim Erhabenen, weil die sinnlichen Triebe auf die Gesetzgebung der Vernunft keinen Einfluß haben, weil der Geist hier handelt, als ob er unter keinen andern als seinen eigenen Gesetzen stünde. (NA 21, S. 42)

Das Schöne entspricht also der von Schiller im Laufe der neunziger Jahre zunehmend kritisch betrachteten ästhetischen Utopie, die eine Harmonie von Trieb und Vernunft, von Sinnlichkeit und Sittlichkeit postulierte, während das Erhabene von einer fundamentalen Disharmonie ausgeht, die eine Versöhnung der dargestellten Widersprüche als undenkbar erscheinen lässt. Es ist nun von besonderem Interesse, dass Schillers Überlegungen über das Verhältnis der beiden ästhetischen Kategorien eigentümlich ambivalent sind. Einerseits behauptet er ein komplementäres Verhältnis, wonach beide Kategorien verschiedene Bereiche besetzen und einander ergänzen:

Zwey Genien sind es, die uns die Natur zu Begleitern durchs Leben gab. Der Eine [das Schöne, M. H.], gesellig und hold, verkürzt uns durch sein munteres Spiel die mühevolle Reise, macht uns die Fesseln der Nothwendigkeit leicht, und führt uns unter Freude und Scherz bis an die gefährlichen Stellen, wo wir als reine Geister handeln und alles körperliche ablegen müssen, bis zur Erkenntniß der Wahrheit und zur Ausübung der Pflicht. Hier verläßt er uns, denn nur die Sinnenwelt ist sein Gebieth, über diese hinaus kann ihn sein irrdischer Flügel nicht tragen. Aber jetzt tritt der andere [das Erhabene, M. H.] hinzu, und mit starkem Arm trägt er uns über die schwindlichte Tiefe. (NA 21, S. 41)

Die Brisanz dieser Formulierungen liegt darin, dass die sentimentalische Dichtung gerade durch die «gefährlichen Stellen» charakterisiert ist: Die Welt der ‹Moderne› findet in der Ästhetik des Schönen keinen adäquaten Ausdruck mehr. Was für die ‹naive› und in der geschichtsphilosophischen Spekulation als kindlich erscheinende Welt der Antike noch angemessen war, eine Dichtung, die eine Übereinstimmung von Natur und Ideal darstellte, erscheint aus der Sicht des ‹Modernen› als *kindische* Flucht vor Dissonanzen und Konflikten. Aus dieser Perspektive kann nicht mehr von einem Nebeneinander von Schönem und Erhabenem die Rede sein, sondern von einer Ablösung der Kategorie des Schönen durch die des Erhabenen. In einer rhetorisch eindrucksvollen Passage legt Schiller genau diese Schlussfolgerung nahe:

Also hinweg mit der falsch verstandenen Schonung und dem schlaffen verzärtelten Geschmack, der über das ernste Angesicht der Nothwendigkeit einen Schleyer wirft, und um sich bey den Sinnen in Gunst zu setzen, eine Harmonie zwischen dem Wohlseyn und Wohlverhalten *lügt*, wovon sich in der wirklichen Welt keine Spuren zeigen. (NA 21, S. 51 f.)

Schillers Ästhetik des Erhabenen kommt also zu demselben Ergebnis wie die aporetischen Schlüsse der großen Abhandlungen: In der zerrissenen Welt der ‹Moderne› soll die Kunst einer disharmonischen «wirklichen Welt» kein Bild der Harmonie entgegensetzen, sondern vielmehr die Disharmonie in ihre Darstellung mit aufnehmen. Diese «Unlust» ist als wesentlicher Bestandteil der sentimentalischen Kunst und Literatur anzusehen; sie wird aber – so lautet Schillers Überzeugung – dadurch kompensiert, dass Produzent und Rezipient eines Kunstwerks eine autonome Sphäre besetzen, die von der Entfremdung der empirischen Wirklichkeit nicht betroffen ist. Indem in der ästhetischen Erfahrung die Entfremdung der «wirklichen Welt» distanziert angeschaut werden kann, wird eine Freiheitserfahrung möglich, die der Kunst eigentümlich ist. Wie diese Konzeption auf die ästhetische Behandlung historischer Erfahrungen zu beziehen ist, ergibt sich aus einer Passage von Schillers Schrift, bei der die Weltgeschichte als das Panorama beschrieben wird, das die Dissonanzen der Wirklichkeit in grellem Lichte erscheinen lässt:

> Aus diesem Gesichtspunct betrachtet, und *nur* aus diesem, ist mir die Weltgeschichte ein erhabenes Object. Die Welt, als historischer Gegenstand, ist im Grund nichts anders als der Konflikt der Naturkräfte untereinander selbst und mit der Freyheit der Menschen und den Erfolg dieses Kampfes berichtet uns die Geschichte. So weit die Geschichte bis jetzt gekommen ist, hat sie von der Natur (zu der alle Affecte des Menschen gezählt werden müssen) weit größere Thaten zu erzählen, als von der selbständigen Vernunft [...]. Nähert man sich nur der Geschichte mit großen Erwartungen von Licht und Erkenntniß – wie sehr findet man sich da getäuscht! (NA 21, S. 49)

Sehr deutlich macht diese Passage, wie sich das Verständnis des Erhabenen von Kant zu Schiller gewandelt hat. Während der Königsberger Philosoph von Naturphänomenen und deren Macht handelt, bezieht sich Schiller auf die Handlungen des Menschen, die sich in der Geschichte manifestieren und die von der *Natur des Menschen* und eben nicht von dessen intelligibler Freiheit bestimmt werden. Erhaben ist jetzt nicht mehr der Orkan oder der Vulkan, sondern die zerstörerischen Neigungen der Menschen, die im Kunstwerk in ihren dissonanten und vernunftwidrigen Erscheinungsformen dargestellt werden. Die Kunst des Erhabenen soll den Menschen dazu befähigen, angesichts dieser vernunftwidrigen Verhältnisse eine – ästhetische – Freiheit zu bewahren. Diese Freiheit ist auch auf die *Form* des Kunstwerkes zu beziehen. Das Verhältnis von Form und Inhalt, von Form und Stoff kann beim Erhabenen nicht wie beim Schönen als ein harmonisches gedacht werden. Der Inhalt folgt eben nicht den Gesetzen der künstlerischen Form, auf die sich die Freiheit von Produzent und Rezipient des Kunstwerks bezieht. Für die Poetik des Erhabenen ist somit eine *Diskrepanz zwischen Form und Inhalt* charakteristisch. Während der Stoff aus der prosaischen Welt einer sentimentalischen Moderne genommen ist, kann sich die künstlerische Form an Mustern orientieren, die insofern die Freiheit des Menschen begünstigen, als sie Gesetze der Harmonie und der Vernunft darstellen. Vor diesem Hintergrund erkennen wir erneut, wie sich in Schillers Ästhetik und Poetik Modernität und Klassizität in exemplarischer Weise verbinden. Erst die Romantiker werden das Interessante als die Kategorie favorisieren, welche die Zerrissenheit des modernen Menschen in adäquater Weise ausdrückt, und Victor Hugo wird in seiner anti-klassizistischen Polemik das Hässliche und das Groteske in die Poetik der Moderne integrieren.

V. Lyrik

Die Lyrik stellt im Rahmen der problematischen Rezeption von Schillers Werk einen prägnanten und charakteristischen Extremfall dar, weil sich an ihr Bewunderung und Ablehnung, gedankenlose Nachfolge und verständnislose Missachtung besonders klar ablesen lassen. Die spezielle Eigenart von Schillers Gedichten, die näher zu charakterisieren ist, brachte es mit sich, dass sich aus ihnen Sentenzen und Sinnsprüche heraustrennen ließen, die als Maximen eines (spieß-)bürgerlichen Bildungsbewusstseins gelten konnten, ohne dass der Bezug dieser jeweiligen vermeintlichen Weisheit auf die Gesamtheit des betreffenden Gedichts oder des lyrischen Werks Schillers deutlich geworden wäre. Im Gegensatz zu einem konventionellen Lyrik-Verständnis, das eine mit den Gedichten des jungen Goethe einsetzende «Erlebnislyrik» zu einem überhistorischen Muster erhebt, ist Schillers Intention hervorzuheben, auch im Gedicht gedankliche Gehalte zu bearbeiten und Reflexion statt Emotion zu zeigen und zu bieten. Schillers Selbstverständnis als Lyriker, das sich mit den Stichworten «Individualität» und «Idealisierung» skizzieren lässt, ist unter Bezug auf seine Rezensionen zu Bürger und Matthisson zu charakterisieren (A). Die sich hier andeutende Konzeption einer klassischen Lyrik kann exemplarisch mit einer Analyse der Gedichte *Die Götter Griechenlandes* und *Der Spaziergang* verdeutlicht werden (B). Zu den Gedichten, die intensiv rezipiert und dabei sicherlich am meisten instrumentalisiert wurden, gehören seine Balladen (C).

Grundlageninformation

Texte und Materialien

Ausgaben:

RUB 1710 (Originaltexte in der letzten von Schiller autorisierten Fassung mit ausführlichem Kommentar, Verzeichnis der Originalausgaben sowie der mythologischen Namen und Begriffe).

NA, Bände 1; 2 I; 2 II A; 2 II B (mit ausführlichen Kommentaren).

SW I.

DKV, Bd. I (mit einem sehr nützlichen Kommentar von Georg Kurscheidt).

Bürger-Rezension SW V, S. 970–985; Matthisson-Rezension ebd., S. 992–1011.

Forschungsliteratur

Alt: Schiller (s. Gesamtbibl. 2), vor allem Bd. II. [Kluge und überzeugende Würdigung des Stellenwerts der Lyrik in Schillers Gesamtwerk.]

Bernauer, Joachim: «Schöne Welt, wo bist du?» (s. Gesamtbibl. 5). [Ausgezeichnete materialreiche und systematisch argumentierende Studie zum Verhältnis von Lyrik und Poetik bei Schiller.]

Brandmayer, Rudolf: Die Gedichte des jungen Goethe. Eine gattungsgeschichtliche Einführung. Göttingen 1998. [Wichtig zur Herausarbeitung der Eigenarten von Goethes Lyrik im Kontrast zu Schillers.]

Cysarz, Herbert: Die dichterische Phantasie Friedrich Schillers. Mit einem Anhang über die Elemente der Einbildungskraft. Tübingen 1959. [Traditionelle Perspektive, bei der die Eigenart von Schillers Dichtung, auch der Lyrik, durch seine Persönlichkeit erklärt werden soll.]

Düsing, Wolfgang: Kosmos und Natur in Schillers Lyrik. In: Jahrbuch der Deutschen Schillergesellschaft 13 (1969), S. 196–220. [Untersucht die Eigenart des Welt- und Naturbezugs in Schillers Lyrik.]

Dyck, Martin: Die Gedichte Schillers. Figuren der Dynamik des Bildes. Bern, München 1967. [Analyse von Schillers Gedichten mit dem Instrumentarium der Rhetorik.]

Falkenstein, Henning: Das Problem der Gedankenlyrik und Schillers lyrische Dichtung. Diss. Marburg 1963. [Diskutiert die Eigenart von Schillers Lyrik im Spannungsfeld zwischen «Erlebnis»- und Gedankenlyrik.]

Friedl, Gerhard: Verhüllte Wahrheit und entfesselte Phantasie. Die Mythologie in der vorklassischen und klassischen Lyrik Schillers. Würzburg 1967. [Materialreiche Untersuchung zur Bestimmung der spezifischen Form des «Klassizismus» in den verschiedenen Phasen von Schillers Lyrik.]

Frühwald, Wolfgang: Die Auseinandersetzung um Schillers Gedicht *Die Götter Griechenlandes*. In: Jahrbuch der Deutschen Schillergesellschaft 13 (1969), S. 251–271. [Grundlegende Studie zur Diskussion um Schillers Gedicht.]

Große, Wilhelm: Gedichte der Weimarer Klassik. Interpretationen. München 1992. [Didaktisch orientierte Sammlung von Interpretationen zu Gedichten Goethes und Schillers.]

Hamburger, Käte: Schiller und die Lyrik. In: Jahrbuch der Deutschen Schillergesellschaft 16 (1972), S. 299–329. [Grundlegende Überlegungen zur Eigenart und Funktion von Schillers Lyrik.]

Hinderer, Walter: Beiträge Wielands zu Schillers ästhetischer Erziehung. In: Jahrbuch der Deutschen Schillergesellschaft 18 (1974), S. 348–387. [Betont den Einfluss Wielands insbesondere auf Schillers Formbewusstsein.]

Hofmann, Michael und Thomas Edelmann: Deutsche Lyrik vom Barock bis zur Goethezeit. München 2002. [Didaktisch orientierte Darstellung, die Schillers Lyrik im historischen Kontext analysiert.]

Kaiser, Gerhard: Geschichte der deutschen Lyrik von Goethe bis Heine. 3 Bde. Frankfurt am Main 1988.

Keller, Werner: Das Pathos in Schillers Jugendlyrik. Berlin 1964. [Immer noch wichtige Studie zur Bestimmung der Eigenart von Schillers früher Lyrik.]

Koopmann, Helmut: Denken in Bildern. Zu Schillers philosophischem Stil. In:

Jahrbuch der Deutschen Schillergesellschaft 30 (1986), S. 218–250. [Wichtig für die Herausarbeitung der Eigenart von Schillers «Gedankenlyrik».]

Koopmann, Helmut: Schillers Lyrik. In: H. K. (Hrsg.): Schiller-Handbuch (vgl. Gesamtbibl. 2), S. 303–325. [Globaler Überblick, der nicht ins Detail geht und deshalb weit hinter der Vielfalt zurück bleibt, die das Goethe-Handbuch im Blick auf Goethes Lyrik bietet.]

Kraft, Herbert: Um Schiller betrogen (s. Gesamtbibl. 2). [Anregende Einzelanalysen, vor allem zu weniger bekannten Texten.]

Kurscheidt, Georg: Schiller als Lyriker. In: DKV, Bd. 1, S. 749–803. [Vorzügliche Zusammenfassung zu allen wesentlichen Aspekten.]

Laufhütte, Hartmut: Die deutsche Kunstballade. Grundlegung einer Gattungsgeschichte. Heidelberg 1979. [Standardwerk, das die Einordnung von Schillers Balladen in die Gattungsgeschichte ermöglicht.]

Lohner, Edgar: Schiller und die moderne Lyrik. Göttingen 1964. [Geistesgeschichtliche Studie, welche die häufig verkannte Modernität von Schillers Gedichten akzentuiert.]

Mecklenburg, Norbert: Balladen der Klassik. In: Walter Müller-Seidel (Hrsg.): Balladenforschung. Königstein/Taunus 1980, S. 187–203. [Fundierte Darstellung zur Profilierung der Eigenart von Schillers Balladen. Originelle und provokative Thesen.]

Oellers, Norbert: Friedrich Schiller. Zur Modernität eines Klassikers (s. Gesamtbibl. 2). [Der zweite Teil des Bandes bietet einen Überblick über Schillers Lyrik und Einzelinterpretationen zu Gedichten; hervorzuheben die Interpretation der *Nänie*.]

Oellers, Norbert (Hrsg.): Interpretationen. Gedichte von Friedrich Schiller (s. Gesamtbibl. 4). [Vorzügliche Einzelinterpretationen wichtiger Gedichte.]

Pestalozzi, Karl: Die Entstehung des lyrischen Ich. Studien zum Motiv der Erhebung in der Lyrik. Berlin 1970.

Riedel, Wolfgang: Der Spaziergang. Ästhetik der Landschaft und Geschichtsphilosophie der Natur bei Schiller. Würzburg 1989. [Fundierte Deutung des wichtigen Gedichts mit ausführlicher Erörterung des ideengeschichtlichen und philosophischen Kontexts; problematische harmonisierende Deutung des Gedichtschlusses.]

Schwarz, Sandra: Schillers lyrischer Stil. In: Koopmann (Hrsg.): Schiller-Handbuch (s. Gesamtbibl. 2), S. 270–288. [Anregende Darstellung, die aber keinen systematischen Überblick bietet.]

Seeba, Hinrich C.: Das wirkende Wort in Schillers Balladen. In: Jahrbuch der Deutschen Schillergesellschaft 14 (1970), S. 275–322.

Staiger, Emil: Friedrich Schiller (s. Gesamtbibl. 2).

Storz, Gerhard: Der Dichter Friedrich Schiller. Stuttgart 1959 (s. Gesamtbibl. 2), S. 196–254.

Ueding, Gert: Friedrich Schiller. München 1990 (s. Gesamtbibl. 2).

Vosskamp, Wilhelm: Emblematisches Zitat und emblematische Struktur in Schillers Gedichten. In: Jahrbuch der Deutschen Schillergesellschaft 18 (1974), S. 388–406.

Wiese, Benno von: Friedrich Schiller (s. Gesamtbibl. 2), S. 115–135 und S. 565–624.

Witte, Bernd und Regine Otto (Hrsg.): Goethe-Handbuch. Bd. I. Lyrik. Stuttgart, Weimar 1996. [Von der Schiller-Forschung bisher nicht erreichte eindrucksvolle Sammlung von Interpretationen aller wichtigen Gedichte Goethes. Verbindet philologische Präzision mit neueren methodischen Ansätzen.]

A. Schillers Lyrik: Beurteilung, Selbstverständnis, Theorie

1. Zur Beurteilung von Schillers lyrischem Werk

Für die Beurteilung von Schillers Gedichten muss man voraussetzen, dass sie durchaus nicht den Kriterien entsprechen, unter denen die ‹Erlebnislyrik› – wie etwa die des jungen Goethe – zu einer überzeitlichen Norm erhoben, ja zum Muster des Lyrischen überhaupt gemacht wird. Wenn etwa Emil Staiger den Ausdruck einer persönlichen und individuellen Subjektivität als Charakteristikum dieser Poesie bezeichnete, so mussten zwangsläufig Schillers Gedichte als «unlyrisch», ja unpoetisch erscheinen. Zu bedenken ist freilich, dass eine trivialisierte Verwendung des Begriffs «Erlebnislyrik» noch immer dazu neigt, das Ich des Gedichts mit dessen Autor zu identifizieren und Spekulationen über die Biographie des Dichters mit der Interpretation eines Gedichts zu verbinden (vgl. die Sesenheimer Gedichte des jungen Goethe). Freilich tritt die seriöse Germanistik diesem Bestreben energisch entgegen (wie die Deutungen der Goethe-Gedichte im Goethe-Handbuch zeigen). In Schillers Gedichten spricht überdies kein fiktionalisiertes Ich, auch erscheinen fiktionalisierte ‹Erlebnisse› an keiner Stelle intendiert. Allein die Erzeugung bestimmter Stimmungen ließe sich als Charakteristikum seiner Lyrik ansehen, dabei geht es aber stets um die (intellektuelle *und* gefühlsmäßige) Wirkung allgemeiner Wahrheiten und Haltungen.

Für die Eigenart von Schillers Gedichten hat sich der Terminus ‹Gedankenlyrik› eingebürgert, der in einem reflektierten Verständnis durchaus seine Berechtigung hat (vgl. Kurscheidt, 752–758). Die Gedichte sind nicht Ausdruck eines poetischen Genies, das sich ganz unmittelbar äußert, sondern Produkte eines hoch reflektierten Denkprozesses, der in anschaulichen Bildern, vornehmlich in denen der griechischen Mythologie, vermittelt wird. Auch wenn Schiller selbst den dichterischen Wert seiner Lyrik gering schätzt – er sei, so schreibt er an Körner, im Vergleich zu Goethe «ein poetischer Lump» (27. 6. 1796) –, so propagiert er doch energisch das philosophische, gedanklich reflektierende Gedicht als eines, das der modernen Kunst und Literatur angemessen erscheint. (Die Ansätze zu einer Lyriktheorie der Jahre 1791 und 1794 bereiten die Konzeption der sentimentalischen Poesie vor.) Auch verteidigt er den Zusammenhang von Poesie und ethischer Reflexion und gewinnt mit seinen Bezügen zum Ethischen im Rahmen der Weimarer Klassik sein persönliches Profil gegenüber dem ‹Naturidealismus› Goethes. Schiller sieht sich selbst als denjenigen, der – im Gegensatz zu dem ‹naiven› Freund – über die Reflexion zur Dichtung kommt und bei dem somit die anschaulichen Bilder der Dichtung durch die diskursiven Begriffe des modernen Geistes ergänzt und begrenzt werden. Die *Allegorie*, die Begriffe in poetische Bilder überträgt, ist für Schillers Dichtung und insbesondere seine Lyrik charakteristisch (vgl. zum Gegensatz Symbol – Allegorie die Überlegungen zum Verhältnis zwischen Goethe und Schiller; Arbeitsbereich IV). Vom Standpunkt gerade der modernen Lyrik her erscheint es aber als unangemessen, das konventionelle Argument zu bemühen, Schillers Lyrik sei deshalb nicht poetisch, weil sie zu sehr vom Gedanklichen bestimmt sei. Denn gerade in der Moderne kann lyrisches Sprechen Anderes thematisieren als individuelle Subjektivität. Schiller selbst hat von der Subjektivität, die sich auch nach seiner Meinung im Gedicht ausspricht, gefordert, dass sie einen hohen Grad an Allgemeinheit aufweisen oder erringen solle (vgl. 2).

Unter dieser Voraussetzung bildet sich die Affinität von Schillers Lyrik zu philosophischen Fragestellungen. Gleichwohl ist sie differenziert zu beurteilen: Erstens nimmt die Gedankenlyrik häufig bestimmte Thesen und Theorien vorweg, die der philosophische Schriftsteller Schiller erst sehr viel später in einer Abhandlung entwickelt. Zweitens handelt es sich bei einem philosophischen Gedicht nicht lediglich um die Einkleidung einer Theorie in eine gegenüber der wissenschaftlichen beliebige andere Form. In poetischer Gestalt tritt vielmehr die Vieldeutigkeit der Aussage hervor, und so kann mit Recht von einer poetischen Reflexion philosophischer Thesen gesprochen werden. Vor diesem Hintergrund wird der Begriff Gedankenlyrik für die Dichtung des ‹sentimentalischen› Zeitalters fasslich: «Der Begriff Gedankenlyrik zur Charakterisierung von Schillers Gedichten hat seine Berechtigung, sofern in ihnen weder Gefühle noch Erlebnisse vermittelt werden, sondern Gedanken poetische Gestalt gewinnen – sofern Philosophie und Poesie, Wissenschaft und Kunst nicht als polare Gegensätze, sondern als Wege in die gleiche Richtung empfunden werden.» (Kurscheidt, S. 757 f.)

2. *Schillers Selbstverständnis als Lyriker; Lyrik-Theorie*

Schillers Selbstverständnis als Lyriker ist nicht unmittelbar aus autobiographischen Texten abzuleiten, sondern indirekt aus seinen wichtigen Rezensionen der Gedichte Bürgers und Matthissons zu erschließen. Im Januar 1791 hat Schiller eine vernichtende Kritik der zweiten Ausgabe von Bürgers Gedichten aus dem Jahre 1789 publiziert und dabei eigene Positionen aus früheren Jahren ebenso wie Elemente des Sturm und Drang und einer ihm problematisch erscheinenden Volkstümlichkeit mit rigoroser Schärfe zurückgewiesen. Nicht die Berechtigung seiner Kritik an den Gedichten Bürgers steht hier zur Diskussion, sondern die Maßstäbe, die Schiller in einer allgemeinen Einleitung für das Gedicht und die Persönlichkeit des Lyrikers postuliert und die als fragmentarisches Manifest seiner klassischen Lyrik angesehen werden können. Ebenfalls in der Allgemeinen Literaturzeitung erschien im September 1794 Schillers erstaunlich positive Würdigung der Gedichte Friedrich von Matthissons (1761–1831) aus dessen Sammlung von 1791, die als Variante und Erweiterung der drei Jahre vorher formulierten Überlegungen gelten kann.

Zwischen Schillers anthropologischen und philosophischen Überzeugungen und seiner Formulierung eines Idealbildes des Lyrikers besteht ein enger Zusammenhang. Hatte der angehende Geschichtsprofessor in seiner Jenaer Antrittsvorlesung aus dem Jahre 1789 durch die Unterscheidung zwischen dem Brotgelehrten und dem philosophischen Kopf den Anspruch des Historikers unterstrichen, die nur jeweils partiellen Interessen einer entfremdeten Gesellschaft im Hinblick auf eine Überwindung der Trennungen und Zersplitterungen von Geist und Gesellschaft zu transzendieren, und sollten die Briefe *Ueber die ästhetische Erziehung des Menschen* unter Rückgriff auf die Transzendentalphilosophie Kants die Zerrissenheit des ‹modernen› Menschen in der Utopie des ästhetischen Staates hinter sich lassen, so zeigt sich, dass Schiller 1791 und 1794 in gleicher Weise fordert, der Lyriker solle seinerseits die getrennten «Kräfte der Seele» wieder verbinden und die Totalität des Menschen «wieder herstellen»:

Bei der Vereinzelung und getrennten Wirksamkeit unsrer Geisteskräfte, die der erweiterte Kreis des Wissens und die Absonderung der Berufsgeschäfte notwendig macht, ist es die Dichtkunst beinahe allein, welche die getrennten Kräfte der Seele wieder in Vereinigung bringt, welche Kopf und Herz, Scharfsinn und Witz, Vernunft und Einbildungskraft in harmonischem Bande beschäftigt, welche gleichsam den *ganzen* Menschen in uns wieder herstellt. (SW V, 971)

Bereits 1791 deutet sich also hier die Position der ästhetischen Erziehung an, die Schiller in den kommenden Jahren systematisch ausführen wird. Für Schillers Selbstverständnis als Lyriker ist dieser hohe Anspruch an die Dichtung von entscheidender Bedeutung, denn er geht zwar sehr wohl davon aus, dass der Lyriker im Gedicht seine Individualität zum Ausdruck bringt, erhebt aber vehement die Forderung, dass diese Individualität von allen zufälligen und privaten Eigenheiten frei sein müsse. Wenn es das Ziel der Dichtung ist, die Zerrissenheit des modernen Menschen in einer imaginären Synthese aufzuheben, so setzt das schon voraus, dass der Dichter dies für seine eigene Person (oder besser für die ihm eigentümliche Funktion des Dichters) ebenfalls geleistet hat:

Alles, was der Dichter uns geben kann, ist seine *Individualität*. Diese muß es also wert sein, vor Welt und Nachwelt ausgestellt zu werden. Diese seine Individualität so sehr als möglich zu veredeln, zur reinsten herrlichen Menschheit hinaufzuläutern, ist sein erstes und wichtigstes Geschäft, ehe er es unternehmen darf, die Vortrefflichen zu rühren. (SW V, 972)

Auch in dieser Positionsbestimmung erkennen wir den charakteristischen Übergang von einem aufklärerischen Denkmodell zu einer neuen Position, die in diesem Fall als die der klassischen Dichtung bezeichnet werden kann. Denn Schiller verwendet noch die Begriffe einer aufklärerischen Wirkungsästhetik, nähert sich aber mit seiner Idee der Läuterung des Individuums der Konzeption einer autonomen Kunst, der es nicht mehr primär darum geht, auf die empirischen Subjekte einzuwirken, sondern vielmehr in der Kunst eine Aufhebung der ‹realen› Widersprüche zu erreichen. So ist es nur konsequent, dass er sich gegen Vorstellungen wendet, die aus dem Umfeld der Empfindsamkeit und des Sturm und Drang stammen und die in der emotionalen Gestimmtheit des Dichters und des Rezipienten wesentliche Elemente des dichterischen Prozesses erkennen. Gegen solche Betonung eines bestimmten menschlichen Vermögens setzt Schiller die Einheit von Gefühl und Verstand, von Begeisterung und Bildung:

Unmöglich kann der gebildete Mann Erquickung für Geist und Herz bei einem unreifen Jüngling suchen, unmöglich in Gedichten die Vorurteile, die gemeinen Sitten, die Geistesleerheit wieder finden wollen, die ihn im wirklichen Leben verscheuchen. Mit Recht verlangt er von dem Dichter [...], dass er im Intellektuellen und Sittlichen auf *einer* Stufe mit ihm stehe, weil er auch in Stunden des Genusses nicht unter sich sinken will. Es ist also nicht genug, Empfindung mit erhöhten Farben zu schildern; man muß auch erhöht empfinden. Begeisterung *allein* ist nicht genug; man fodert die Begeisterung eines gebildeten Geistes. (ebd.)

All jenen, die lyrische Dichtung ausschließlich als eine Angelegenheit des Gefühls und des Herzens ansehen (und das sind heute noch diejenigen, die eine irrationalistische Konzeption von Erlebnislyrik vertreten), widerspricht Schiller also energisch, indem er darauf verweist, dass der moderne Mensch ein kritisches Bewusstsein ausgebildet hat, das er auch im Bereich der Poesie nicht ablegen kann und darf. Die Vermittlung von Intellektualität, sittlich-moralischem Bewusstsein und Gefühl, von rationaler Konstruktion und sinnlicher Anschauung setzt sich der Lyriker Schiller in seinen eigenen Gedichten zum Ziel, und er wendet sich mit Vehemenz gegen eine Haltung, die Volkstümlichkeit durch eine Anbiederung an umgangssprachliche und triviale Sprechweisen zu erreichen glaubt. Während in der Antike und auch noch im Mittelalter von einem einheitlichen Bewusstsein des ganzen Volkes ausgegangen werden konnte, «wo alle Glieder der Gesellschaft im Empfinden und Meinen ungefähr *dieselbe* Stufe einnahmen» (SW V, 973), hat sich durch die Differenzierung der modernen Gesellschaft eine Kluft aufgetan, die eine komplexe Situation entstehen ließ:

Jetzt ist zwischen der *Auswahl* der Nation und der *Masse* derselben ein sehr großer Abstand sichtbar, wovon die Ursache zum Teil schon darin liegt, dass Aufklärung der Begriffe und sittliche Veredelung ein zusammenhängendes Ganzes ausmachen, mit dessen Bruchstücken nichts gewonnen ist. [...] Ein Volksdichter für unsre Zeiten hätte also bloß zwischen dem *Allerleichtesten* und dem *Allerschweresten* die Wahl; entweder sich ausschließlich der Fassungskraft des großen Haufens zu bequemen und auf den Beifall der gebildeten Klasse Verzicht zu tun – oder den ungeheuern Abstand, der zwischen beiden sich befindet, durch die Größe seiner Kunst aufzuheben und beide Zwecke vereinigt zu verfolgen. (SW V, 973 f.)

Auch wenn sich hier Elemente eines elitären Bewusstseins zeigen, das sich in einem Überlegenheitsgefühl gegenüber den populären Autoren der Zeit manifestiert – Kotzebue und Iffland auf dem Theater sowie Goethes Schwager Vulpius im Bereich der Romanliteratur waren erfolgreicher als Goethe und Schiller –, so ist doch Schillers Intention zu erkennen, eine Lyrik zu präsentieren, die einem breiten Publikum verständlich ist, die sich aber nicht dem vorherrschenden Geschmack anpasst. Da dieser aber gerade durch trivialisierende Spätformen von Empfindsamkeit und Sturm und Drang bestimmt war, erscheint Schillers Anliegen plausibel, nicht nur die Emotionen des Rezipienten anzusprechen, sondern eben auch dessen Reflexionsfähigkeit und sein sittliches Empfinden. Insbesondere die Balladen, die er im sogenannten ‹Balladen-Jahr› 1797 in enger Kooperation mit Goethe verfasste, sind dieser komplexen Konzeption einer anspruchsvollen Volkstümlichkeit verpflichtet; sie waren aber auch nicht vor trivialisierenden Missverständnissen geschützt. Die Isolation Goethes und Schillers hatte sich im Verbund mit einem gut ausgeprägten Selbstbewusstsein im Xenien-Streit des Jahres 1796 gezeigt, den die beiden durch einen Rundumschlag gegen die gesamte zeitgenössische Literatur vom Zaun gebrochen hatten.

Für Schiller ist der Begriff der geläuterten Individualität und der anspruchsvollen Volkstümlichkeit mit dem zentralen Konzept der Idealisierung verbunden, die ein weiteres elementares Moment seines Selbstverständnisses als Lyriker bezeichnet. Dabei geht es nicht – wie ideologiekritische Einschätzungen nahe legten – um eine Verdrängung der Widersprüche des empirischen Lebens, also um eine Rechtfertigung des Status quo, sondern um den Versuch, gegenüber den entfremdeten Verhältnissen eine Distanz zu bewahren, die dem Rezipienten einen Spiel-Raum der Freiheit gewähren sollte:

Eines der ersten Erfordernisse des Dichters ist Idealisierung, Veredlung, ohne welche er aufhört, seinen Namen zu verdienen. Ihm kommt es zu, das Vortreffliche seines Gegenstandes [...] von gröbern, wenigstens fremdartigen Beimischungen zu befreien, die in mehrern Gegenständen zerstreuten Strahlen von Vollkommenheit in einem einzigen zu sammeln [...]. Alle Ideale, die er auf diese Weise im einzelnen bildet, sind gleichsam nur Ausflüsse eines innern Ideals von Vollkommenheit, das in der Seele des Dichters wohnt. (SW V, 979)

Die *utopische* Funktion der Kunst und speziell der Lyrik liegt also für Schiller darin, dass sie der zersplitterten Wirklichkeit das Modell einer Vollkommenheit entgegen setzt, von dem sie durchaus weiß, dass es nicht mit der prosaischen Realität übereinstimmt. Dieses Verfahren setzt bei dem Dichter eine Distanz zu dem empirischen Dasein voraus, eine Freiheit, die er nur dann an den Rezipienten weitergeben kann, wenn er von seiner empirischen Person zu abstrahieren weiß:

Selbst in Gedichten, von denen man zu sagen pflegt, dass die Liebe, die Freundschaft u. s. w. selbst dem Dichter den Pinsel dabei geführt habe, hatte er damit anfangen müssen, sich selbst fremd zu werden, den Gegenstand seiner Begeisterung von seiner Individualität loszuwickeln, seine Leidenschaft aus einer mildernden Ferne anzuschauen. Das Idealschöne wird schlechterdings nur durch eine Freiheit des Geistes, durch eine Selbsttätigkeit möglich, welche die Übermacht der Leidenschaft aufhebt. (SW V, 982)

Klassische Dichtung verbindet sich für Schiller also nicht mit einer suggestiven Darstellung von Harmonie, welche über die Widersprüche und Verwerfungen des gemeinen Lebens hinwegzutäuschen sucht, sondern sie appelliert an die Freiheit und Reflexionsfähigkeit des Rezipienten, der in einer bewussten Operation von seinen empirischen Umständen und Befindlichkeiten abstrahiert und in einer Art «Verfremdung» eine Freiheit gegenüber der eigenen Verstrickung gewinnt. «Idealisierung» sollte dabei letztlich nicht als eine etwa moralisch zu verstehende Veredelung interpretiert werden, sondern als ein Vorgang, bei dem der Kern einer Sache und deren innere Notwendigkeit sichtbar werden: «Der Teufel, idealisiert, müsste moralisch schlimmer werden, als er es ohne das wäre.» (NA 22, S. 293)

Einen Schritt weiter geht Schiller in der Rezension der Naturgedichte Matthissons: Dort versucht er, dem Dichter einen Weg zu weisen, wie er einen an sich dafür ungeeigneten Gegenstand in das «Reich der höchsten Schönheit» hinüberspielen kann. Schillers Naturverständnis unterscheidet sich auch in seiner klassischen Phase deutlich von dem Goethes, weil er nicht die Überzeugung zu teilen vermag, dass die Natur selbst Gesetze und Strukturen aufweist, die auch für den Menschen Wert und Bedeutung gewinnen können. Schillers Poetik bleibt genauso anthropozentrisch wie seine Naturphilosophie (vgl. Bernauer, S. 221): Der menschliche Geist nimmt nach seiner Auffassung keineswegs Anregungen und Gehalte der Natur auf, sondern bringt eigene Erkenntnisse und Haltungen mit. Die *symbolische Operation*, die damit zum Charakteristikum der klassischen Lyriktheorie Schillers wird, besteht darin, dass sich die eigentlich prosaische Natur ins anschauliche Bild einer Harmonie wandelt, die nur dem menschlichen Geist offenbar werden kann. Vor diesem Hintergrund ist bedeutsam, dass Schiller die Kunst zwar nicht der Moral unterordnet, dass die symbolische Operation aber Gesetze und Konstellationen aufscheinen lässt, die als ästhetische keineswegs im Widerspruch zu den Ansprüchen der Moral stehen:

Jene liebliche Harmonie der Gestalten, der Töne und des Lichts, die den ästhetischen Sinn entzücket, befriedigt zugleich den moralischen; jene Stetigkeit, mit der sich die Linien im Raum oder die Töne in der Zeit aneinander fügen, ist ein natürliches Symbol der innern Übereinstimmung des Gefühls mit sich selbst und des sittlichen Zusammenhangs der Handlungen und Gefühle, und in der schönen Haltung eines pittoresken oder musikalischen Stücks malt sich die noch schönere einer sittlich gestimmten Seele. (NA 22, S. 273)

Wie im Falle der ästhetischen Theorie erscheint es fraglich, ob die Harmonie-Konzeption einer «inneren Übereinstimmung des Gefühls mit sich selbst» das leisten kann, was Schiller von ihr erwartet. Auch in der späten Lyrik deutet sich eine stärkere Gewichtung der Gefühlskonstellation an, welche durch das Erhabene vermittelt wird. Um so deutlicher wird aber, dass die poetische Inspiration Schillers nicht durch eine «naive» Versenkung in die Gegenstände (etwa der «unbeseelten Natur») in Gang kommt, sondern durch die Reflexion über diese Gegenstände, die im dichterischen Prozess somit zum *Auslöser* einer Aktivität des Subjekts werden. Die gelungenen Gedichte des späten Schiller zeichnen sich dadurch aus, dass der Übergang von der Anschauung zur Reflexion zwar kein mechanischer im Sinne einer Widerspiegelungspoetik ist, dass er aber zwanglos vom Leser nachvollzogen werden kann. Die Konzeption der symbolischen Operation ist damit zwar deutlich spannungsvoller als die auf einer rational nicht fassbaren Inspiration beruhende Symbol-Theorie Goethes (vgl. Arbeitsbereich IV); sie stellt aber eine für Schillers Person und Dichtung spezifische und an konkreten Beispielen erprobte Vermittlung von Anschauung und Begriff, von Einbildungskraft und Intellektualität dar, die als Grundlage eines überzeugenden Modells moderner Lyrik mit klassizistischer Orientierung gelten kann.

B. Klassische Gedankenlyrik: *Die Götter Griechenlandes* und *Elegie/Der Spaziergang*

Schillers klassische Gedankenlyrik beginnt bereits in der Zeit der historischen Schriften mit dem langen Gedicht *Die Götter Griechenlandes*, das mit seiner Wendung zur Antike und seiner Kritik an bestimmten Ausprägungen und Konsequenzen des christlichen Weltbildes eine Kontroverse auslöste. Das komplexe Verhältnis zwischen Schillers Lyrik und Ästhetik zeigt sich in Schillers längstem Gedicht *Die Künstler* (1789), das mit seiner Verbindung von kulturgeschichtlichem Panorama und ästhetischer Reflexion wesentliche Elemente der theoretischen Schriften vorweg nimmt und insbesondere die Idee der ästhetischen Erziehung skizziert. Als Rückkehr zur Dichtung sind die großen weltanschaulichen

Gedichte *Elegie* (später *Der Spaziergang*) und *Das Reich der Schatten* (später *Das Ideal und das Leben*) zu verstehen, die nach der Abfassung der großen ästhetischen Abhandlungen entstanden und deren gedanklichen Gehalt in poetischer Form weiter entwickelten.

Schiller veröffentlichte das Gedicht über die griechischen Götter im März 1788 im *Teutschen Merkur.* Wieland, der Herausgeber der Zeitschrift, einer der führenden Dichter der deutschen Aufklärung und ein Vertreter einer graziösen, ironischen und leichten Rokoko-Poetik, vertrat ein Bild der Antike, das an dem gefälligen Bild der Grazien orientiert war und den existentiellen Ernst des deutschen Klassizismus in der Tradition Winckelmanns verwarf. Schillers Hinwendung zur Antike war durchaus von Wieland beeinflusst, mit dem der jüngere Landsmann vor allem in seiner ersten Weimarer Zeit intensiv verkehrte und von dessen formaler Kompetenz er vor allem im Hinblick auf seine «Stil- und Versgesinnung» (Keller, S. 165) durchaus profitierte (vgl. Hinderer). Schillers Gedicht spielt in einer Vorwegnahme des Gegensatzes zwischen dem Naiven und dem Sentimentalischen die Harmonie und die Beseelung der Natur, die sein Bild des antiken Griechenland prägen, gegen die versachlichte Auffassung von Welt und Natur aus, welche die aufgeklärte Weltanschauung als eine Konsequenz der christlichen Entgötterung der Welt kennzeichnet. Während Schillers Gedicht durch eine stark antithetische Struktur geprägt ist, welche die Zerrissenheit der modernen Welt im Kontrast zu der antiken beklagt, ohne ein bewusstes Gegenbild zeichnen zu können, entstand die Kontroverse um das Gedicht dadurch, dass Friedrich Leopold Stolberg in einer Rezension in Christian Boies *Deutschem Museum* dem Autor eine Schmähung des christlichen Glaubens und eine Parteinahme für den Polytheismus der Antike vorwarf. Schillers Freund Körner (in der *Thalia* vom März 1789) und insbesondere Georg Forster (in Archenholtz' Zeitschrift *Neue Litteratur und Völkerkunde*) verteidigten Schillers Gedicht und dabei insbesondere die Freiheit des Dichters, seinen Visionen poetischen Ausdruck zu verleihen. Diese Freiheit dürfe nicht durch die inquisitorische Forderung nach einer buchstäblichen Respektierung der christlichen Glaubensgehalte eingeschränkt werden.

Schiller betrauert in seinem Gedicht den Verlust des mythischen Weltbildes der Griechen, das, indem es die Götter menschlich agieren ließ, allen Dimensionen des Menschen Gerechtigkeit wiederfahren ließ. Elegisch ist dabei die Tonlage des Gedichts, welches die Welt der modernen Naturwissenschaften als eine «seelenlose» und gottferne versteht und die Sehnsucht nach einer Welt beschwört, in der Mensch und Natur (vermeintlich?) in einem harmonischen Verhältnis lebten:

> Schöne Welt, wo bist du? – Kehre wieder,
> holdes Blütenalter der Natur!
> Ach! nur in dem Feenland der Lieder

lebt noch deine goldne Spur.
Ausgestorben trauert das Gefilde,
keine Gottheit zeigt sich meinem Blick,
Ach! Von jenem lebenswarmen Bilde
blieb nur ein Gerippe mir zurück.
(Zitat der 1. Fassung nach Oellers [Hrsg.]: Interpretationen. Gedichte von Friedrich Schiller, S. 68)

Die Kritik am Christentum ergibt sich daraus, dass die Wendung zum Monotheismus eine Entgötterung der Welt mit sich brachte («*Einen* zu bereichern, unter allen/mußte diese Götterwelt vergehn»), weshalb die entgötterte Welt der Moderne als unpoetisch erscheint. Dabei ist deutlich, dass das Bild der Antike, das in dem Gedicht vermittelt wird, das Resultat einer Projektion darstellt – die dunklen Seiten des griechischen Altertums, auf die Jacob Burckhardt und Nietzsche in der zweiten Hälfte des neunzehnten Jahrhunderts mit Nachdruck hinweisen werden, bleiben systematisch ausgeblendet – und dass das Verhältnis von Schönheit und Wahrheit in Schillers früher Konzeption noch weitgehend ungeklärt ist. Wenn es nämlich mit Blick auf die Welt der Griechen heißt: «was nie empfinden wird, empfand», so erscheint es fraglich, ob die retrospektive Interpretation des mythischen Weltbildes dieses als Poesie und Schein auslegt oder ob die beseelte Welt als Wirklichkeit verstanden wird.

1793 nahm Schiller eine Überarbeitung des Gedichts vor. Diese entschärfte gewisse Stellen, die als direkte Kritik am Christentum verstanden worden waren, ohne dass Schiller dadurch die Substanz des Textes veränderte. Dessen symmetrischer Bau – die Erstfassung bestand aus fünfundzwanzig Strophen zu je acht Versen – mit seinem prägnanten Rhythmus und einer anmutigen Sprachmelodie hatte durchaus einen «klassischen» Anspruch erheben können. Dass Schiller ohne große Probleme das Gedicht um neun Strophen kürzen konnte, spricht freilich dafür, dass nicht jedes Element des Textes in gleicher Weise bedeutend für die Gesamtaussage war. Der neue Schluss des Gedichts verweist auf die Weiterentwicklung von Schillers klassizistischer Poetik und entschärft seine antithetische Struktur, indem es die Funktion der Poesie als Erinnerung der Harmonie akzentuiert, die mit den Bildern der Antike gegeben ist:

Ja, sie [die Götter] kehrten heim und alles Schöne
Alles Hohe nahmen sie mit fort,
Alle Farben, alle Lebenstöne,
Und uns blieb nur das entseelte Wort,
Aus der Zeitfluth weggerissen schweben
Sie gerettet auf des Pindus Höhn,
Was unsterblich im Gesang soll leben
Muß im Leben untergehn.
(RUB 1710, S. 193)

Hier erkennen wir bereits die Verbindung zu Schillers später Poetik und zu seiner späten Lyrik, in welcher der Untergang des Schönen betrauert wird (vgl. *Nänie*, RUB 1710, S. 217). Jenseits des geschichtsphilosophischen Optimismus der Jenaer Antrittsvorlesung und jenseits der ursprünglichen Überzeugung der Schrift über die ästhetische Erziehung, dass ein Weg von der Schönheit zur (politischen) Freiheit führe, wird hier die Sphäre der Poesie (des «Gesangs») als eine autonome gesetzt, die den prosaischen Gesetzen der Welt (des «Lebens») unvermittelt gegenüber steht. Ganz im Sinne der *Nänie* – dem Modell der elegischen Dichtung – bestünde diese im Wesentlichen in der Klage über den Verlust des Schönen in der prosaischen Welt der Moderne.

Das Gedicht *Elegie* (später *Der Spaziergang*) entstand im August und im September 1795, während Schiller gewissermaßen die Schlussphase seiner philosophischen Periode einleitete, und es stellt nach Schillers eigener Meinung einen Höhepunkt seiner lyrischen Produktion dar, weil die Verbindung von Anschauung und Begriff vorbildlich gelungen erscheint. Schiller lobt an seinem Gedicht, dass dieses «poetisch ausgeführt» sei, also den begrifflichen Gehalt konsequent in dichterische Bilder umsetze.

Aus der Begegnung mit der Landschaft entwickelt Schiller ein kulturgeschichtliches Panorama, das die Epochen der menschlichen Entwicklung vor den Augen des Spaziergängers Revue passieren lässt. Dezidierter als in den bisherigen Gedichten wird die Entwicklung geschildert, die von der Aufklärung zur Französischen Revolution geführt und dabei anstelle der ersehnten Freiheit eine neue Abhängigkeit erzeugt hat:

> Da zerrinnt vor dem wundernden Blick der Nebel des Wahnes,
> Und die Gebilde der Nacht weichen dem tagenden Licht.
> Seine Fesseln zerbricht der Mensch. Der Beglückte! Zerriß er
> Mit den Fesseln der Furcht nur nicht den Zügel der Schaam!
> Freiheit ruft die Vernunft, Freiheit die wilde Begierde,
> Von der heil'gen Natur ringen sie lüstern sich los.
> Ach, da reissen im Sturm die Anker, die an dem Ufer
> Warnend ihn hielten, ihn fasst mächtig der flutende Strom,
> Ins Unendliche reißt er ihn hin, die Küste verschwindet,
> Hoch auf der Fluten Gebirg wiegt sich entmastet der Kahn,
> Hinter Wolken erlöschen des Wagens beharrliche Sterne,
> Bleibend ist nichts mehr, es irrt selbst in dem Busen der Gott.
> (RUB 1710, S. 47 f.)

Kunstvoll verknüpft das Gedicht die Fiktion der räumlichen Vorstellung (der Spaziergänger sieht vor seinem geistigen Auge die Schifffahrts-Szene) mit der kulturgeschichtlichen Perspektive (das sprechende Ich zeichnet eine ‹Dialektik der Aufklärung›). Die Lyrik des sentimentalischen Zeitalters, wie Schiller sie versteht, wird von der Reflexion auf die Anschauung und von der Anschauung wieder auf die Reflexion zurückgeworfen, und dieses Hin und Her von Schauen und Denken kann sich zwanglos in der Fiktion des Spaziergangs entfalten, der ebenfalls zugleich dem Erlebnis der Landschaft und der Reflexion über das Leben und den Menschen gewidmet erscheint. Das Bild des Schiffbruchs wird konsequenterweise auf die Problematik der aufgeklärten Gesellschaft bezogen:

Aus dem Gespräche verschwindet die Wahrheit, Glauben und Treue
Aus dem Leben, es lügt selbst auf der Lippe der Schwur.
In der Herzen vertraulichsten Bund, in der Liebe Geheimniß
Drängt sich der Sykophant, reißt von dem Freunde den Freund,
Auf die Unschuld schielt der Verrath mit verschlingendem Blicke,
Mit vergiftendem Biß tödtet des Lästerers Zahn. (ebd., S. 48)

Die Diagnose erscheint von einem kaum zu mildernden Pessimismus bestimmt: Die von Schiller explizit und mit großem Nachdruck begrüßte Bewegung der Aufklärung hat mit ihrer Kritik an den normgebenden Instanzen, die keine Legitimation mehr besaßen, einen Zustand bewirkt, in dem jeder seinen Privatvorteil verfolgt, ohne sich an Gesetze oder moralische Werte gebunden zu fühlen. Dieser heillosen Entwicklung in der historischen Abfolge entspricht für den fiktiven Spaziergänger eine Landschaftserfahrung, die nichts mehr von Harmonie und Lieblichkeit erkennen lässt. Die Vorstellung der geschichtlichen Fehlentwicklung führt zu einer erhabenen, weil menschlichen Spuren gänzlich fremden Erfahrung von Natur:

Aber wo bin ich? Es birgt sich der Pfad. Abschüssige Gründe
Hemmen mit gähnender Kluft hinter mir, vor mir den Schritt.
Hinter mir blieb der Gärten der Hecken vertraute Begleitung,
Hinter mir jegliche Spur menschlicher Hände zurück.
Nur die Stoffe seh' ich gethürmt, aus welchen das Leben
Keimet, der rohe Basalt hofft auf die bildende Hand,
Brausend stürzt der Gießbach herab durch die Rinne des Felsen
Unter den Wurzeln des Baums bricht er entrüstet sich Bahn.
Wild ist es hier und schauerlich öd'. Im einsamen Luftraum
Hängt nur der Adler, und knüpft an das Gewölke der Welt.
Hoch herauf bis zu mir trägt keines Windes Gefieder
Den verlorenen Schall menschlicher Mühen und Lust. (ebd., S. 49)

Abgründe tun sich auf – in der geschichtlichen Betrachtung, in der Zeitdiagnose und in der imaginierten Naturerfahrung des Spaziergangs! Nur mit einem konventionellen Kunstgriff gelingt es Schiller, den düsteren Eindruck vordergründig zu verscheuchen, in den das Gedicht mündet: «es war nur ein Traum», muss sich das verzweifelnde Ich versichern, bevor es zu einer Schlussreflexion kommt, die erneut den Rückgang zu der Kunst der Griechen als Heilmittel beschwört: «Und die Sonne Homers, siehe, sie lächelt auch uns.» Aber nicht ungeschehen machen kann dieser Schluss den Einbruch der Disharmonie und die Absage an die ästhetischen Versöhnungs-Modelle, die sich in diesem Gedicht andeuten (vgl. aber Riedel, 98–102: das Gedicht als Idylle).

C. Schillers Balladen

Eine wichtige Rolle in der Rezeptionsgeschichte Goethes und Schillers spielte lange Zeit die volkstümliche Gattung der Ballade, die – unter jeweils deutlich verschiedenen Vorzeichen – in Sturm und Drang und Weimarer Klassik gepflegt wurde. Für das Verständnis eben der Weimarer Zeit ist die Balladenproduktion Goethes und Schillers auch deshalb heute noch von besonderem Interesse, weil gerade hier die jeweilige poetische Eigenart der beiden Protagonisten einer deutschen Bürgerklassik besonders deutlich hervortritt. Dabei ergibt sich eine besondere Ausgangssituation für eine neue Auseinandersetzung mit den tradierten Texten, da diese häufig in besonders klischeehafter Weise rezipiert wurden. Es ist eine besondere Anstrengung erforderlich, um aufschlussreiche Perspektiven hinter dem Schleier von Konvention und bürgerlicher Selbstzufriedenheit zu entdecken.

Schiller nutzt die Tendenz der Ballade zur exemplarischen Darstellung, um der erzählten Geschichte allgemeine *Ideen* zu unterlegen, auf deren Realisierung oder Verfehlung die jeweilige Handlung hinauszulaufen scheint. Wenn somit der Terminus *Ideenballade* Schillers Texte durchaus angemessen charakterisiert, so muss doch die Frage gestellt werden, ob tatsächlich die anschaulichen Elemente der Dichtung auf die Funktion zu reduzieren sind, abstrakte Konzepte zu illustrieren. Schiller selbst hat die Poetik seiner Balladen positiv bestimmt, indem er im Zusammenhang mit den *Kranichen des Ibycus* in einem Brief an den skeptischen Körner zustimmend Goethes Einschätzung so wiedergab: «Er [Goethe] ... will diese Gedichte als eine neue, die Poesie erweiternde Gattung angesehen wissen. Die Darstellung von Ideen hält er für kein Dehors der Poesie und will dergleichen Gedichte mit denjenigen welche abstrakte Gedanken symbolisieren nicht verwechselt wissen etc.» (an Körner, 27. April 1798; NA 29, S. 227) Körners Einwände betreffen demgegenüber die auffällige Diskrepanz zwischen dem Stoff der Balladen, der häufig als spektakulär und geradezu sensationell erscheint, und der Hinwendung zur Idee, die durch die Schilderung krasser Materialität erreicht werden soll. So herrscht zum Beispiel in der Ballade *Die Bürgschaft* geradezu eine Logik des Albtraums, wenn sich Unwetter, Räuber und Wüstenhitze dem Delinquenten in den Weg stellen, der – Beweis der Treue – zu dem Freund zurückeilt, der bereit war, an seiner Stelle zu sterben. In der Ballade *Der Taucher* ist ähnlich wie in *Der Handschuh* zu erkennen, dass sich die Freiheit und der Mut des herausragenden Individuums an Taten zeigen, die für sich genommen als sinnlos erscheinen, weil sie in der Realität keine nützliche Veränderung herbeiführen (der Sprung in die Tiefe des Meeres, das Hervorholen des Handschuhs aus der mit todbringenden Raubtieren besetzten Arena). Keineswegs kann sich bürgerliches Ethos auf die in diesen Texten positiv bewerteten ‹Taten› berufen, die gerade ihre Größe aus ihrer fehlenden Nützlichkeit beziehen. Aber diese macht auch ihre Ambivalenz aus, die Norbert Mecklenburg resümierend unterstreicht:

> Schillers Balladen, in denen es meist um Leben und Tod geht, werden von einer Dramaturgie der ‹Grenzsituationen› gesteuert, die den Helden mit extremen Aufgaben und Entscheidungen konfrontiert, in denen er seine ‹Freiheit› bewähren kann. Dahinter steht ein idealistisches Aktionsethos, das zwar einerseits die Wahrheit in sich enthält, daß aus der Idee ohne die Tat nichts werden könne, das aber menschliches Handeln zur reinen Tat um ihrer selbst willen zu entleeren droht. Das ist der Punkt, an dem das Pathos von Schillers Balladen leicht etwas Hohles bekommt. Andererseits gibt dieser subjektive Idealismus ihnen einen geradezu ‹existentialistischen› Anstrich. Wenn irgendwo, dann sind sie hierin ‹modern›. (Mecklenburg, 195)

Die problemorientierte Rezeption von Schillers Balladen beruht vor allem darauf, dass aus den Texten die Illusion einer Versöhnung von Idee und Wirklichkeit herausgelesen werden konnte, während sie bei näherer Betrachtung ganz im Sinne von Schillers Theorie in *Ueber naive und sentimentalische Dichtung* eher die Diskrepanz zwischen den beiden erwähnten Sphären verdeutlichen. Seine Balladen können heute nicht mehr als Veranschaulichungen eines sich verwirklichenden Ideals gelesen, sondern müssen als möglicherweise unfreiwillige Darstellung einer unüberbrückbaren Kluft zwischen Ideal und Wirklichkeit verstanden werden.

VI. Späte Dramatik

In den letzten Jahren seines Lebens schrieb Schiller jedes Jahr ein Drama, das jeweils zu den Höhepunkten der deutschen Theaterliteratur zählt, und er beschäftigte sich daneben mit zahlreichen Fragmenten, deren Überlieferung uns wichtige Einsichten in Schillers Gedankenwelt und seine Arbeitsweise vermitteln. Die *Wallenstein*-Trilogie ist insgesamt als Schillers Hauptwerk anzusehen – aus sich selbst heraus, wegen ihrer poetischen Bedeutung, aber auch, weil sie auf einzigartige Weise die poetischen, ästhetischen, philosophischen und historischen Ideen Schillers zusammen führt. Der Bedeutung dieses Textes entsprechend widmen wir ihm eine ausführliche Analyse. Die durch die Anlage des Arbeitsbuchs notwendige Einschränkung hat Folgen für die Betrachtung der späteren Arbeiten. Die Entscheidung für *Maria Stuart* lässt sich damit begründen, dass hier noch einmal exemplarisch gezeigt werden kann, wie Schiller seine Beschäftigung mit der Geschichte im Konstrukt seiner reifen Dramatik fortsetzt. Was an der *Jungfrau von Orleans* und der *Braut von Messina* hätte gezeigt werden können: dass Schiller in seinem dramatischen Spätwerk souverän über die verschiedensten Themen und Formen verfügt, dass er den ganzen Apparat des Theaters bis zum Opernhaften einsetzt, um seine Anliegen zu veranschaulichen – dies demonstrieren wir am Beispiel des *Wilhelm Tell*, des populären, häufig aber aus Unkenntnis für zu leicht befundenen letzten vollendeten Stücks. Die formale und allgemein handwerkliche Meisterschaft, die Schiller in seinen letzten Jahren beweist, führt uns zu der Einschätzung, dass er noch viele bedeutende Dramen hätte schreiben können – wovon das relativ ausführliche *Demetrius*-Fragment Zeugnis ablegt. Es zeigt im Übrigen auch, dass Schiller das Thema weiter verfolgte, das ihn sein Leben lang beschäftigte: die Auseinandersetzung mit der historischen Existenz des Menschen, deren Gefährdung er mit immer neuen Modellen poetisch erkundet.

A. *Wallenstein*

1. *Grundlageninformationen*

1.1. *Texte und Materialien*

NA, Band 8.
DKV, Bd. IV.
SW II.
RUB 41, 42.
Erläuterungen und Dokumente zu Schillers *Wallenstein*. Hrsg. v. Klaus Rothmann. Stuttgart 1977 (RUB 8136).

1.2. *Forschungsliteratur*

Borchmeyer, Dieter: Macht und Melancholie. Schillers *Wallenstein*. Frankfurt am Main 1988. [Grundlegende Darstellung: Wallenstein als Melancholiker; politisches Handeln als problematische Praxis.]
Dwars, Fietje: Dichtung im Epochenumbruch. Schillers *Wallenstein* im Wandel von Alltag und Öffentlichkeit. In: Jahrbuch der Deutschen Schillergesellschaft 35 (1991), S. 150–179.
Glück, Alfons: Schillers *Wallenstein*. München 1976. [Grundlegende Gesamtdeutung in sozialgeschichtlicher Perspektive.]
Greis, Jutta: Poetische Bilanz eines dramatischen Jahrhunderts: Schillers *Wallenstein*. In: Zeitschrift für deutsche Philologie. Sonderheft 1990, S. 117–133. [*Wallenstein* im Kontext der Dramengeschichte des 18. Jahrhunderts, insbesondere im Blick auf die Empfindsamkeit.]
Heuer, Fritz und Werner Keller (Hrsg.): Schillers Wallenstein. Darmstadt 1977. [Aufsatzsammlung, die einen Überblick über die Ergebnisse der traditionellen Germanistik bietet.]
Hinderer, Walter: Der Mensch in der Geschichte. Ein Versuch über Schillers *Wallenstein*. Mit einer Bibliographie von Helmut G. Herrmann. Königstein am Taunus 1980. [Grundlegende Interpretation: *Wallenstein* als Geschichtsdrama und als Drama des geschichtlichen Handelns.]
Hinderer, Walter: Wallenstein. In: W. H. (Hrsg.). Interpretationen. Schillers Dramen (s. Gesamtbibl. 5), S. 202–279. [Überzeugende Gesamtdeutung mit Hinweisen auf die Forschung; Grundthese wie im vorigen Titel.]
Hofmann, Michael: Die unaufhebbare Ambivalenz historischer Praxis und die Poetik des Erhabenen in Friedrich Schillers *Wallenstein*-Trilogie. In: Jahrbuch der Deutschen Schillergesellschaft 43 (1999), S. 241–265.
Hofmann, Michael und Thomas Edelmann: Friedrich Schiller: Wallenstein. Interpretation. München 1998. [Ausführliche Gesamtdeutung mit Forschungsüberblick und Einordnung in Schillers Gesamtwerk.]
Ibel, Rudolf: Friedrich Schiller: Wallenstein. Grundlagen und Gedanken zum Verständnis des Dramas. 10. Auflage. Frankfurt am Main 1982. [Gesamtdeutung aus der Perspektive der 70er Jahre.]

Kaiser, Gerhard: *Wallensteins Lager.* Schiller als Dichter und Theoretiker der Komödie. In: Jahrbuch der Deutschen Schillergesellschaft 14 (1970), S. 323–346. [Wichtige Ergänzung zu den Studien über den Dramatiker Schiller.]

Koopmann, Helmut: Schillers Wallenstein – antiker Mythos und moderne Geschichte. Zur Begründung der klassischen Tragik um 1800. In: Teilnahme und Spiegelung. Festschrift für Horst Rüdiger. Berlin 1975, S. 263–274. [Anregende, aber nicht ganz überzeugende Darlegungen, die Bezüge zur Antike herzustellen suchen.]

Müller, Heiner: Zu Wallenstein. [1985]. In: Heiner Müller Material. Texte und Kommentare. Hrsg. v. Frank Hörnigk. Leipzig 1990, S. 102–104. [Provozierende, aber ungemein anregende Deutung: Schiller entdecke die sinnlose «Eigenbewegung der Kriegsmaschine» und übe «die verzweifelte Notwehr gegen die kommende Realität der militärisch industriellen Masturbation».]

Müller, Udo: Friedrich Schiller: Wallenstein. Lektürehilfen. Stuttgart 1987.

Müller-Seidel, Walter: Episches im Theater der deutschen Klassik. Eine Betrachtung über Schillers *Wallenstein.* In: Jahrbuch der Deutschen Schillergesellschaft 20 (1976), S. 338–386. [Anregende, unkonventionelle Studie.]

Oellers, Norbert: Das Zufällige ist das Notwendige. Bemerkungen zu Schillers *Wallenstein.* In: Oellers: Friedrich Schiller. Zur Modernität eines Klassikers (s. Gesamtbibl. 2), S. 232–246. [Grundlegende Bemerkungen zum Geschichtsverständnis Schillers und zu dessen Konsequenzen für die dramatische Konzeption.]

Oellers, Norbert: Poetische Fiktion als Geschichte. Zur Funktion erfundener Gestalten in Geschichtsdramen Schillers. In: Dann/Oellers/Osterkamp (Hrsg.): Schiller als Historiker (s. Gesamtbibl. 4), S. 205–217. [Überzeugende Darlegungen zur «poetischen Wahrheit» in Schillers Geschichtsdramen.]

Ranke, Wolfgang: Dichtung unter Bedingungen der Reflexion. Interpretation zu Schillers philosophischer Poetik und ihren Auswirkungen im Wallenstein. Würzburg 1990. [Anregende, bisweilen schematische Verbindung von ästhetischer Theorie und dramatischer ‹Praxis›.]

Reinhardt, Hartmut: Die Wege der Freiheit. Schillers *Wallenstein*-Trilogie und die Idee des Erhabenen. In: Wolfgang Wittkowski (Hrsg.): Friedrich Schiller (s. Gesamtbibl. 4), S. 252–272. [Wichtiger Hinweis auf die Bedeutung des Erhabenen im *Wallenstein.*]

Reinhardt, Hartmut: Schillers *Wallenstein* und Aristoteles. In: Jahrbuch der Deutschen Schillergesellschaft 20 (1976), S. 278–337. [Sehr überzeugende Darlegungen zu Schillers Rückgriff auf die Poetik des Aristoteles: Vorrang der Handlung vor den Charakteren; Gegensatz zu Lessing.]

Reinhardt, Hartmut: Wallenstein. In: Helmut Koopmann (Hrsg.): Schiller-Handbuch (s. Gesamtbibl. 2), S. 395–414. [Solide Synthese der Forschung und der eigenen vorherigen Ansätze.]

Schmidt, Meinolf: Die ästhetischen Kategorien Schillers als Weg zum Verständnis und zur Vermittlung des Wallenstein. Frankfurt am Main u. a. 1988. [Anregende, aber etwas weitschweifige Überlegungen.]

Schulz, Gerhard: Schillers *Wallenstein* zwischen den Zeiten. In: Walter Hinck (Hrsg.): Geschichte als Schauspiel. Deutsche Geschichtsdramen. Frankfurt am Main 1981, S. 116–132. [Schillers Drama als Reflexionsmodell zwischen früher Neuzeit und beginnender Moderne.]

Steinhagen, Harald: Schillers *Wallenstein* und die Französische Revolution. In: Zeitschrift für deutsche Philologie 109 (1990), S. 77–98. [Grundlegend zu zeitgenössischen Bezügen des Dramas.]
Weimar, Klaus: Die Begründung der Normalität. Zu Schillers *Wallenstein*. In: Zeitschrift für deutsche Philologie. Sonderheft 1990, S. 99–116.
Wiese, Benno von: Friedrich Schiller (s. Gesamtbibl. 2), S. 625–677. [Souveräne Deutung im Geiste der 50er Jahre; Zentralbegriff: Nemesis.]
Wiese, Benno von: Schiller: *Wallenstein*. In: B. v. W. (Hrsg.): Das deutsche Drama vom Barock bis zur Gegenwart. Interpretationen. 2 Bde. Düsseldorf 1962. Bd. 1, S. 269–304.

1.3. Voraussetzungen und Entstehung

In der *Geschichte des Dreyßigjährigen Kriegs* hat sich der Historiker Schiller intensiv mit der Gestalt Wallensteins beschäftigt (vgl. Arbeitsbereich III). Der Usurpator erscheint zunächst als Gegenspieler zum Schwedenkönig Gustav Adolf, wird aber in der Schlussanalyse wesentlich differenzierter beurteilt. Die ganzen neunziger Jahre hindurch finden sich Andeutungen Schillers, die ein Interesse an einem Wallenstein-Drama bezeugen; die Arbeit an den ästhetischen Abhandlungen verhindert jedoch lange Zeit eine Rückkehr zur dramatischen Dichtung. Erst im März 1796 beginnt die Arbeit an dem Wallenstein-Drama, nachdem Schiller sich gegen ein anderes Dramenprojekt, *Die Maltheser*, entschieden hat. Schiller hat längere Zeit an einer Prosafassung gearbeitet, und er trifft erst im November 1797 die Entscheidung, ein Versdrama zu verfassen. Intensive Arbeit an dem Stück, das sich erst im Laufe der Zeit zu einer Trilogie ausweitet, prägt das Jahr 1798: Im September ist *Wallensteins Lager* beendet, zu Weihnachten *Die Piccolomini* und im März 1799 *Wallensteins Tod*. Schiller steht auch unter Zeitdruck, weil das Weimarer Theater die Uraufführungen schnell durchführt: Am 12. Oktober 1798 findet zur Wiedereröffnung des Hoftheaters die Premiere des *Lagers* statt, für die Schiller bestimmte Passagen des Prologs speziell verfasst. Am 30. Januar und 20. April 1799 wurden dann der zweite und dritte Teil der Trilogie jeweils uraufgeführt.

Von entscheidender Bedeutung für das Verständnis der Trilogie und für Schillers Konzeption eines klassizistischen Theaters der Moderne ist die gegenüber dem Frühwerk diametral veränderte Fassung des Verhältnisses von Charakter und Situation. Standen noch im Frühwerk die interessanten Charaktere (als ‹Gute› und ‹Böse›) im Mittelpunkt der Aufmerksamkeit des Autors und der Rezipienten, so ist nun der Primat der Handlungskonstellation gegenüber der Bedeutung des Charakters zu konstatieren. Daraus folgt, dass etwa Wallenstein weder als vorbildlicher Held noch als Bösewicht konzipiert ist, dass er vielmehr distanziert betrachtet werden soll in seiner Einbindung in den Kausalnexus des dramatischen Geschehens. In einem Brief an Wilhelm von

Humboldt erläutert Schiller die Neuorientierung seiner dramatischen Konzeption:

Vordem legte ich das ganze Gewicht in die Mehrheit des Einzelnen; jetzt wird alles auf die Totalität berechnet, und ich werde mich bemühen, denselben Reichtum im Einzelnen mit eben so viel Aufwand von Kunst zu verstecken, als ich sonst angewandt ihn zu zeigen [...] Wenn ich es auch anders wollte, so erlaubte es mir die Natur der Sache nicht, denn Wallenstein ist ein Character, der – als ächt realistisch – nur im Ganzen aber nie im Einzelnen interessieren kann. [...] Er hat nichts Edles, er erscheint in keinem einzelnen LebensAkt groß, er hat wenig Würde und dergleichen, ich hoffe aber nichtsdestoweniger auf rein realistischem Wege einen dramatisch großen Character in ihm aufzustellen, der ein ächtes Lebensprinzip in sich hat. Vordem habe ich wie in Posa und Carlos die fehlende Wahrheit durch schöne Idealität zu ersetzen gesucht, hier im Wallenstein will ich es probieren, und durch bloße Wahrheit für die fehlende Idealität [..] zu entschädigen. (An Wilhelm von Humboldt, 21. März 1796; NA 28, S. 203 f.)

Auffällig erscheint hier zunächst die Distanzierung Schillers von den «idealistischen» Gestalten des dramatischen Frühwerks (deren immanente Problematisierung in unseren Analysen freilich bereits deutlich wurde; vgl. Arbeitsbereich II); auf der anderen Seite fällt auf, dass Schiller als realistisches Prinzip die Konfrontation eines «gemischten Charakters» mit der ‹realen› geschichtlichen Welt hervorhebt. Entscheidend ist in diesem Zusammenhang, dass Schiller diese ‹realistische› Wendung mit einem Rückgriff auf die Poetik des Aristoteles begründet, die er während der Arbeit am *Wallenstein* studiert und neu interpretiert – vor allem im Gegensatz zu der epochalen Deutung dieses zentralen Textes durch Lessing in dessen *Hamburgischer Dramaturgie* (vgl. Barner u. a.: Lessing [Gesamtbibl. 7], S. 179–200). Der entscheidende Gesichtspunkt dieser Neubewertung des klassischen Modells ist – wie bereits angedeutet – der Vorrang der Handlung vor dem Charakter der Dramenfiguren. «Daß er [Aristoteles] bei der Tragödie das Hauptgewicht in die Verknüpfung der Begebenheiten legt, heißt recht den Nagel auf den Kopf getroffen» (an Goethe, 5. Mai 1797; NA 29, S. 74), erklärt Schiller. Nicht der Charakter des Helden solle im Zentrum des Interesses stehen, sondern «die Umstände eigentlich alles zur Crise» (an Goethe, 2. Oktober 1797; NA 29, S. 141) tun. Bezogen auf die Hauptfigur der Tragödie bedeutet dies: Es handelt sich nicht primär um die Darstellung eines rätselhaften Charakters, um dessen Verständnis sich die Rezipienten bemühen sollen, sondern in der Handlung wird gerade im Rückgriff auf das antike Modell die Problematik der modernen Subjektivität deutlich, die darin besteht, dass ein allumfassender Sinnhorizont menschlichen Handelns verloren gegangen ist und dass deshalb jede Aktion im Spannungsfeld von Selbstbehauptung und allgemeinem Interesse steht. Dieser «Doppelsinn des Lebens» ist der entscheidende Gesichtspunkt, der das Verhalten Wallensteins problematisch macht. Wenn es Schiller darum geht, den «widerspenstigen Stoff» (an Goethe, 18. November 1796; NA 29, S. 9) so zu bearbeiten, dass er zu einer wirklichen Tragödie werden kann, so ist das Verständnis des Tragischen ebenfalls primär auf die Handlung und nicht auf den Charakter des Protagonisten zu beziehen. Schillers Rückbezug auf die Bestimmungen des Aristoteles unterscheidet sich dabei deutlich von der für die empfindsam getönte Aufklärungspoetik charakteristischen Interpretation Lessings, die den Charakter in den Mittelpunkt stellt, mit dem sich der Zuschauer identifizieren soll.

2. *Textanalyse*

Ausgangspunkt unserer Gesamtdeutung der *Wallenstein*-Trilogie sind eine Untersuchung zur Figurenkonstellation und zum Handlungsverlauf (2.1) sowie Betrachtungen zur Sprache der Trilogie (2.2). Als wesentliche Elemente einer umfassenden Deutung des Dramas zeigt sich die Einsicht in die Widersprüchlichkeit menschlichen Handelns (2.3) und die Dramenpoetik des Erhabenen (2.4).

2.1. *Figurenkonstellation und Handlungsverlauf*

Die Figuren des Dramas bilden Konstellationen, die einen stringenten Handlungsablauf ermöglichen und damit Grundprobleme der modernen Subjektivität zeigen. Wallenstein erscheint als Protagonist der Trilogie, da sich in ihm eine Problematik zuspitzt, die sich in den Figuren seiner Umgebung nur andeutet oder einseitig ausprägt.

Wallenstein ist in seinen Handlungsbezügen insbesondere zu deuten in Opposition zu den beiden Piccolomini. Dass er beiden gegenüber einen Gegenpart darstellt, macht seinen Fall interessant, aber auch hoffnungslos, denn er lässt sich zwar weder auf den ‹realistischen› noch auf den ‹idealistischen› Bezug zur Welt reduzieren, vermag aber auch keine ‹Synthese› aus den divergierenden Positionen von Vater und Sohn zu entwickeln. In seinem Konflikt mit Octavio erscheint Wallenstein als der Gegner alter Ordnungen (ohne dass er auf die Rolle des Erneuerers und Empörers festgelegt werden könnte), wobei der konservative Piccolomini nicht *apriori* ins Unrecht gesetzt werden soll. Nun ist die legitime Autorität des Kaisers aber gerade in der Krise, sodass sich Octavio der ‹modernen›, ‹realpolitischen› Mittel des Verschleierns und Taktierens bedienen muss, um einer Sache zu dienen, an deren eigentliche Überlegenheit oder doch höhere Legitimität er glaubt. Als Betrüger im Namen einer guten Sache gleicht er wiederum Wallenstein selbst, der zur Erreichung seiner eigenen Ziele eben die ‹krummen› Wege wählt, die Max Piccolomini so verabscheut. Somit ist aber die moralische Entrüstung Octavios über die Handlungsweise Wallensteins fehl am Platze. Es zeigt sich, dass Wallenstein und Octavio beide als Pragmatiker gelten können, weil sie zu der Überzeugung gelangt sind, dass es unmöglich sei, in der menschlichen Praxis ohne Täuschung und Verschleierung zu agieren, und deshalb die Gesetze von Strategie und Taktik zu akzeptieren bereit sind. In dieser Bereitschaft zur Zusammenarbeit mit den «finsteren Mächten» liegt aber bereits der tragische Irrtum, weil im Sinne des viel zitierten «Doppelsinns des Lebens» mit dem Zweckrationalismus des strategischen Handelns die Zweifel am guten Willen des handelnden Subjekts einsetzen.

Die positiv besetzte Figur des Max Piccolomini ist in diesem Zusammenhang auch kritisch zu bewerten. Indem Max die geschichtliche Praxis *von außen* betrachtet und die Befolgung gerader Wege einfordert (was bedeutet: den Verzicht auf die Befolgung suspekter Mittel zur Bewahrung ‹reiner› Zwecke), argumentiert er radikal ethisch-moralisch, indem er vom handelnden Subjekt eine unmittelbare Umsetzung des guten Willens in die Praxis fordert. Indem Wallenstein, der selbsternannte Kämpfer gegen das «ewig Gestrige» und das «Gemeine», und Octavio, der Vertreter traditionaler Herrschaft, die Unmöglichkeit zeigen, die Dialektik von Zweck und Mittel zu umgehen, erweist sich die «Weltlosigkeit» von Max' Position. Er kann die Verstellung seines Vaters ebenso missbilligen wie den ‹Verrat› Wallensteins am Kaiser; seine Position ist aber in beiden Fällen unrealistisch, weil sein Vater nur taktisch gegen den Verrat vorgehen und Wallenstein eine Friedensordnung nur gegen den Kaiser durchsetzen kann. Also: ohne Betrug kein Kampf gegen den Verrat und ohne Verrat kein Kampf für den Frieden. Wallenstein erklärt also *aus der Perspektive des Handelnden* zurecht:

> Mit Pflichten streiten Pflichten.
> Du mußt Partei ergreifen in dem Krieg,
> Der zwischen deinem Freund und deinem Kaiser
> Sich jetzt entzündet.
> (*Tod*, 724–727; vgl. NA 8, S. 205)

Diese Ambivalenz der Praxis ist für Max unüberbrückbar. Thekla ihrerseits erkennt, dass der Geist der Schönheit und der Liebe sie zwar aus dem eintönigen Dasein ihres Jungmädchenlebens herausgerissen und ihr ein außergewöhnliches Erlebnis ermöglicht hat, dass aber gleichzeitig dieser Eintritt in die ‹Welt› mit dem Untergang der Liebenden verknüpft ist. Die Figur der Thekla steht für das Bewusstsein einer Trennung von Schönheit und historischer Erfahrung, für die Trauer um den Verlust des Ideals, die aber auf allzu leichte und illusionäre Kompensationen verzichtet.

2.2. *Die Rhythmisierung der Sprache im Blankvers*

Die Tendenz der dichterischen Sprache, die Gegensätze der Sprachformen und Diskursarten einzuebnen, wurde von Schiller im Laufe des Produktionsprozesses betont und besonders genutzt. Die Ausarbeitung der Blankverse machte Schiller bewusst, dass die Rhythmisierung des Sprechens den sprachlichen Duktus der verschiedenen Figuren einander annähert und das Prosaische der Handlung ‹hebt›, wie aus dem Brief an Goethe vom 24. November 1797 hervorgeht:

> Der Rhythmus leistet bei einer dramatischen Production noch dieses große und bedeutende, dass er, indem er alle Charaktere und alle Situationen nach Einem Gesetz behandelt, und sie, trotz ihres inneren Unterschiedes in Einer Form ausführt, er dadurch den Dichter und seinen Leser nöthiget, von allem noch so charakteristisch= verschiedenem etwas allgemeines, rein menschliches zu verlangen. Alles soll sich in dem Geschlechtsbegriff des Poetischen vereinigen, und diesem Gesetz dient der Rhythmus sowohl zum Repräsentanten als zum Werkzeug, da er alle unter Seinem Gesetze begreift. Er bildet auf diese Weise die Atmosphäre für die poetische Schöpfung, das gröbere bleibt zurück, nur das geistige kann von diesem dünnen Elemente getragen werden (an Goethe 24. 11. 1797; NA 29, S. 160).

Die verschiedenen Figuren und Sprachformen werden also durch den Rhythmus des Blankverses einander angenähert. Sie verlieren zwar nicht vollständig ihre charakteristische Eigenart, haben jedoch teil an dem zusammenhängenden Diskurs des poetischen Sprechens, der ihre jeweilige Begrenztheit überwindet und ein Allgemeines aufscheinen lässt. Die besondere Bedeutung dieses Rhythmus als des wesentlichen formalen Prinzips der Trilogie kann gar nicht unterschätzt werden, weil hier auf der formalen Ebene eine Synthese angestrebt wird, die im Inhaltlichen nicht denkbar erscheint. Kontrafaktisch zeigen die Jamben der Blankverse in Schillers Verständnis das «rein Menschliche», das in der geschichtlichen Praxis, die der inhaltliche Gegenstand des Dramas ist, nur in antagonistischen Zersplitterungen auftaucht. Hier begründet sich die erstrebte ‹Heiterkeit› der Kunst, weil die Form der dichterischen Sprache die Gemeinsamkeit des Menschlichen bewahrt, die im inhaltlichen Geschehen des Dramas verborgen bleibt. Das formale Prinzip ist aber nicht als affirmatives in dem Sinne zu verstehen, dass es die Konflikte der geschichtlichen Praxis verdrängen würde; es verweist vielmehr auf die Utopie des Ästhetischen, die an das Allgemeine der menschlichen ‹Natur› (hier in einem positiven Sinne) gemahnen soll.

Um diesen poetischen Charakter der Sprache zu bewahren und die Figuren auch innerhalb des dramatischen Prozesses das Allgemeine in dem genannten formalen Sinne aussprechen lassen zu können, gewinnen die Monologe und Dialoge des Dramas im Hinblick auf den von Schiller so betonten Handlungsablauf einen retardierenden Charakter, der vom Autor selbst als episches Element innerhalb des dramatischen Ablaufs bezeichnet wurde:

Es ist mit fast zu arg, wie der Wallenstein mir anschwillt, besonders jetzt, da die Jamben, obgleich sie den Ausdruck verkürzen, eine poetische Gemüthlichkeit unterhalten, die einen ins Breite treibt. [...] Es kommt mir vor, als ob mich ein gewißer epischer Geist angewandelt habe [...], doch glaube ich nicht, dass er dem Dramatischen schadet, weil er vielleicht das einzige Mittel war, diesem prosaischen Stoff eine poetische Natur zu geben. (An Goethe 1. 12. 1797; NA 29, S. 162 f.)

Indem die Figuren also in ihren Äußerungen die eigenen «Gesinnungen und Meinungen», wie Schiller im Anschluss an Aristoteles formuliert (an Goethe 24. 8. 1798; NA 29, S. 265) mit breiter Ausführlichkeit beschreiben, wird der Handlungsablauf unterbrochen, und es entsteht eine dem Epischen ähnliche Sprechsituation.

2.3 *Die Widersprüchlichkeit menschlichen Handelns*

Die besondere Eigenschaft der *Wallenstein*-Trilogie – dies ergibt sich besonders aus dem Vergleich mit Schillers dramatischem Frühwerk – besteht in dem konkreten Geschichtsverständnis, das von einer genauen Kenntnis der Historie und von einem ‹realistischen› Blick auf die in der historisch-gesellschaftlichen Praxis wirksamen Kräfte geprägt ist.

Dieser realistische Grundzug lässt es plausibel erscheinen, dass es in der Trilogie im Gegensatz zu Schillers anfänglicher Intention in der Geschichtsschrift über den Dreißigjährigen Krieg nicht mehr darum geht, Wallenstein als Verbrecher oder als Verräter darzustellen. Vielmehr ist dessen berühmtes Zögern, sein «Temporisieren», im Rahmen der neu gewonnenen Konzeption ambivalenter historischer Praxis gerade als der Versuch zu deuten, der Widersprüchlichkeit durch die Verweigerung konkreten Tuns zu entgehen. Wenn von einer Hybris Wallensteins gesprochen werden kann, wenn der Begriff der Nemesis bemüht werden soll, so kann dies nicht in einem moralisierenden Sinn gemeint sein. Die Anmaßung und das ‹Verkennen› Wallensteins liegen vielmehr gerade darin, dass er fälschlicherweise meint, er könne sich als herausragendes geschichtliches Individuum den Aporien eines problematischen geschichtlichen Handelns entziehen. Hieraus ergibt sich aber, dass der Untergang Wallensteins nicht den Sieg einer ‹höheren› Vernunft oder einer überindividuellen Idee bedeutet. Die berühmte Kritik Hegels am Schluss der Trilogie zeigt, dass eine klassizistische Ästhetik, die *im Inhaltlichen* einen versöhnenden Schluss und eine Synthese zwischen Endlichem und Unendlichem sucht, von Schillers Trilogie notwendig enttäuscht sein musste:

Wenn das Stück endigt, so ist Alles aus, das Reich des Nichts, des Todes hat den Sieg behalten; es endigt nicht als Theodizee. [...] Leben gegen Leben; aber es steht nur Tod gegen Leben auf, und unglaublich! abscheulich! der Tod siegt über das Leben! Dies ist nicht tragisch, sondern entsetzlich! Dies zerreißt das Gemüt, daraus kann man nicht mit erleichterter Brust springen! (Hegel: Über Wallenstein, in Heuer/Keller [Hrsg.] 1977, S. 15 f.)

Hegel erscheint hier als besonders kompetenter ‹Kronzeuge›, der unterstreicht, dass Schillers Trilogie gerade nicht auf der inhaltlichen Ebene eine Sinnstiftung der behandelten historischen Phänomene liefert. Nicht im Sinn einer Theodizee werden die scheinbar schlimmen Ereignisse im Hinblick auf eine ‹höhere› Vernunft gerechtfertigt; wir sehen lediglich, dass ein herausragender geschichtlicher Akteur bei dem Versuch scheitert, die ‹gewöhnlichen› Bedingungen des geschichtlichen Handelns zu überschreiten. Der ‹Sieg› Octavio Piccolominis und der legitimen Ordnung ist mit persönlichen Verlusten (Max) und mit der Fragwürdigkeit der Redlichkeit des Handelnden (des ‹Fürsten› Piccolomini) erkauft. Nichts spricht dafür, dass der Tod Wallensteins ein ‹sinnvolles› Opfer war, das irgendeine Idee befördert hätte.

Zu präzisieren ist noch, dass Schillers Drama zwar Reflexionen über geschichtliche Praxis *im allgemeinen* vermittelt, dass das Stück und seine Handlung aber an konkrete geschichtliche Bedingungen gebunden ist. Die Wahl der historischen Epoche, die zunächst offenbar durch die Faszination der ‹großen› Persönlichkeit Wallensteins bedingt war, erweist sich als exemplarisch für die Charakterisierung des Handelns in der *Moderne*. Der Terminus «Moderne» ist hier so zu verstehen, dass eine historische Epoche erfasst wird, die nicht mehr über ein allgemein verbindliches Weltbild verfügt und weder durch eine gemeinsame politische und weltanschauliche Überzeugung (griechische Antike) noch durch einen gemeinsamen religiösen Glauben (Mittelalter) zusammengehalten wird. Schillers Drama thematisiert das Zeitalter des Dreißigjährigen Krieges nicht primär als die Epoche des Barock – nur die Kapuzinerpredigt und gewisse Elemente des Astrologiemotivs sind in diesem Sinne als ‹historische› Elemente zu verstehen –, sondern als eine Zeit, in der durch den Religionskrieg die Krise des allumfassenden Weltbildes manifest geworden ist. Vor diesem Hintergrund wird die Idee der legitimen, von Gott gestifteten Ordnung fragwürdig, und angesichts des ideologischen Vakuums kann die Selbstentfaltung und die Machtorientierung des frei gesetzten Individuums als eine plausible Handlungsorientierung erscheinen. Die Bewunderung der Macht und die Apotheose des energischen ‹großen› Individuums, die im Stück exemplarisch durch die Gräfin Terzky ausgedrückt werden, erscheinen insofern als typische Ausdrucksformen einer geschichtlichen Moderne, in der sich Autorität nicht mehr auf eine göttliche oder anders legitimierte allgemein verbindliche Wahrheit stützt, sondern auf die Macht desjenigen, der in der Lage ist, den anderen seinen Willen aufzuzwingen.

2.4. *Die Poetik des Erhabenen in der «Wallenstein»-Trilogie*

Die Erkenntnis dieser Ambivalenz des Geschichtlichen führt zu der Forderung an den Rezipienten des Dramas, den Widerspruch zwischen den Tendenzen der Selbsterhaltung und der ‹Suche nach dem Ideal› auszuhalten. Die imaginäre Synthese zwischen dem Eigeninteresse und dem Dienste am Ideal, die Max Piccolomini zu konstruieren sucht, wenn er behauptet, Wallensteins Ehrgeiz gehe dahin, der Welt den Frieden zu bringen, basiert auf einer Ästhetik des Schönen und postuliert dementsprechend eine Konvergenz von Pflicht und Neigung, von Sittlichkeit und Sinnlichkeit. Indem aber gerade als Gesetz der geschichtlichen Welt hervorgehoben wird, dass die Macht und nicht das Recht regiert, dass die Intrige und nicht der ‹gerade› Weg ans Ziel führt, wird der Rezipient des Dramas aufgefordert, angesichts der vorgeführten Handlungen, Gesinnungen und Meinungen das Gefühl der Diskrepanz zwischen den Idealen der Menschen und ihren prosaischen Handlungen, zwischen Moral und Vernunft auf der einen sowie den praktisch wirksamen Handlungsmaximen auf der anderen Seite *auszuhalten.* In Bezug auf die Forderung nach menschlicher Freiheit in der Geschichte, die am stärksten von Max Piccolomini vertreten wird, lässt sich feststellen: Freiheit erscheint in der Trilogie weder in moralischer noch in einer anderen denkbaren Hinsicht innerhalb des Geschichtsprozesses als realisierbar. Max Piccolomini steht für eine Idee des moralischen Handelns, das nicht auf dem starren Sittengesetz im Sinne Kants beruhen würde, sondern sich aus einer Konvergenz von Neigung und Pflicht entwickeln könnte (vgl. Wallenstein zu Max: «Du konntest spielend deine Pflichten üben» [*Tod*, 720; vgl. NA 8, S. 205]); Wallenstein repräsentiert den Versuch, die Freiheit als eine quasi-ästhetische innerhalb der geschichtlichen Praxis zu bewahren, indem das Subjekt durch Verweigerung des Entschlusses eine Festlegung vermeidet. Beide Formen des Versuchs, Freiheit in der Geschichte zu bewahren, scheitern ebenso wie die Anstrengungen, Freiheit durch die Überwältigung der Gegner zu gewinnen (Illo, Terzky usw.).

Wie kann der Rezipient nun auf diesen Befund reagieren? An die Stelle der Unterwerfung unter die Naturkräfte (zu denen auch die ‹Natur› und damit der Selbsterhaltungstrieb des Menschen gehört) trete, so hatte Schiller im Eingang der Schrift *Ueber das Erhabene* erklärt, die Möglichkeit, die Gewalt, die der Mensch zu erleiden hat, dem Begriff nach zu vernichten (vgl. NA 21, S. 39 und Arbeitsbereich V C). Wenn man dies auf die Rezeption von Kunst und Literatur überträgt, so kann man feststellen, dass der Zuschauer der Trilogie als Rezipient in einem Zustand verweilt, in welchem der menschliche Selbsterhaltungstrieb gleichsam suspendiert ist und er menschliches Verhalten und dessen Gesetze ‹ohne Interesse› betrachten kann. Mit den berühmten Worten des Prologs:

«Ernst ist das Leben, heiter ist die Kunst.» ‹Heiter› kann die Kunst deshalb sein, weil sich das ästhetische Subjekt für eine bestimmte Zeit aus dem Geschichtsprozess zurückzieht und dadurch von dem ‹Ernst› des Lebens Abstand gewinnt (vgl. die Diskussion dieses wirkmächtigen Konzepts bei Adorno; Arbeitsbereich VII). Dies fällt ihm umso leichter, als die ‹prosaische› Handlung durch die Dramenform und die poetisierte Sprache eine Steigerung erlebt hat, sodass zwar nicht der Stoff, wohl aber die Form Vergnügen zu bereiten vermag. Im Gegensatz zur Poetik des Schönen beruht die Poetik des Erhabenen nicht auf einer Harmonie von Stoff und Form, von Inhalt und Gestalt, sondern auf deren Diskrepanz. Der Rezipient der *Wallenstein*-Trilogie als eines erhabenen Kunstwerks verharrt nicht in einer spannungsfreien Ruhe, die durch eine formale Auflösung der dargestellten Konflikte bewirkt würde, sondern erlebt eine ständige Bewegung und Unruhe, welche durch das Hin- und Hergerissensein zwischen spannungsvollem Inhalt und ‹beruhigender› Form vermittelt sind. Im Gegensatz zu Schillers Utopie des idyllischen Kunstwerks, welche auf der Idee «eines völlig aufgelösten Kampfes sowohl in dem einzelnen Menschen, als in der Gesellschaft» (NA 20, S. 472; vgl. Arbeitsbereich V) beruhte, ist die Erhabenheit der *Wallenstein*-Trilogie in der prinzipiellen Unauflösbarkeit des ‹Widerstreits› im Rahmen der Handlung einerseits sowie zwischen Form und Inhalt andererseits fundiert. Hegels Äußerungen über die Reaktion des Zuschauers auf das Ende der Trilogie sind das beste Argument für die verstörende Wirkung des Stücks und für die kritische Potenz des Erhabenen.

B. *Maria Stuart*

1. Grundlageninformationen

1.1. Texte und Materialien

NA 9.
SW II.
DKV, Bd. V.
RUB 64.
Erläuterungen und Dokumente RUB 8143.

1.2. Forschungsliteratur

Beck, Adolf: Schiller: *Maria Stuart*. In: Benno von Wiese (Hrsg.): Das deutsche Drama. 2 Bde. Düsseldorf 1968. Bd. 1, S. 305–321.

Fuhrmann, Helmut: Revision des Parisurteils. ‹Bild› und ‹Gestalt› der Frau im Werk Friedrich Schillers. In: Jahrbuch der Deutschen Schillergesellschaft 25 (1981), S. 316–366. [Grundlegende Studie zum Frauenbild in Schillers Dramen, das sich von den konventionellen Meinungen über Frauen in einigen populären Gedichten deutlich unterscheidet.]

Guthke, Karl S.: Maria Stuart. In: Helmut Koopmann (Hrsg.): Schiller-Handbuch (s. Gesamtbibl. 2), S. 415–441. [Überzeugende Gesamtdeutung mit Forschungsüberblick.]

Henkel, Arthur: Wie Schiller Königinnen reden läßt. Zur Szene III, 4 in der *Maria Stuart.* In: Aurnhammer u. a. (Hrsg.): Schiller und die höfische Welt (s. Gesamtbibl. 4), S. 398–406. [Überzeugende Sprachanalyse.]

Herrmann, Hans Peter und Martina: Friedrich Schiller: Maria Stuart. Frankfurt am Main 1989. [Gelungene Gesamtdeutung mit didaktischen Perspektiven.]

Ibel, Rudolf: Maria Stuart. Grundlagen und Gedanken zum Verständnis des Dramas. 7. Auflage. Frankfurt am Main 1975. [Mittlerweile etwas veraltete Deutung im Geist der 70er Jahre.]

Köhnke, Klaus: Schillers *Maria Stuart.* Philosophische Theorie und dramatische Praxis. In. Knobloch/Koopmann (Hrsg.): Schiller heute (s. Gesamtbibl. 4), S. 99–103. [Diskutiert die Stellung der Maria-Figur zwischen den Kategorien des Schönen und des Erhabenen.]

Lamport, Francis John: Krise und Legitimitätsanspruch. *Maria Stuart* als Geschichtstragödie. In: Zeitschrift für deutsche Philologie. Sonderheft 1990, S. 134–145. [Verdeutlicht Bezüge zu der Diskussion des Verhältnisses zwischen Literatur und Geschichte.]

Oellers, Norbert: Poetische Fiktion als Geschichte. Die Funktion erfundener Figuren in Geschichtsdramen Schillers. In: Dann u. a. (Hrsg.): Schiller als Historiker (s. Gesamtbibl. 4), S. 205–217. [Sieht *Maria Stuart* wie *Wallenstein* als Geschichtsdrama, in dem die «Erfindungen» gerade die Wahrheit der Geschichte verdeutlichen.]

Sautermeister, Gert: *Maria* Stuart. Ästhetik, Seelenkunde, historisch-gesellschaftlicher Ort. In: Walter Hinderer (Hrsg.): Interpretationen. Schillers Dramen (s. Gesamtbibl. 4), S. 280–335. [Überzeugende Gesamtdeutung, die von den drei im Titel genannten Kategorien ausgeht und Maria als «schöne Seele» versteht.]

Van Ingen, Ferdinand: Macht und Gewissen in Schillers *Maria Stuart.* In: Wolfgang Wittkowski (Hrsg.): Verantwortung und Utopie. Zur Literatur der Goethezeit. Ein Symposium. Tübingen 1988, S. 283–309.

Zymner, Rüdiger: Friedrich Schiller. Dramen. Berlin 2002, S. 98–113. [Guter Überblick zur Entstehungsgeschichte und zur Forschungslage; Interpretationsskizze.]

1.3. Voraussetzungen und Entstehung

Unmittelbar nach Fertigstellung der *Wallenstein*-Trilogie begann Schiller mit der Arbeit an seinem nächsten Drama; und obwohl er eigentlich das Bedürfnis hatte, einen «frei phantasierten», einen «bloß leidenschaftlichen und menschlichen Stoff» (an Goethe, 17. März 1799; NA 30, S. 39) zu behandeln, wandte er sich bereits im April 1799 wieder einem historischen Quellenstudium zu, um sich in die Epoche und die Konstellationen der Lebenszeit Maria Stuarts einzuarbeiten. Schon in

Bauerbach hatte er sich 1783 mit dem Stoff befasst, und durch die Beschäftigung mit der Geschichte der niederländischen Rebellion war er mit dem historischen Umfeld aufs Beste vertraut. Vor diesem Hintergrund ging die Arbeit an dem neuen Stück schnell voran: Im Juli 1799 wurde der erste Akt fertig gestellt, im August der zweite, im Mai 1800 der dritte und vierte, und im Juni 1800, also nur gut ein Jahr nach dem Beginn der intensiven Arbeit, hat Schiller die Arbeit an dem Drama beendet. Am 14. Juni 1800 erfolgte die Uraufführung im Weimarer Theater, und zu Ostern 1801 erschien bei Cotta in Tübingen die Buchausgabe.

Die zügige Arbeit an dem Stück beruht nicht zuletzt darauf, dass Schiller durch die Arbeit mit den Stoffmassen des *Wallenstein* eine formale Meisterschaft gewonnen hatte, die durch die Rezeption der antiken Dramaturgie besonders akzentuiert wurde. Hatte der Primat der Situation vor der des Charakters in der großen Trilogie eine Distanzierung von der Dramenpoetik Lessings bewirkt (vgl. Teil A dieses Arbeitsbereichs), so ging es Schiller auch in dem neuen Drama darum, die tragische Konstellation des Handlungsablaufs mit kompromissloser Klarheit zu entwickeln. Für *Maria Stuart* ist dabei insbesondere der Rückgriff auf den analytischen Charakter des antiken Dramas von entscheidender Bedeutung: Mit Beginn des Stücks sind die entscheidenden Ereignisse bereits geschehen; Marias Verurteilung erscheint unausweichlich. Der Ablauf des Dramas bringt somit die Klärung der Vorgeschichte und – in einem System von retardierenden Momenten – die vergebliche Hoffnung auf eine Begnadigung, die freilich von Anfang an illusorisch ist. Schiller selbst verwendet den Begriff der «Euripidischen Methode», um die analytische Art und Weise zu bezeichnen, in der die Konstituenten der dramatischen Konstellation im Laufe des Stückes enthüllt werden:

> Ein paar tragische Hauptmotive haben sich mir gleich dargeboten und mir großen Glauben an diesen Stoff gegeben, der unstreitig sehr viele dankbare Seiten hat. Besonders scheint er sich zu der Euripidischen Methode, welche in der vollständigen Darstellung des Zustands besteht, zu qualifizieren, denn ich sehe die Möglichkeit, den ganzen Gerichtsgang zugleich mit allem politischen auf die Seite zu bringen, und die Tragödie mit der Verurteilung anzufangen. (an Goethe, 26. April 1799; NA 30, S. 45)

Maria Stuart gilt nach einem allgemein Konsens der Forschung als formal besonders gelungen, während es vom Inhalt her als nicht so reich und interessant angesehen wird wie manch anderes Drama gerade des späten Schiller (vgl. Zymner, S. 104).

2. Textanalyse

Wie die besten von Schillers Balladen zeigt *Maria Stuart* eine innige Verbindung von Anschauung und Idee. Schillers poetische Kraft wird deutlich in seiner Fähigkeit, ein formal ausgereiftes Modell vorzulegen, das auf den ersten Blick nur eine distanzierte Bezugnahme des Zuschauers auf die Handlung zu fordern scheint, gleichzeitig aber durch die Intensität der Bilder und Metaphern und insbesondere auch die Virtuosität in der Variation von Vers und Reim eine Annäherung an die beiden Protagonistinnen ermöglicht. So handelt es sich bei *Maria Stuart* zwar gewiss auch um ein historisches Drama, gleichzeitig aber auch um ein Seelendrama, das der Rezipient in einer ungewöhnlichen Intensität miterlebt.

2.1. Aspekte des historischen Dramas

Das Drama aus dem englischen Königshaus des sechzehnten Jahrhunderts nimmt die Thematik auf, die auch die *Wallenstein*-Trilogie beherrscht hatte: Es fragt nach den Möglichkeiten und Aporien geschichtlichen Handelns, nach dem Verhältnis zwischen Selbstbehauptung und Ideal, nach der Möglichkeit, im Rahmen eines nach unabänderlichen Gesetzen ablaufenden Geschichtsprozesses die Würde und Identität des Subjekts zu bewahren. Dass zwei Frauen die Protagonistinnen des Dramas sind, verschärft in Schillers Optik die Tragik des geschichtlichen Handelns, die keinen Platz für ‹weibliche› Milde und empfindsam motivierte Harmonie lässt. Schillers spätes Drama kann aber einen skeptischen Blick auf die Geschichte mit einem utopischen Anspruch verbinden, der das Bedürfnis des Menschen nach dem Ideal und der Versöhnung der Widersprüche artikuliert, ohne in unkritischer Weise eine affirmative Sicht auf den historischen Prozess zu bieten.

2.1.1. Macht und Recht: die Frage nach der Legitimität der königlichen Herrschaft

Das politisch-historische Grundproblem, das als Basis der Dramenhandlung anzusehen ist, ist die Frage nach der Legitimität der königlichen Herrschaft. Der Absolutismus der frühen Neuzeit – so zeigt der mit der Epoche vertraute Historiker Schiller – leitete die Legitimität seiner Herrschaft unter Berufung auf das Prinzip der königlichen Abstammung ab, war aber auch bereit, eigene Ansprüche auch dann mit Gewalt durchzusetzen, wenn eine solche Legitimität nicht eindeutig nachgewiesen werden konnte. Vor diesem Hintergrund zeigt das Drama eine intensive Reflexion über das Verhältnis von Macht und Recht. Elisabeth wie Maria interpretieren das Recht jeweils so, wie es ihnen zur Durchsetzung eigener Machtinteressen angemessen erscheint. Nicht das Recht regiert, sondern die Macht – und die Macht bedient sich, wenn es passt, einer juristischen Argumentation, um sich zu legitimieren. Im Streitgespräch mit Burleigh erklärt Maria:

> Nicht der eigne Nutzen
> Regiert Euch, Euch regiert allein der Vorteil
> Des Souveräns, des Landes. Eben darum
> Mißtraut Euch, edler Lord, daß nicht der Nutzen
> Des Staats Euch als Gerechtigkeit erscheine.
> (794–798; vgl. NA 9, S. 31)

Die Handlung des Dramas spitzt sich zu im unaufhebbaren Antagonismus zwischen den beiden Königinnen: Elisabeths Thronanspruch erscheint so lange gefährdet, wie Maria am Leben ist: «*Muß* eine von uns Königinnen fallen, / Damit die andre lebe – und es ist / Nicht anders, das erkenn ich» (3146–3148; vgl. NA 9, S. 126) – so ruft Elisabeth im vierten Akt aus. Der Kampf um die Legitimation der königlichen Macht zwingt somit insbesondere die englische Königin dazu, eine Rolle zu spielen, die mit ihren persönlichen Idealen nicht unbedingt übereinstimmt. Elisabeth hat dabei paradoxerweise den schwereren Part zu tragen, weil sie als die Mächtigere Gewalt anwenden muss, während Maria als das Opfer das Mitleid der Zeugen auf sich zieht. Außerdem hat Schiller Wert darauf gelegt, dass Maria wegen der vermeintlichen Mitwisserschaft an einem Anschlag gegen Elisabeth verurteilt wird – wobei dieses Urteil durch die Falschaussage ihres Schreibers zustande gekommen ist! Als Zeugen sieht Maria auch die Nachwelt, was ihrem feierlichen Schlussauftritt auch etwas Fragwürdiges verleiht, weil er als Selbstinszenierung und damit auch als Element des Scheins verstanden werden kann.

2.1.2. *Protestantismus und Katholizismus*

Die Frage der Legitimität der beiden Königinnen wird gekreuzt und beeinflusst durch die Tatsache, dass die Rivalinnen die beiden verfeindeten christlichen Konfessionen vertreten. Schillers Drama unterscheidet sich in dieser Hinsicht nicht wesentlich von der Position des Geschichtsschreibers der niederländischen Revolte: Der Protestantismus wird als Ausdruck einer Emanzipationsbestrebung gedeutet, und wie im Falle der Niederlande gibt es einen Zusammenhang zwischen dem nationalen Selbstverständnis und der Option gegen die Stellung des Papstes und der konkurrierenden katholischen Mächte Frankreich und Spanien. Diese sind die Stützen Marias, die mit ihrer katholischen Stellungnahme als Parteigängerin der Gegner Englands erscheint. Die Loyalität der schottischen Königin, so kritisiert Elisabeth, beruht nicht auf einer nationalen

Solidarität, sondern auf der Einbindung in die übernationale Einheit der katholischen Kirche: «Draußen, Lady Stuart,/Ist Eure Freundschaft, Euer Haus das Papsttum,/Der Mönch ist Euer Bruder» (2369–2371; vgl. NA 9, S. 90). Die protestantische Konfession ist in Schillers Sicht gerade deshalb historisch im Recht, weil sie die Autonomie und Selbstbestimmung des Individuums fördert und die Unterwerfung unter eine Autorität fordernde Instanz verweigert – und diese historische Perspektive zeigt sich in England in der Verbindung von Königsherrschaft und parlamentarischem System und in der (von Schiller vorausgesetzten) Solidarität des Volkes mit dem protestantischen Königtum. Insofern erscheint die Verteidigung der protestantischen Monarchie zwar nicht als legal im Sinne der ‹offiziellen› Thronfolge, aber doch als legitim im Sinne einer Erfüllung des Volkswillens und als Ausdruck einer historisch weiter führenden Perspektive.

Diese klare Opposition wird aber differenziert durch eine anthropologische Betrachtungsweise, mit welcher Schiller die Frage stellt, welches ‹Menschenbild› die protestantische und die katholische Konfession mit ihren divergierenden Positionen befördern oder begünstigen. Der dramatische Reiz des historischen Stoffes liegt in dieser Hinsicht darin, dass die historischen Figuren Elisabeth und Maria als Repräsentantinnen dieser Menschenbilder gedeutet werden können, wodurch die Bewertung der konfessionellen Opposition ambivalente Züge gewinnt. Es zeigt sich nämlich, dass die protestantische Betonung von Bewusstsein, Moral und Gewissen eine Verdrängung der sinnlichen Natur des Menschen bedeutet, während die traditionelle katholische Religiosität eine Perspektive vertritt, bei welcher der menschlichen Natur und ihrer Sinnlichkeit der gebotene Stellenwert eingeräumt wird. Autonomie ohne Natur und Sinnlichkeit kennzeichnet also den Protestantismus, während der Katholizismus durch Heteronomie mit Natur und Sinnlichkeit bestimmt erscheint. Elisabeth und Maria verkörpern also nicht nur politische und konfessionelle Orientierungen, sondern verschiedene anthropologische Konzepte, und sie bilden den Übergang von der Ebene des Geschichtsdramas zu der des Seelendramas. Aber die Schönheit Marias und die Strenge Elisabeths haben nicht nur psychologische Konsequenzen im Hinblick auf ihre unmittelbare Umgebung; sie beeinflussen vielmehr auch die *Wirkung* der Königinnen auf das englische Volk und damit auf die Rezipienten des Dramas.

2.2. *Seelendrama*

Schiller verbindet die historische Thematik mit einer psychologischen Analyse; dies lässt die Königinnen einerseits als Repräsentantinnen politischer, gesellschaftlicher und geistiger Kräfte, andererseits aber auch als Individuen erscheinen. Ihre Rivalität geht auch auf ihre Rolle als *Frauen* zurück; die politische Konkurrenz wird ergänzt durch ihre Ausstrahlung auf Männer. Beide zeigen ein jeweils verschiedenes Verständnis der Rolle einer Frau im öffentlichen Leben, und beide müssen durch die Einseitigkeit ihrer Perspektive bedeutsame Nachteile in Kauf nehmen. Es ist also zu zeigen, wie der Antagonismus zwischen Elisabeth und Maria auf einer persönlichen und psychologischen Ebene reproduziert wird. Schließlich ist die Frage zu erörtern, wie Marias ‹Wandlung› im letzten Akt zu deuten ist – wie also ihre Resignation, ihr neu gewonnenes Einverständnis mit ihrem Schicksal zu bewerten ist.

2.2.1. *Elisabeth: geschichtliche Rolle und Verleugnung der menschlichen «Natur»*

Wenn Elisabeth auf der Sinnebene einer Konfrontation der Menschenbilder der christlichen Konfessionen der Perspektive des Spiritualismus zugeordnet werden kann, dann erscheint es folgerichtig, dass sie als Königin die weiblichen Eigenschaften der kokettierenden Sinnlichkeit, der (Ehe-)Frau und Mutter nicht besetzt. Die öffentliche Rolle der Königin bedeutet für sie einen Verzicht auf diejenigen Elemente der Frauenrolle, die Garanten von Glück und Erfüllung sind. Während Elisabeth also Königin war und nicht Frau werden konnte und wollte, blieb Maria als Königin Frau und war deshalb eine schlechte Königin:

> Der Stuart wards vergönnt,
> Die Hand nach ihrer Neigung zu verschenken,
> Die hat sich jegliches erlaubt, *sie* hat
> Den vollen Kelch der Freuden ausgetrunken.
> [...] Sie hat der Menschen Urteil nichts geachtet.
> Leicht wurd es ihr zu leben, nimmer lud sie
> Das Joch sich auf, dem *ich* mich unterwarf.
> Hätt ich doch auch Ansprüche machen können,
> Des Lebens mich, der Erde Lust zu freun,
> Doch zog ich strenge Königspflichten vor.
> (1974–1984; vgl. NA 9, S. 75)

Die Selbstdisziplinierung der Königin, ihre Form der «innerweltlichen Askese» wird von ihr als ein Opfer angesehen, das sie gebracht und für das sie Anerkennung verdient hat. Die persönliche Begegnung mit der Stuart – eine Erfindung Schillers – wird für sie nicht deshalb zu einer traumatischen Erfahrung, weil die Rivalin ihr zu fremd ist, sondern weil diese eine Dimension ihrer Existenz verkörpert, die sie immer verdrängt hat. So kommt es zu dem Streit der beiden Königinnen, der neben der politischen Ebene eine persönliche hat, bei der es um die Rivalität zweier *Frauen* geht. So ist dieser zentrale Dialog zu einem bedeutenden Teil auch ein Wettstreit um die größeren weiblichen Reize – Goethe sprach unverhohlen von dem Streit der «beiden Huren» –, und die moralische

Position zeigt sich – in Vorwegnahme von Motiven Nietzsches und der Psychoanalyse – als Resultat eines Ressentiments, das die verdrängten eigenen Begierden auf die Andere projiziert und dann für böse erklärt. So sieht es die scharfzüngige Kontrahentin Maria, die erklärt: «Weh Euch, wenn sie [die Welt] von Euren Taten einst/Den Ehrenmantel zieht, womit Ihr gleißend/Die wilde Glut verstohlner Lüste deckt.» (2427–2429; vgl. NA 9, S. 92) So ist es konsequent, wenn Elisabeth am Schluss von all denen verlassen ist, die ihr menschlich beistanden – als Politikerin erfolgreich, als Mensch gescheitert. Sie verkörpert einen einseitig ausgerichteten Menschentyp, der sich nur nach den Anforderungen einer rigoros interpretierten Pflicht richtet und die eigene Natur unterdrückt – und für dieses Opfer auf die Anerkennung hofft, die ihr ansonsten wegen der fehlenden Beziehung zu anderen versagt bleibt. Im Sinne der Briefe *Ueber die ästhetische Erziehung des Menschen* wäre sie eine Barbarin, denn sie «verspottet und entehrt die Natur, aber verächtlicher als der Wilde fährt [sie] häufig genug fort, der Sklave [ihres] Sklaven zu seyn.» (NA 20, S. 318) – Wahrhaftig eine Form der «Dialektik der Aufklärung» im Zeitalter der Reformation!

2.2.2. *Maria: königliche Rolle und Begehren*

Die kontrastierende Parallelisierung, die für das Stück kennzeichnend ist, bringt es mit sich, dass auch die psychische Struktur Marias komplementär zu der Elisabeths interpretiert werden kann. Gleich in der Exposition wird Marias Charakter in einer Wechselrede vorgestellt – kritisch von ihrem Bewacher Paulet, beschwichtigend von ihrer Amme Kennedy. Auch diese Einführung von Marias Charakter ist kunstvoll, weil sie von Anfang an zwischen Sympathie und Distanz die Waage hält und dem Zuschauer ein differenziertes Bild von der Persönlichkeit Marias vermittelt, indem ihre Liebenswürdigkeit ebenso wie ihre problematisch erscheinende Triebhaftigkeit betont wird. Im Gespräch mit Maria benennt freilich die Amme selbst das Verbrechen, das Maria aus überschäumender Leidenschaft beging, die Anstiftung zur Ermordung ihres Gatten. Dass Maria, die am Jahrestag des Geschehens ihre Schuld bereut, durch die Übermacht ihrer Triebe zu dem Verbrechen geführt wurde, betont die treue Dienerin:

> Da Ihr die Tat geschehen ließt, wart Ihr nicht
> Ihr selbst, gehörtet Euch nicht selbst. Ergriffen
> Hatt Euch der Wahnsinn blinder Liebesglut,
> Euch unterjocht dem furchtbaren Verführer,
> Dem unglückselgen Bothwell –
> [...] Verlassen hatte Euch die zarte Scheu
> Der Menschen, Eure Wangen, sonst der Sitz
> Schamhaft errötender Bescheidenheit,

Sie glühten nur vom Feuer des Verlangens.
(323–327; 338–341; vgl. NA 9, S. 15 f.)

Von ihren Trieben, von Gefühlen beherrscht zeigt sich Maria trotz ihrer Reue über die Fehler ihres Lebens noch im Laufe des Stückes. So verliert sie die Beherrschung und beleidigt die Rivalin Elisabeth, als diese sie während der Unterhaltung verhöhnt hatte; und so ist sie entsetzt, dass sie umgekehrt bei Mortimer die wilden Gefühle erregt, die sie früher beherrschten und die sie jetzt zu überwinden sucht. Die Verachtung, die sie gegenüber Elisabeth empfindet, hängt aber im Kern gerade mit dem Stolz zusammen, den sie wegen ihrer Schönheit und wegen ihrer Wirkung auf Männer immer noch empfindet – weshalb ihr während des Gesprächs der Königinnen der Eindruck, den sie auf Leicester macht, immer noch besonders wichtig ist.

2.2.3 *Maria: Läuterung, Erhabenheit, schöne Seele?*

Von entscheidender Bedeutung für das Verständnis des Dramas ist die Beurteilung der Wandlung, die Maria am Schluss des Dramas durchmacht. Immer wieder ist dabei auch die Frage erörtert worden, wie diese Wandlung mit Blick auf die Kategorien von Schillers ästhetischen Abhandlungen zu deuten ist. Zunächst ist festzustellen, dass die angesprochene Wandlung nach den Aussagen der Amme plötzlich erfolgte, als ein Bruch mit Marias bisherigem Verhalten:

Man löst sich nicht allmählich von dem Leben!
Mit *einem* Mal, schnell augenblicklich muß
Der Tausch geschehen zwischen Zeitlichem
Und Ewigem, und Gott gewährte meiner Lady
In diesem Augenblick, der Erde Hoffnung
Zurückzustoßen mit entschlossner Seele,
Und glaubenvoll den Himmel zu ergreifen.
Kein Merkmal bleicher Furcht, kein Wort der Klage
Entehrte meine Königin [...].
(3402–3410; vgl. NA 9, S. 137)

Maria steigert sich in den Schlussszenen nicht nur zu einer erhabenen Gesinnung, sie wird auch zu einer schönen Seele, bei der sinnliche Natur und sittlicher Anspruch eine Synthese eingehen (vgl. Sautermeister, S. 322–328). Allerdings ist darauf zu verweisen, dass von einer Auflösung in eine harmonisierende und versöhnende Poetik der Schönheit nicht die Rede sein kann. Vielmehr zeigt das Drama in seiner distanzierenden Formstrenge, dass Marias sinnliches Begehren in den Symbolen der katholischen Kirche eine Art Ersatzbefriedigung findet, die den Schein von Schönheit zu beschwören vermag. «Vergönnet mir noch einmal/Der Erde Glanz auf meinem Weg zum Himmel» (3549 f.), so sagt sie, die in den Augen vieler traditioneller Interpreten als Geläuterte anzusehen ist, mit einer ganz und gar unchristlichen Unbescheidenheit. Die Abendmahlsszene und auch die Ausschmückung der Königin bezeugt die ästhetische Funktionalisierung der katholischen Religion und damit den imaginären Charakter der Versöhnung, die im letzten Akt des Dramas inszeniert wird: «*Maria. Sie ist weiß und festlich gekleidet, am Halse trägt sie an einer Kette von kleinen Kugeln ein Agnus Dei, ein Rosenkranz hängt am Gürtel herab, sie hat ein Kruzifix in der Hand, und ein Diadem in den Haaren, ihr großer schwarzer Schleier ist zurückgeschlagen.*» (Regieanweisungen zu Szene V,6) Aus heutiger Sicht ist deutlich, dass die Symbole des katholischen Glaubens dazu dienen, die sinnlich anziehende Erscheinung Marias in ihrer Todesstunde noch einmal auf eine eigenwillige Weise zu unterstreichen. Nicht von einer Läuterung der Protagonistin Maria sollte deshalb gesprochen werden, sondern von dem Verweis Schillers darauf, dass die Ästhetik des Schönen eine Versöhnung der Widersprüche des Lebens bewirken kann, die aber dessen Antagonismen unberührt lässt. So erscheint es folgerichtig, dass das Drama nicht mit der Abendmahlsszene und der Hinrichtung Marias schließt, sondern mit der Präsentation der von allen verlassenen Elisabeth, die weiterleben und die Widersprüche des historischen Prozesses aushalten muss.

C. *Wilhelm Tell*

1. *Grundlageninformationen*

1.1. *Texte und Materialien*

NA 10.
SW II.
DKV, Bd. V.
RUB 12.
Erläuterungen und Dokumente RUB 8102.
Herbert Kraft (Hrsg.): Friedrich Schiller: Wilhelm Tell. Quellen, Dokumente, Rezensionen. Reinbek bei Hamburg 1967.

1.2. *Forschungsliteratur*

Albertsen, Leif Ludwig: Ein Festspiel und kein Drama. Größe und Grenzen der volkshaften Vaterlandsphilosophie in Schillers *Wilhelm Tell*. In: Helmut Brandt (Hrsg.): Friedrich Schiller. Angebot und Diskurs (s. Gesamtbibl. 4), S. 329–337. [Wendung gegen eine Deutung des *Tell* als philosophisch-politisches Drama; es handele sich um ein «Festspiel, das ... eine kultische Show abzieht».]
Alt, Peter-André: *Wilhelm Tell* (1804). In: Alt: Schiller (siehe Gesamtbibl. 2),

Bd. II, S. 565–586. [Sehr gute Gesamtdeutung des Dramas, die den neuesten Forschungsstand berücksichtigt und die philosophischen und politischen Aspekte mit einbezieht.]

Berthel, Klaus: Im Spiegel der Utopie. *Wilhelm Tell.* In: Dahnke/Leistner (Hrsg.): Schiller. Das dramatische Werk in Einzelinterpretationen (s. Gesamtbibl. 4) S. 248–267. [Diskutiert das Problem des Utopischen im Drama.]

Borchmeyer, Dieter: «Altes Recht» und Revolution. Schillers *Wilhelm Tell.* In: Wittkowski (Hrsg.): Friedrich Schiller (s. Gesamtbibl. 4) S. 69–111. [Erkennt in dem Drama eine Mischung von konservativen und ‹progressiven› Momenten.]

Braemer, Edith: *Wilhelm Tell.* In: Edith Braemer und Ursula Wertheim: Studien zur deutschen Klassik. Berlin 1960, S. 297–330. [Differenzierte Studie im Sinne eines kritischen DDR-Marxismus.]

Fetscher, Iring: Philister, Terrorist oder Reaktionär? Schillers *Tell* und seine linken Kritiker. In: I. F.: Die Wirksamkeit der Träume. Literarische Skizzen eines Sozialwissenschaftlers. Frankfurt am Main 1987, S. 141–163. [Verteidigt Schillers politische Perspektiven gegen linke Kritik.]

Fink, Gonthier-Louis: Schillers *Wilhelm Tell*, ein antijakobinisches republikanisches Schauspiel. In: Aufklärung 1 (1986), Heft 2, S. 57–81. [Bestreitet die Existenz revolutionärer Tendenzen in Schillers Stück.]

Gellhaus, Axel: Geschichte und Intrige. Schillers *Demetrius*-Projekt. Marbach am Neckar 1991. [Überzeugende und anregende Studie, die *Die Braut von Messina*, das *Demetrius*-Fragment und den *Tell* als eine Art Trilogie betrachtet, in der die Genese des modernen Menschen vorgeführt werde.]

Hinderer, Walter: Jenseits von Eden. Zu Schillers *Wilhelm* Tell. In: Walter Hinck (Hrsg.): Geschichte als Schauspiel. Frankfurt am Main 1981, S. 133–146. [Mit überzeugenden Argumenten gegen eine idyllisierende Deutung des Dramas.]

Höhle, Thomas: Die Helvetische Republik (1798–1803) als zeitgeschichtlicher Hintergrund der Entstehung und Problematik von Schillers *Wilhelm Tell.* In: Helmut Brandt (Hrsg.): Angebot und Diskurs (vgl. Gesamtbibl. 4), S. 320–328.

Kaiser, Gerhard: Idylle und Revolution. Schillers *Wilhelm Tell.* In: Richard Brinkmann u. a. (Hrsg.): Deutsche Literatur und Französische Revolution. Göttingen 1974, S. 87–128. [Ambivalenz von Schillers Stück im Hinblick auf die Diskussion um die Französische Revolution.]

Knobloch, Hans-Jörg: *Wilhelm Tell.* In: Helmut Koopmann (Hrsg.): Schiller-Handbuch (s. Gesamtbibl. 2), S. 486–512. [Überzeugende Synthese der Forschung.]

Martini, Fritz: Wilhelm Tell, der ästhetische Staat und der ästhetische Mensch. In: Der Deutschunterricht 12 (1960), S. 90–118. [Problematischer Versuch, das Drama als eine Art Umsetzung von Schillers Theorie der ästhetischen Erziehung zu verstehen.]

Oellers, Norbert: Französische Revolution, Ästhetische Erziehung und die Freiheit der Urkantone. In: Wittkowski (Hrsg.): Friedrich Schiller (s. Gesamtbibl. 4), S. 114–133. [Differenzierte Diskussion der Zusammenhänge von Ästhetik, Politik, Historie und Dramatik.]

Ruppelt, Georg: Die ‹Ausschaltung› des *Wilhelm Tell.* Dokumente zum Verbot des Schauspiels in Deutschland 1941. In: Jahrbuch der Deutschen Schillergesellschaft 20 (1976), S. 402–419. [Überzeugende Darstellung der Umstände, die zum Verbot des Dramas führten.]

Sautermeister, Gert: Idyllik und Dramatik im Werk Friedrich Schillers (s. Gesamtbibl. 5). [Erste differenzierte Diskussion der Kategorie «Idylle» im Blick auf Schillers Drama.]

Schlemmer, Ulrich: Aufstieg und Fall eines Helden. Eine Unterrichtseinheit zur vergleichenden Behandlung von Friedrich Schillers Drama *Wilhelm Tell* und Max Frischs *Wilhelm Tell für die Schule*. In: Diskussion Deutsch 23 (1992), S. 108–122. [Didaktische Bearbeitung der *Tell*-Rezeption durch Max Frisch.]

Ueding, Gert: *Wilhelm Tell*. In: Walter Hinderer (Hrsg.): Interpretationen. Schillers Dramen (s. Gesamtbibl. 4), S. 385–425. [Überzeugende Gesamtdeutung.]

Utz, Peter: Die ausgehöhlte Gasse. Stationen der Wirkungsgeschichte von Schillers *Wilhelm Tell*. Königstein im Taunus 1984. [Interessante Materialsammlung.]

Zeller, Rosemarie: Der Tell-Mythos und seine dramatische Gestaltung von Henzi bis Schiller. In: Jahrbuch der Deutschen Schillergesellschaft 38 (1994), S. 65–88. [Zur Vorgeschichte von Schillers Bearbeitung des Tell-Stoffs.]

1.3. Voraussetzungen und Entstehung

Nach *Wallenstein* und *Maria Stuart* wendet sich Schiller vom Geschichtsdrama im engeren Sinne ab. Die Arbeit an den Stoffmassen des Kriegsdramas und die Auseinandersetzung mit dem Seelendrama der Königinnen hatte bewirkt, dass er sich im ‹handwerklichen› Bereich der Dramaturgie, des Baus einer dramatischen Handlung immer sicherer fühlte und dass er die Freiheit gewann, die verschiedensten Stoffe und Motivkomplexe als Vorlage für ein dramatisches Werk verbinden zu können. Wenn Schiller den Bereich des Geschichtsdramas im engeren Sinne verließ, so bedeutet dies keineswegs, dass er sein großes Thema, die Reflexion über die Bedingungen und Aporien der geschichtlichen Existenz des Menschen, aus den Augen verlor. Vielmehr ist eine subtile Dialektik zu bemerken: Schiller gewinnt eine deutliche Freiheit gegenüber historischen Stoffen; ihm gelingt eine Integration religiöser, antiker und mythischer Elemente in sein Konzept des modernen, sentimentalischen Dramas – und mit dieser Erweiterung der künstlerischen Freiheit, die als praktische Option für die Autonomie der Kunst verstanden werden kann, setzt der «kranke Klassiker» seine Auseinandersetzung mit den Bedingungen der modernen Existenz des Menschen fort.

So ist das *Tell*-Drama auch komplexer und differenzierter zu deuten, als dies eine Rezeption vermuten lassen könnte, die sich affirmativ an der vermeintlichen Idylle der Schweizer Berge und an der angeblichen Unschuld ihrer Bewohner erfreute. Wenn die These zu bekräftigen ist, dass Schiller in seiner späten Dramatik souverän die verschiedensten Stoffe, Quellen und Formen verwendete, um sich mit seinem Leitthema, der komplexen Struktur des menschlichen Handelns in der sich ausbildenden Moderne, auseinander zu setzen, dann ist zu zeigen, wie die Popularität des Tell-Stoffes publikumswirksam eingesetzt, gleichzeitig aber eine anspruchsvolle geschichtsphilosophische Spekulation initiiert wird.

Eine Beschäftigung Schillers mit dem Tell-Stoff geht bis ins Jahr 1797 zurück. Goethe erklärt im Rückblick, dass er sich mit der Idee getragen habe, aus den Ereignissen um die Befreiung der Schweiz ein Hexameter-Epos zu machen. In einem Brief an Goethe vom 30. Oktober 1797 kommentiert Schiller das Interessante und die Schwierigkeiten des Materials:

> Bei dem Tell wird [...] aus der bedeutenden Enge des gegebnen Stoffes [...] alles geistreiche Leben hervorgehen. Es wird daran liegen, dass man, durch die Macht des Poeten, recht sehr beschränkt und in dieser Beschränktheit innig und intensiv gerührt und beschäftigt wird. Zugleich öffnet sich aus diesem schönen Stoff wieder ein Blick in eine gewiße Weite des Menschengeschlechts, wie zwischen hohen Bergen eine Durchsicht in freie Fernen sich auftut. (NA 29, S. 152 f.)

Im August 1803 begann Schiller definitiv mit der Arbeit an dem Stück, das bereits im Februar 1804 abgeschlossen wurde und am 17. März 1804 in Weimar seine Uraufführung erlebte. Die im Stück dargestellten Ereignisse sind zum Teil historisch verbürgt (und beziehen sich auf die Jahre 1306 bis 1308: Tötung des Vogts Wolfenschießen, Ermordung des Kaisers Albrechts I.), zum Teil legendenhaft (Tell-Handlung). Bedeutsam ist die Rezeption des Tell-‹Mythos› im Zuge der zu Schillers Zeit aktuellen Ereignisse, die zur Gründung der Helvetischen Republik (1798–1803) führten (vgl. Höhle, Borchmeyer). Der Theaterpraktiker Schiller wird durch das Spektakuläre des Stoffs zur Arbeit an der Tell-Sage geführt; die Wahl des Stoffs bringt es mit sich, dass der Geschichtspessimismus, der in den späten Dramen vorherrschend ist, zurücktritt und dass die Reflexion über die Freiheit des Menschen in der historischen Praxis in eine – freilich vermittelte – Beziehung zu den realen politischen Freiheitsbestrebungen von Schillers Zeit treten kann.

2. *Textanalyse*

Zu zeigen ist, wie die Wahl des Stoffes Schillers poetisches Kalkül beeinflusst: wie ein Drama entsteht, das naive Lektüren erlaubt, die von der Ursprünglichkeit des Schweizer Lebens und von einer Begeisterung für die Freiheit ausgehen, wie dennoch die Diskrepanz verdeutlicht wird, die zwischen dem Mythos von dem Freiheitshelden Tell und dem Selbstverständnis eines Trägers geschichtlichen Handelns am Beginn der Moderne zu erkennen ist, der seine Legitimation in einer autonomen Reflexion begründen muss – wie diese Problematik aber verdeckt wird in der opernhaften Präsentation des Stücks und in dem Versöhnungsfinale, das alle Disharmonien zu überwinden scheint. Eine kritische Lektüre muss freilich die Aspekte des Stücks betonen, die hinter einer freundlichen Fassade die Abgründe einer modernen Existenz aufscheinen lassen.

2.1. *Sentimentalische Poesie und Volkstümlichkeit*

Schiller war in sehr weitem Sinne ein Praktiker des Theaters, der sich nicht scheute, auf Volkstümlichkeit und Bühnenwirksamkeit zu setzen. Die (in den ersten Reaktionen nicht ganz unumstrittene) Popularität des Stücks ist gleichzeitig dessen Problematik, denn wie bei den populären Gedichten (*Das Lied von der Glocke*) muss versucht werden, «die Überlieferung von neuem dem Konformismus abzugewinnen, der im Begriff steht, sie zu überwältigen» (Benjamin: Illuminationen [s. Gesamtbibl. 7], S. 253). Denn allzu leicht kann das Freiheitspathos des Tell-Stücks zu einer Art intellektueller Regression benutzt werden, die von einer problemlosen Konstruktion der Idylle und umstandslos von einem «Zurück zur Natur» schwadronieren kann. Dass das *Tell*-Drama in der Schweiz affirmativ als Verstärkung einer republikanischen Tradition instrumentalisiert wurde, die ihre eigene Umwandlung in Spießbürgerlichkeit zu kaschieren suchte, wurde bereits mehrfach beklagt. Dass die Verbrüderung der Schweizer von einem unpolitischen Bürgertum als illusionärer Ersatz für historisches Handeln verstanden werden konnte, gehört in den Rahmen einer problematischen Schiller-Rezeption des neunzehnten Jahrhunderts. Wenn der *Tell* in den Zeiten der Nazi-Barbarei als völkisches Weihespiel gedeutet wurde, so war dies nur möglich, weil wesentliche Elemente des Stücks ausgeblendet wurden. Schiller ist nicht dafür verantwortlich zu machen, dass entscheidende Dimensionen eines modernen politischen Bewusstseins (so die gesellschaftspolitische Bedeutung der Berta-Rudenz-Handlung) verdrängt wurden. Er hat freilich in seinem Interesse an der populären Wirkung des Stücks eine unkritische Rezeption möglich gemacht, die über die problematisierenden Aspekte des Stücks hinwegzugehen suchte.

Schiller verwendet das Modell der Idylle als kritische Folie, hinter der sich der Kampf gegen die Unterdrückung der Schweizer entfaltet (vgl. Sautermeister). Die vermeintliche Idylle erscheint im Drama immer schon als bedrohte, als eine Lebensform, die durch den Einbruch der europäischen Machtpolitik in die abgeschiedene Welt der Berge gefährdet und zerstört wurde. Und Tell erscheint *zunächst* als ein Held von Mythos und Legende, der über fabelhafte Fähigkeiten verfügt und wie eine Messias-Gestalt verehrt wird, *dann aber* als Vertreter eines moderneren Bewusstseins, der über sein Verhalten Rechenschaft ablegen (Tell-Monolog) und der sich in der Konfrontation mit dem Königsmörder der Legitimität seiner Tat vergewissern muss. Das Interessante an der Tell-Figur liegt demnach für den denkenden Kopf nicht in der spektakulären

Anschaulichkeit der Apfelschuss-Szene und in der düsteren Präsenz bei der Tötung Geßlers, sondern in der Tatsache, dass wir es mit einer Figur des Übergangs zu tun haben, an welcher der Eintritt in die Welt des problematischen historischen Handelns beobachtet werden kann. Tell kann vor diesem Hintergrund nicht als ein naiver Held verstanden werden. Iffland, der das Stück in Berlin aufführen wollte, erbat von Schiller die Streichung gerade des Tell-Monologs und der Parricida-Szene, was Schiller nur ablehnen konnte. Denn wenn es auch bei diesem Konflikt um vordergründig politische Motive ging, so musste doch der Verzicht auf den reflektierenden Tell die kritische Dimension des Stücks völlig verdecken – was den Vorwurf einer affirmativen Inszenierung naiver Heroen als berechtigt hätte erscheinen lassen.

2.2. *Die Revolte der Schweizer*

Idylle als ein Leben mit der Natur wird als eine Grundlage des Lebens der Schweizer dargestellt – eine Grundlage, die aber gerade von der Vernichtung bedroht ist. Opernhafter Auftakt, Gesang etwa des Fischerknaben («Es lächelt der See, er ladet zum Bade») vermitteln eine harmonische Stimmung, die aber – symbolträchtig – gleich von einem Unwetter zerstört wird. Und die Exposition der ersten Szene zeigt Baumgarten auf der Flucht vor den Häschern des Landvogts – Baumgarten, der den Burgvogt Wolfenhagen erschlagen hat, der sich an seiner Frau vergehen wollte. So erscheint die Idylle von Anfang an als bedroht, ja zerstört – was freilich insbesondere diejenigen ins Unrecht setzt, die als Vertreter internationaler Machtpolitik in die idyllischen Täler der Schweiz eindringen. Der Schwur auf dem Rütli ist als theatralische Szene der anschauliche Beweis dafür, dass die Revolte der Schweizer einen Akt darstellt, der als Vermittlung von Natur und Geschichte zu verstehen ist – was sich an der wundersamen Erscheinung des nächtlichen Regenbogens zeigt (vgl. II, 2). Das Handeln im Einklang mit der Natur begründet die Seite des Handelns der Schweizer, die von mythischen Konstruktionen bestimmt erscheint. In dieser Perspektive ist ihre Interpretation der Rolle Tells zu sehen, der als mythischer Held und als Messias-Gestalt gedeutet wird (vgl. 2.3). Auf der anderen Seite sind die Schweizer nicht nur ein quasi-mythisches Kollektiv, das als Einheit handelt, sondern es ist eine gesellschaftliche Differenzierung zu erkennen, die sich hauptsächlich auf den Unterschied zwischen Bürgerlichen und Adeligen bezieht.

Attinghausen ist der Vertreter des alten Adels, der den Einbruch der Fremdherrschaft als den Verlust der Idylle begreift: «O unglückselge Stunde, da das Fremde/In diese still beglückten Täler kam,/Der Sitten fromme Unschuld zu zerstören.» (948–950; vgl. NA 10, S. 171) Hier zeigt sich die Beschränktheit der Perspektive, von der Schiller gesprochen hatte; gleichzeitig ergibt sich die Öffnung der Revolte zu der «Weite des Menschengeschlechts». Denn einerseits betonen die Aufständischen immer wieder, dass es ihnen darum gehe, ein altes Recht zu erneuern: «Wir stiften keinen neuen Bund», erklärt Stauffacher am Rütli, «es ist/Ein uralt Bündnis nur von Väter Zeit,/Das wir erneuern!» (1155-1157; vgl. NA 10, S. 181) Und Walter Fürst beteuert: «Abtreiben wollen wir verhaßten Zwang,/Die alten Rechte, wie wir sie ererbt/Von unsern Vätern wollen wir bewahren,/Nicht ungezügelt nach dem Neuen greifen.» (1353–1356; vgl. NA 10, S. 188) Andererseits aber ist durch die Emanzipation der Eidgenossen ein neues Prinzip eingeführt worden, das mit der Idee der Selbstbestimmung verbunden ist und ein reflektiertes Bewusstsein von den Rechten freier Menschen voraussetzt. Attinghausen sieht diese Veränderung genau, wenn er erklärt: «Das Alte stürzt, es ändert sich die Zeit,/Und neues Leben blüht aus den Ruinen.» (2425 f.; vgl. NA 10, S. 238) Verbunden damit ist die Aufhebung der Unterschiede zwischen Adel und Bürgertum als einer gesellschaftlichen Differenzierung, die in dem Drama mit der Befreiung von den verhassten Vögten unauflöslich verbunden ist: «Der Adel steigt von seinen alten Burgen/Und schwört den Städten seinen Bürgereid.» (2430 f.; vgl. NA 10, S. 238) Und die Schluss-Apotheose endet mit dem Ausruf Rudenz': «Und frei erklär ich alle meine Knechte.» (3290; vgl. NA 10, S. 277) Hier wird deutlich, dass trotz national zu deutender Töne («Ans Vaterland, ans teure schließ dich an» [922; vgl. NA 10, S. 170]) das Stück keinen Spielraum lässt für eine völkische Deutung, bei der die gesellschaftlichen Hierarchien bestehen bleiben und in der imaginären Einheit des Volkskörpers ausgeblendet werden. Vielmehr ist deutlich, dass der mittelalterliche Aufstand der Urkantone mit den Kategorien gedeutet wird, die zu den Grundwerten der Französischen Revolution gehörten. So sieht Berta den geliebten Rudenz nicht als einen Herrn über seine Untergebenen, sondern als den «Ersten von den Freien und den Gleichen» (1707; vgl. NA 10, S. 203). So kann der sich auf das Naturrecht berufende Aufstand als «konservative Revolution mit progressiven Elementen» (Alt, S. 574) verstanden werden, wobei die Einigkeit der verschiedenen gesellschaftlichen Kräfte eine weitgehend friedliche Entwicklung ermöglicht, die sich von dem Modell der jakobinischen Revolution unterscheidet: «Deutlich wird, daß Schillers Drama die exemplarische Darstellung eines Umbruchvorgangs mit evolutionären Zügen anstrebt. Der naturhafte Charakter unterscheidet den hier gespiegelten Prozeß von der Gewaltsamkeit der französischen Ereignisse und verschafft ihm den Umriß eines idealen historischen Entwicklungsmusters.» (Alt, S. 579)

2.3. *Tell: vom mythischen Helden zum reflektierenden ‹Modernen›*

Die Zwiespältigkeit, die im Bilde der Schweizer zwischen Natur und modernem politischen Handeln zu erkennen ist, zeigt sich auch bei der Titelfigur des Dramas. Tell erscheint auf einer ersten Ebene als ein Held des Mythos oder der Legende, dessen Handeln urwüchsig im Sinne des Kollektivs wirkt, schließlich aber als ein reflektierendes Individuum, das sich mit der Tatsache auseinander setzen muss, einen «Mord» begangen zu haben – und sei es auch im Dienste an der guten Sache.

Tells Wirken wird von den Schweizern als unmittelbares Zeichen von Gottes Willen ausgelegt. Auch die Apfelschuss-Szene ist in diesem Sinne, und das heißt in einer Verbindung von antikem Mythos und christlicher Legende, zu verstehen. Geht es auf einer psychologischen Ebene um die Beleidigung der ‹natürlichen› Gefühle eines Vaters, so zeigt sich auf der anderen Seite an dem erfolgreichen Schuss die ‹Sendung› Tells, die mit den Fähigkeiten des antiken Helden (wie des Pfeilschützen Odysseus) oder in christlicher Interpretation des Messias/des Heiligen gedeutet werden kann. «Wie, Herr?» beschwört Stauffacher den uneinsichtigen Geßler: «So könntet Ihr an einem Mann handeln,/An dem sich Gottes Hand sichtbar verkündigt?» (2069–2071; vgl. NA 10, S. 221) Und umgekehrt gilt, dass die Schweizer Erhebung keine Chance haben kann, solange der Heilsbringer Tell ausgeschaltet ist: «O nun ist alles, alles hin! Mit Euch/Sind wir gefesselt alle und gebunden!» (2090 f.; vgl. NA 10, S. 222)

Dieser ‹Sendung› Tells, die bezeichnenderweise für plausibel gehalten wird, obwohl oder gerade weil sich der Schütze von der Versammlung am Rütli fern hält, entspricht ein Selbstverständnis, das sich unmittelbar an der Tat orientiert und jede Reflexion verweigert. So wie das Handeln des Heros und des Heiligen *unmittelbar* von Bedeutung für das betroffene Kollektiv ist, so handelt der Heros und der Heilige/Messias in einer unmittelbaren, nicht in Frage gestellten Übereinstimmung mit seiner Rolle:

> Der Tell holt ein verlornes Lamm vom Abgrund,
> Und sollte seinen Freunden sich entziehen?
> Doch *was* ihr tut, laßt mich aus eurem *Rat*,
> Ich kann nicht lange prüfen oder wählen,
> Bedürft ihr meiner zur bestimmten *Tat*,
> Dann ruft den Tell, es soll an mir nicht fehlen.
> (440–445; vgl. NA 10, S. 151 f.)

Die Aura Tells liegt in seiner Einsamkeit, in seiner naturhaften, spontanen Handlungsweise («Wär ich besonnen, hieß ich nicht der Tell.» [1872; vgl. NA 10, S. 212]). In dieser Perspektive geht es beim Apfelschuss auch nicht um die private Beleidigung des Vaters, sondern um ein Zeichen, das den Unterdrückern gegeben wird und von dem sie lernen könnten, dass sie gegen den Willen Gottes an ihrer Repression festhalten.

Aus dieser Einheit mit Gott und den Menschen, die beim Jäger Tell auf einer Einheit mit der Natur basiert, wird er aber durch die Intervention Geßlers heraus gerissen. Der Bruch mit allen Grundlagen des ‹natürlichen› Lebens, der in der Zumutung liegt, auf den eigenen Sohn zu schießen, fordert die Bestrafung des «Wüterichs», konfrontiert aber den Rächer Tell mit der Frage nach der Verantwortung menschlichen Handelns. Die spontane Einheit des quasi-mythischen Bewusstseins der Idylle ist zerbrochen; entstanden ist ein Bewusstsein an der Schwelle der Moderne, das die Legitimation des eigenen Handelns durch die selbstkritische moralische Reflexion zu erbringen hat – moralische Reflexion: das heißt, das zerrissene Bewusstsein muss erst einmal Grundsätze des Moralischen entwickeln und heran ziehen, die das legitimierungsbedürftige eigene Handeln zu rechtfertigen in der Lage sind. So führt Tells Weg «aus dem Dunkel des unmittelbaren Lebens und seiner substantiellen Einheit mit Gott, Natur und Menschen über die Entzweiung durch Geßler zum Licht der Erkenntnis und des sittlichen Handelns aus Wissen und Verantwortung» (Ueding, S. 415). Die Geschichte Tells ist also die Genese eines reflexiven Bewusstseins, die durch die Desintegration eines naturhaften Charakters bewirkt wird – eine Desintegration, für die wiederum die gewaltsame Repression des Reichsvogts verantwortlich ist.

Dass die Tell-Figur im berühmten Monolog vor der Tötung des Feindes (IV,3) plötzlich beredt ihre Situation beschreibt, dass rhetorisches Feuer entzündet wird, wo der vermeintlich einfache Jäger spricht, ist somit kein Bruch in der Figur, sondern der sprachliche Ausdruck der gravierenden Veränderung, die Tell durchgemacht hat: «in gärend Drachengift hast du/Die Milch der frommen Denkart mir verwandelt» (2572 f.; vgl. NA 10, S. 244), so wirft er Geßler in einer imaginären Anklagerede vor, wobei unzweideutig darauf verwiesen wird, dass die rächende Gewalttat zwar legitim sein mag, dass sie aber an der grundlegenden Ambivalenz des modernen geschichtlichen Handelns Teil hat, bei der die Menschen dazu gebracht werden können, die *böse Tat* möglicherweise *im Namen von Recht und Gerechtigkeit* zu begehen. Denn in dieser Hinsicht ist der Dramentext eindeutig: Viermal nennt Tell seine Tat einen «Mord»; er erkennt die Ambivalenz nachmythischer Praxis darin, dass eine Tat *gleichzeitig* legitim und fragwürdig sein kann. Denn er beschreibt seine Situation so:

> Am wilden Weg sitzt er mit Mordgedanken,
> Des Feindes Leben ists, worauf er lauert.
> – Und doch an *euch* nur denkt er, lieben Kinder,
> Auch jetzt – Euch zu verteidgen, eure holde Unschuld
> Zu schützen vor der Rache des Tyrannen,
> Will er zum Morde jetzt den Bogen spannen!
> (2629–2634; vgl. NA 10, S. 245)

In Frage gestellt ist mit dieser Bewusstwerdung des modernen Subjekts auch die mythische Struktur der Repräsentanz, die in den Augen der

Schweizer Tells Verhältnis zum Kollektiv bestimmt hatte. Programmatisch hatte Tell seine Separation von dem kollektiven Kampf beschworen («Der Starke ist am mächtigsten *allein*» [437; vgl. NA 10, S. 151]), gleichzeitig aber die Wirkung seines Handelns zweifelsfrei als im Dienste des Kollektivs stehend gedacht. Jetzt muss die Beziehung zwischen der Tat des einsamen Selbsthelfers und den Eidgenossen durch einen förmlichen Akt wieder hergestellt werden, und dieser Akt wird im Schlusstableau vollzogen. «Es lebe Tell! Der Schütz und der Erretter!» (3281; vgl. NA 10, S. 277) rufen die versammelten Schweizer, und so werden wir Zeuge einer bewussten Reproduktion mythischen Zusammenhalts im Rahmen der Geschichte. So konnte das Drama lange Zeit affirmativ gedeutet werden im Sinne einer Rückkehr zur Idylle, einer Restaurierung des zerstörten Mythos. Diese Interpretation kann aber im Lichte einer kritischen Reflexion von Tells Entwicklungsgang nicht aufrecht erhalten werden. Vielmehr gehört es zum Wesen der modernen historischen Praxis, wie sie sich in der Situation Tells veranschaulicht, daß das individuelle Bewusstsein die Erfahrung eines radikalen Bruchs mit den kollektiven Verhaltensmustern durchlebt. «Wesentlich bleibt, daß die Freiheit der Eidgenossen erkauft wird mit dem Verlust der Unschuld, die Tell zu Beginn bestimmte. [...] Das Leitmotiv des Opfers [...] beherrscht den Schluß des Dramas.» (Alt, S. 583) Äußeres Zeichen für diese Inkongruenz in der abschließenden Versöhnungsszene ist die Tatsache, dass Tell zwar in ihr gepriesen wird, selbst aber nicht mehr zu Wort kommt. In seinem Schweigen zeigt sich die Distanz des selbstreflexiven Individuums zu dem kollektiven Befreiungskampf, zu dem er mit dem «Geschäft des Mordes» beigetragen hat. Was Stauffacher über den unglücklichen Parricida sagt, bekommt einen fragwürdigen Nebensinn, indem auf die Schuld Tells und die vermeintliche Unschuld des revoltierenden Kollektivs verwiesen wird: «Den Mördern bringt die Untat nicht Gewinn, / *Wir* aber brechen mit der reinen Hand / Des blutgen Frevels segenvolle Frucht.» (3015–3017; vgl. NA 10., S. 264) Das Schweigen Tells ist das Schweigen desjenigen, dessen Selbstverständnis nicht mit dem kollektiven Bild des Retters und Messias übereinstimmt.

2.4. *Ästhetische, geschichtsphilosophische und politische Aspekte*

Die Deutung des Dramas im Lichte von Schillers ästhetischen Abhandlungen ist aus heutiger Sicht nur sinnvoll, wenn sie mit der notwendigen Differenzierung durchgeführt wird. Die Problematik der Bestimmungen des Naiven und Sentimentalischen, die in unserer Analyse verdeutlicht wurde (vgl. Arbeitsbereich IV), reproduziert sich im *Tell*-Drama. Das Naive lässt sich als reines Phänomen gar nicht beschreiben; selbst in der opernhaften Exposition des volkstümlichen Stückes taucht es als Bedrohtes, ja schon Zerstörtes auf. Die Einheit des Menschen mit der Natur wäre ein ungeschichtlicher Zustand, der einer differenzierten sprachlichen Gestaltung nicht zugänglich wäre; sie kann als regulative Idee im Sinne eines Verlusts der Unschuld in Anspruch genommen werden, wobei die Selbstreflexion eben über den Verlust der Unschuld gerade von der ambivalenten ‹Schuld› der Erkenntnis geprägt ist. Das heißt: Wenn Tell eine rührende und Anteil fordernde Dramenfigur sein soll, kann er nicht in der mythischen substantiellen Einheit mit der Natur verharren, die doch als seine Eigenart gilt. Der Prototyp des vermeintlich naiven Helden muss zur sentimentalischen Figur werden, die auch im Schlusstableau noch einmal elegisch eine Einheit beschwört, die durch die Reflexion des großen Monologs (IV, 3) definitiv in Frage gestellt worden ist. Damit wird aber auch die Wirkung des Stückes im Sinne einer Einübung in die ästhetische Erziehung des Menschen fragwürdig – oder besser: Es zeigt sich erneut, dass die ästhetische Erziehung des Modernen von den Widersprüchen des Elegischen und dem Bewusstsein des Erhabenen ausgehen muss und nicht von der Versöhnung der Widersprüche in einer harmonisierenden Ästhetik des Schönen. Weder Tell noch der moderne Zuschauer kann so den Weg von Arkadien nach Elysium gehen; beide verharren im Zustand der Entzweiung und der Reflexion. Das idyllische Bild der unschuldigen Natur muss dann ebenso wie das Schlusstableau vom glücklichen Moment der Schweizer Freiheit, Gleichheit und Brüderlichkeit als ein unwiederbringbares Bild der Vergangenheit angesehen werden, das gleichzeitig ein utopischer Vorschein auf das Bedürfnis nach einer Versöhnung ist, von der aber im realen geschichtlichen Prozess nichts zu erkennen ist.

In geschichtsphilosophischer Perspektive ist die Skepsis des späten Schiller nicht plötzlich verschwunden. Seine Beschäftigung mit dem Tell-Stoff zeigt aber, dass er bereit ist, sich erneut mit realen überlieferten Begebenheiten zu beschäftigen (auch wenn diese mythisch überformt erscheinen) und die Spuren von Freiheit und Versöhnung im historischen Prozess aufzusuchen. Gleichzeitig ist aber deutlich, dass auch das volkstümliche *Tell*-Drama einer sentimentalischen Perspektive zugänglich ist, die einen Zustand imaginiert, in dem die Ansprüche des Kollektivs und die skeptische Reflexion des Individuums durch die kontingente Verbindung einmaliger Umstände nicht in einen tragischen Gegensatz münden. Das Drama zeigt beides: diesen tragischen Gegensatz und die Möglichkeit seiner Aufhebung in einer glücklichen historischen Konstellation. Die Tragik des Stücks zu verwischen ist freilich der Fluch des Volkstümlichen, das Problem einer Rezeption, die sich an den eingängigen Sprüchen des Selbsthelfers und der edlen Rebellen erfreut und den Gegensatz zwischen dem Einzelnen und dem Kollektiv verdrängt.

Im Hinblick auf den politischen Gehalt des Dramas wurde darauf verwiesen, dass Schiller den Impetus des Aufstandes der Schweizer ähnlich wie im Falle der Niederländer und des Marquis Posa mit anachronistischen Anklängen an die politischen Verhältnisse des achtzehnten Jahrhunderts verdeutlicht. Konkret heißt dies, dass die Anliegen der Französischen Revolution präsent sind, wenn Schiller den Bund der Eidgenossen in Szene setzt. Indem gleichzeitig aber die naturhafte, im Wesentlichen friedliche Vorgehensweise der mittelalterlichen Aufständischen hervorgehoben wird, werden im Kontrast die problematischen Tendenzen der Französischen Revolution um so deutlicher demonstriert. Was sich im Falle Tells an einem Extremfall andeutet, das «Ungeheure» eines Mordes im Namen von Recht und Gerechtigkeit, ist in der Französischen Revolution, vor allem in der Phase der *Terreur*, zu etwas Alltäglichem geworden. Deshalb können wir formulieren: Schiller hält noch nach 1800 an seiner positiven Bewertung der *Ziele* fest, für die sich die Französische Revolution eingesetzt hat; er bleibt aber ein konsequenter Gegner des jakobinischen Radikalismus, der die Tugend mit Gewalt zu verwirklichen sucht (vg. Fink, Oellers). Die Öffnung zum Stoff des Aufstandes der Schweizer bewirkt noch einmal kurz vor Schillers Tod eine realistische Wendung, die verdeutlicht, dass Schiller auch in einem ganz handfesten Sinne der Dichter der Freiheit geblieben ist, der er schon mit den *Räubern* war.

VII. Wirkung

«Von der Parteien Haß und Gunst verwirrt,/Schwankt sein Charakterbild in der Geschichte» – was der Prolog von Schillers wichtigstem Drama über dessen Helden Wallenstein sagt, gilt in besonderem Maße auch für den Klassiker Schiller. Im Laufe des neunzehnten Jahrhunderts erlebte sein Werk eine ungeheure Popularität, die aber nicht auf der gründlichen Kenntnis und der produktiven Rezeption seiner Texte beruhte, sondern hauptsächlich in einer Funktionalisierung einzelner Zitate und Sentenzen, die in einem häufig ganz vordergründigen Sinne aktualisiert und auf konkrete Lebenssituationen bezogen wurden. Dies konnte privatistisch und spießbürgerlich geschehen; es konnte aber auch politische Implikationen annehmen, wenn Schiller als Vorreiter bürgerlichen Bewusstseins und als Anreger zur Schaffung einer nationalen Einheit im republikanischen Geiste verstanden wurde. Höhepunkt dieser «Dichterverehrung» waren die zahlreichen Feiern des Jahres 1859, die geradezu als eine Massenbewegung im Dienste einer nationalen Einigung verstanden werden können. Als diese staatliche Vereinigung erfolgt war – anders freilich als von den Demokraten erhofft –, nahm diese politische Inanspruchnahme des Dichters ab, auch wenn die Sozialdemokratie – vor allem durch Franz Mehring – einen Schiller für die Arbeiterklasse zu propagieren begann. Zu Beginn des zwanzigsten Jahrhunderts gab es im Jahre 1905 wieder ein Schiller-Jahr zu feiern; die Bedeutung Schillers war jedoch vor allem im Vergleich zu der großen Wirkung Goethes zurück gegangen – viele Beiträge wirkten wie eine Pflichtübung. Gegen diese Vereinnahmung Schillers, die eine Konstante seiner Wirkungsgeschichte ist, setzten viele bedeutende Autoren eine kritische Distanz gegenüber Schiller, die sich durchgängig an seinem Idealismus und an seiner vermeintlichen Vermischung von Ästhetik und Moral festmachte. Aber die Schiller-Verehrung blieb eine Konstante der deutschen Geistesgeschichte; sie war jetzt gekennzeichnet durch «Monumentalisierung und Enthistorisierung» (Claudia Albert). Mehr denn je konnte Schiller als Projektionsfläche für zeitgenössische Bestrebungen verwendet werden, ohne dass der Bezug zu den konkreten Werken des Dichters immer deutlich wurde. Diese Tendenzen münden in eine Instrumentalisierung Schillers in der Diktatur des Nationalsozialismus, gegen die sich eine national orientierte Germanistik keineswegs zur Wehr setzte. Die ungeschichtliche Präparierung von «Haltungen» und heroischem Geist aus Schillers Werken sagt dem heutigen Betrachter etwas über die problematischen Tendenzen des Idealismus und über die Notwendigkeit, das Verständnis Schillers an seine Bindung an die historischen Konstellationen des späten achtzehnten Jahrhunderts zu knüpfen. Die Nachkriegszeit zeigt ein gespaltenes Bild deutscher Wirklichkeit: Während die DDR bemüht war, den Dichter in die «progressiven» Traditionen der deutschen Geschichte einzubinden, verschrieb sich die westdeutsche Germanistik einer vermeintlich anti-ideologischen Perspektive, die (vor allem in geistesgeschichtlicher Orientierung) jede unangemessene Aktualisierung und Instrumentalisierung des Klassikers zu vermeiden suchte. Im Zuge der 1968er Bewegung und der mit ihr verbundenen Modernisierung auch der Germanistik wird die sozialgeschichtliche Perspektive gestärkt, die aber auch schnell an ihre Grenzen stößt. In den Theatern ist Schiller freilich in erstaunlicher Weise präsent; seine Stücke sind der Experimentierfreudigkeit des Regietheaters in besonderer Weise ausgeliefert. Die heutige Situation ist durch ein Aufweichen bildungsbürgerlicher Traditionen gekennzeichnet, was dazu führt, dass eine allgemeine Kenntnis Schillers und seines Werkes nicht mehr vorausgesetzt werden kann. Dem Jubiläumsjahr 2005 wird sich die Aufgabe stellen, ein zeitgemäßes Schillerbild zu zeichnen, das die historischen Wurzeln des Dichters deutlich herausarbeitet (hierzu sind in den letzten Jahren vorzügliche Grundlagen geschaffen worden) und diese mit einer besonnenen Aktualisierung verbindet. Nur so kann verhindert werden, dass die umfassende Toleranz unserer Zeit in die problematische Beliebigkeit einer Event-Rezeption führt, wie sie bei den Heine- und Goethe-Jubiläen der letzten Jahre trotz vieler verdienstvoller und scharfsinniger Beiträge zu beobachten war.

Die Schiller-Rezeption im Ausland ist zu Beginn des neunzehnten Jahrhunderts besonders intensiv, wobei die zentrale Bedeutung zu betonen ist, die der Vermittlungsleistung der Madame de Staël zukommt. Das Bild von Deutschland, das sie prägte und das mit der Formel vom Land der Dichter und Denker in angemessener Weise bezeichnet wird, fand in Schiller, dem Dichter und Philosophen, ein exemplarisches Modell. In England waren es Thomas Carlyle und Edward Bulwer-Lytton, die ein stark idealisiertes Bild von Schillers Persönlichkeit zeichneten und das Bild eines Geistesheroen, ja eines Heiligen verbreiteten. Bedeutende Wirkung entfaltete Schiller im Theater der französischen Romantik, die ihn vor allem mit seinem Frühwerk als Anreger einer Wendung gegen das klassizistische Theater begriff. Während Schiller in Analogie zu bestimmten Entwicklungen in Deutschland in einigen Ländern als Anreger einer nationalen Befreiung verstanden wurde, zeigte sich in Russland eine intensive Rezeption seines Werkes, die insbesondere bei Dostojewski auf der Empfindung einer gewissen Wahlverwandtschaft beruhte. Im zwanzigsten Jahrhundert entfaltet Schiller trotz einer nicht unbeträchtlichen Präsenz auf den Bühnen der Welt keine intensive Wirkung mehr. Gegenüber Goethe, der zusammen mit einigen Romantikern und Autoren der Moderne (Thomas Mann, Kafka) als Repräsentant der deutschen Literatur gilt, tritt Friedrich Schiller deutlich zurück. Auch im Blick auf Schillers Bild im Ausland könnte das Jubiläumsjahr eine bedeutende Funktion erhalten, wenn es gelingen würde, Schillers Beitrag zur Literatur und zur Selbstreflexion der Moderne plausibel zu machen.

Quellen und Forschungsliteratur

Adorno, Theodor W.: Ist die Kunst heiter? In: Th. W. A.: Noten zur Literatur. Hrsg. v. Rolf Tiedemann. Frankfurt am Main 1981, S. 599–606. [Einseitig in seiner Schiller-Kritik, aber wichtig für eine problematisierende Diskussion des heutigen Klassik-Bildes.]

Albert, Claudia: Schiller im 20. Jahrhundert. In: Helmut Koopmann (Hrsg.): Schiller-Handbuch (s. Gesamtbibl. 2), S. 773–794. (Albert 1998) [Gelungener Überblick mit angemessenen kritischen Akzenten.]

Albert, Claudia (Hrsg.): Deutsche Klassiker im Nationalsozialismus: Schiller, Kleist, Hölderlin. Stuttgart, Weimar 1994 (speziell zu Schiller S. 18–76). (Albert 1994) [Materialreiche Untersuchung.]

Barner, Wilfried und Christoph König (Hrsg.): Zeitenwechsel. Germanistische Literaturwissenschaft vor und nach 1945. Frankfurt am Main 1996. [Wichtig für einen allgemeinen Überblick.]

Bauer, Roger: Schillers Ruhm in Frankreich. In: Joachim Günther u. a. (Hrsg.): Literatur als Geschichte. Festschrift für Benno von Wiese. Berlin 1973, S. 155–170.

Boerner, Peter: Schiller im Ausland: Dichter-Denker und Herold der nationalen Befreiung. In: Helmut Koopmann (Hrsg.): Schiller-Handbuch. Stuttgart 1998, S. 795–808. [Nützlicher materialreicher Überblick.]

Borchmeyer, Dieter: Schillers *Jungfrau von Orleans* – eine Oper für Richard Wagner. In. Richard Fisher (Hrsg.): Ethik und Ästhetik. Werke und Werte in der Literatur vom 18. bis zum 20. Jahrhundert. Festschrift für Wolfgang Wittkowski zum 70. Geburtstag. Frankfurt am Main, New York 1995, S. 277–292.

Carlyle, Thomas: The Life of Friedrich Schiller. London 1825. [Grundlegend für die englische Schiller-Rezeption.]

Carlyle, Thomas: Leben Schillers. Aus dem Englischen durch M. v. Teubern, eingeleitet durch Goethe. Frankfurt am Main 1830.

Carlyle, Thomas: Schiller. Berlin 1912. (Carlyle 1912)

Cysarz, Herbert: Schiller. Halle 1934. [Charakteristisch für die ‹monumentalische› Schiller-Deutung der 30er Jahre.]

Düsing, Wolfgang: Friedrich Schiller: Über die ästhetische Erziehung des Menschen. Text, Materialien, Kommentar. München, Wien 1981. (Düsing) [Nützlicher Kommentar und interessante Materialsammlung.]

Fabricius, Hans: Schiller als Kampfgenosse Hitlers. Bayreuth 1932. [Dokument des barbarischen Missbrauchs eines Klassikers.]

Fricke, Gerhard: Der religiöse Sinn der Klassik Schillers. Zum Verhältnis von Idealismus und Christentum. München 1927 (Nachdruck Darmstadt 1968).

[Zeugnis eines intellektuell durchaus anspruchsvollen Zugangs zu Schiller, der gleichwohl in einer problematischen Nähe zu faschistischen Ideologemen steht.]

Gerhard, Ute: Schiller als «Religion». Literarische Signaturen des XIX. Jahrhunderts. München 1994. [Kritische Darstellung der bürgerlichen Schiller-Rezeption.]

Gerhard, Ute: Schiller im 19. Jahrhundert. In: Helmut Koopmann (Hrsg.): Schiller-Handbuch (s. Gesamtbibl. 2), S. 758–772. (Gerhard 1998) [Nützlicher Überblick.]

Hamburger, Käte: Schiller und Sartre. Ein Versuch zum Idealismus-Problem Schillers. In: Jahrbuch der Deutschen Schillergesellschaft 3 (1959), S. 34–70. [Noch heute erwägenswerte ‹Aktualisierung› grundlegender Aspekte von Schillers Denken.]

Hofmann, Michael: Ästhetische Erziehung und Ästhetik des Widerstands. Kunstautonomie und Engagement des Kunstwerks bei Schiller, Marcuse und Peter Weiss. In: Weimarer Beiträge 37 (1991), S. 819–838. [Darstellung der ‹kulturrevolutionären› Schiller-Rezeption im Kontext von 1968.]

Klassiker in finsteren Zeiten 1933–1945. Ausstellungskatalog Marbach 1983 (2 Bde). [Grundlegende Darstellung auch zur Schiller-Rezeption in der NS-Zeit.]

Kommerell, Max: Der Dichter als Führer in der deutschen Klassik. Klopstock. Herder. Goethe. Schiller. Jean Paul. Hölderlin. Berlin 1928. [Wichtiges Dokument, das keine Nähe zur NS-Ideologie aufweist, aber dennoch einen problematischen Rezeptionsstrang repräsentiert.]

Kommerell, Max: Schiller als Psychologe. In: Jahrbuch des Freien Deutschen Hochstifts 1934/35, S. 177–219. [Noch anregend für die heutige Schiller-Deutung, insbesondere für die Dramen.]

Konstantinovič, Zoran: Schiller im literarischen Bewußtseinswandel der südosteuropäischen Völker. In: Helmut Brandt (Hrsg.): Friedrich Schiller. Angebot und Diskurs (s. Gesamtbibl. 4), S. 128–138.

Marggraf, Wolfgang: Schiller auf der italienischen Opernbühne. Marbach am Neckar 1993. [Grundlegende Studie.]

Maurer, Doris: Schiller auf der Bühne des Dritten Reiches. In: Horst Claussen und Norbert Oellers (Hrsg.): Beschädigtes Erbe. Beiträge zur Klassikerrezeption in finsterer Zeit. Bonn 1984, S. 29–44.

Mehring, Franz: Schiller. Ein Lebensbild für deutsche Arbeiter. In: Franz Mehring: Gesammelte Schriften. Bd. 10. Berlin 1961, S. 91–241. [Repräsentativ für die sozialdemokratische Schiller-Rezeption.]

Noltenius, Rainer: Dichterfeiern in Deutschland. Rezeptionsgeschichte als Sozialgeschichte am Beispiel der Schiller- und Freiligrath-Feiern. München 1984. [Herausragende Studie mit sozial- und mentalitätsgeschichtlichem Akzent.]

Oellers, Norbert: Schiller. Geschichte seiner Wirkung bis zu Goethes Tod 1805–1832. Bonn 1967. [Grundlegende frühe Studie zur allerersten Schiller-Rezeption.]

Oellers, Norbert (Hrsg.): Schiller – Zeitgenosse aller Epochen. Dokumente zur Wirkungsgeschichte Schillers in Deutschland. Teil I: 1782–1859. Frankfurt am Main 1970. Teil II: 1860–1966. München 1976. (Oellers 1970/Oellers

1976) [Heute noch unverzichtbare umfassende Dokumentation der deutschen Schiller-Rezeption.]

Piedmont, Ferdinand (Hrsg.): Schiller spielen. Stimmen der Theaterkritik 1946–1985. Darmstadt 1990. [Nützliche Dokumentation.]

Politycki, Matthias: Umwertung aller Werte? Deutsche Literatur im Urteil Nietzsches. Berlin, New York 1989. [Anregende Überlegungen zu Affinitäten zwischen Nietzsche und Schiller.]

Prinz, Lucie: Schillerbilder. Die Schillerverehrung am Beispiel der Festreden des Stuttgarter Liederkranzes (1825–1992). Marburg 1994.

Rudloff-Hille, Gertrud: Schiller auf der deutschen Bühne seiner Zeit. Berlin, Weimar 1969.

Ruppelt, Georg: Die ‹Ausschaltung› des *Wilhelm Tell*. Dokumente zum Verbot des Schauspiels in Deutschland 1941. In: Jahrbuch der Deutschen Schillergesellschaft 20 (1976), S. 402–419. (Ruppelt 1976)

Ruppelt, Georg: Schiller im nationalsozialistischen Deutschland. Der Versuch einer Gleichschaltung. Stuttgart 1979. (Ruppelt 1979) [Materialreiche Untersuchung.]

Staël, Anne Germaine de: Über Deutschland. Vollständige und neu durchgesehene Fassung der deutschen Erstausgabe von 1814 in der Gemeinschaftsübersetzung von Friedrich Buchholz, Samuel Heinrich Catel und Julius Eduard Hitzig. Hrsg. v. Monika Bosse. Frankfurt am Main 1985. [Grundlegendes Dokument für das französische Deutschland-Bild, bei dem die Rolle Schillers nicht unterschätzt werden darf, in einer vorbildlichen deutschen Ausgabe.]

Suppanz, Frank: Person und Staat in Schillers Dramenfragmenten. Zur literarischen Rekonstruktion eines problematischen Verhältnisses. Tübingen 2000. [Anregende Studie, die anhand der Dramenfragmente ein zeitgemäßes Schiller-Bild (weiter-)entwickelt.]

Teller, Jürgen: Die Zerstörung des schönen Scheins in zwei Versionen: Schillers *Demetrius* und Volker Brauns *Dmitri*. In: Helmut Brandt (Hrsg.): Friedrich Schiller. Angebot und Diskurs (s. Gesamtbibl. 4), S. 347–357. [Aufnahme des kritischen Potentials von Schillers Fragment durch den undogmatischen Marxisten Braun.]

Wais, Kurt: Schillers Wirkungsgeschichte im Ausland. In: K. W.: An den Grenzen der Nationalliteraturen. Vergleichende Aufsätze. Berlin 1958, S. 62–100. [Grundlegende materialreiche Studie in geistesgeschichtlicher Perspektive; nützlich, aber aus heutiger Sicht vor allem in methodischer Hinsicht veraltet.]

Waldmann, Bernd: «Schiller ist gut – Schiller muß sein». Grundlagen und Funktion der Schiller-Rezeption des deutschen Theaters in den fünfziger Jahren. Frankfurt am Main u. a. 1993.

Zeller, Bernhard (Hrsg.): Schiller. Reden im Gedenkjahr 1955. Stuttgart 1955. [Wichtiges Dokument für die Schiller-Rezeption der Nachkriegszeit.]

A. Schiller-Rezeption in Deutschland

1. Schiller-Rezeption im 19. Jahrhundert

Die populäre Rezeption Schillers, die gleich zu Beginn des neunzehnten Jahrhunderts einsetzt, ist durch eine Trivialisierung und Instrumentalisierung des Dichters und seines Werks gekennzeichnet. Ja, nicht das Werk wurde eigentlich rezipiert, sondern Sentenzen, die aus dem Werkzusammenhang gerissen wurden. Folgende Momente von Schillers Popularität lassen sich erkennen:

> Die «isolierte Deklamation», das Auswendiglernen einzelner «Stellen», die auf diese Weise wiederum zu «geflügelten Worten», «Stammbuchstückchen» und «Denksprüchen» werden, und schließlich die «berühmten Stellen», die im Theater den Beifall auf offener Szene hervorrufen. Kennzeichnend für die Schillerrezeption ist offensichtlich ein Verfahren, das die Texte in ihre Bestandteile auflöst, fragmentiert und einzelne Verse in außerliterarischen Bereichen zitiert und benutzt. (Gerhard 1998, S. 759)

Dieser Tendenz der Rezeption entsprechen Textsammlungen aus Schillers Werken, die Zitate nach Themen geordnet zusammen stellen und so Einsichten über Gott und die Welt vermitteln. Als Beispiel seien ein paar Titel genannt (vgl. Gerhard 1998, S. 760 f.): *Schiller's Aphorismen, Sentenzen und Maximen, über Natur, Kunst, Welt und Menschen* (1806, 2. Auflage 1807), *Schillers Kraftsprüche für Deutsche auf die jetzigen Zeitumstände passend* (1814), *Beantwortung aus der Religion aufgeworfener Fragen durch Sprüche aus Schillers Werken* (1824), *Schiller's politisches Vermächtnis* (1832), *Blumensprache nach Schiller* (1839). Es handelt sich hier um eine breit angelegte Tendenz der «Applikation» literarischer Texte auf die alltägliche Wirklichkeit. Dieser entsprach eine weit verbreitete Praxis des Deklamierens von Gedichten und Dramenstücken in Schulen sowie die Verwendung von Schiller-Zitaten in Briefen und Tagebüchern.

Die Tendenz zur Instrumentalisierung von Schillers literarischen Texten ist auch im Bereich der Politik nicht zu verkennen. *Bürgerliches Bewusstsein* artikuliert sich in der Verwendung von Schiller-Zitaten, und der Vormärz mit seiner Vorbereitung auf die bürgerliche Revolution beruft sich ebenso auf Schiller wie die Redner der Paulskirche, die sich auf eine demokratische Einigung Deutschlands eingeschworen haben.

Die Begeisterung des Volkes erlebte einen epochalen Höhepunkt in den Schiller-Feiern des Jahres 1859. Die Forderungen nach nationaler Einheit und bürgerlicher Republik stehen dabei im Mittelpunkt. Nach der gescheiterten Revolution von 1848 wird der politische Elan auf den Dichter gelenkt; die Dichterfeier, die im Geiste einer kultischen Verehrung den prosaischen Alltag zu überwinden sucht, wird zur utopischen

Vergegenwärtigung einer bürgerlichen nationalen Einheit, die in der politischen Realität vorerst gescheitert ist. Bei den Schiller-Feiern des Jahres 1859 handelte es sich um eine politisch bedeutsame Massenbewegung:

Allein die für die größeren Städte genannten Teilnehmerzahlen bei Festumzügen und öffentlichen Veranstaltungen – 17 000 in Hamburg, 10 000 in Leipzig und 40–50 000 in Berlin – unterstreichen den Charakter dieser Veranstaltungen als Massendemonstrationen. Immerhin 440 deutsche und 50 ausländische Städte folgten dem Aufruf der Tochter Schillers, ihr die Programme der durchgeführten Feste zu übersenden. (Gerhard 1998, S. 771)

Der geradezu kultische Charakter der Dichterfeier bedingt ein Verhältnis zu dem Dichter und seinem Text, das nicht von kritischer und produktiver Rezeption, sondern von vorbehaltloser Verehrung gekennzeichnet ist. «Von den [...] öffentlichen Rezeptionssituationen Theater-Aufführung, Dichter-Lesung, Literatur-Seminar und Deutschunterricht unterscheidet sich die Festsituation dadurch, daß Dichtungsrezeption immer der Dichter(ver)ehrung dient, daß z. B. kritische Haltungen gegenüber den Gefeierten weitgehend ausgeschlossen sind.» (Noltenius, S. 49) Neben und vor das Literarische treten dabei deutlich nationale und religiöse Züge. In der Situation des Nachmärz, die durch ein Scheitern der revolutionären Hoffnungen des Bürgertums gekennzeichnet ist, erscheint somit die Schiller-Verehrung als ambivalent: Einerseits bündelt sie die verbliebenen politischen Ambitionen des Bürgertums, andererseits stellt sie eine Kompensation für eine reale politische Aktion dar. Kennzeichnend für die politischen Spannungen der Zeit sind auch die Konflikte zwischen dem Großbürgertum und den Kleinbürgern und Arbeitern, bei denen es hauptsächlich um eine politische Positionierung gegenüber der restaurativen Politik der deutschen Staaten geht.

Eine andere Art der Schiller-Verehrung zeigt sich bei den Aktivitäten zum Schillerfest 1859 im politischen Exil. Eine Tradition, die sich bis in die amerikanische Emigration hielt, in der Schiller zu einem Symbol des republikanischen Deutschtums wurde (vgl. Boerner, S. 805 f.), macht aus Schiller einen progressiven Nationalhelden. Patriotismus und parteiliches Engagement für den sozialen Fortschritt konnten sich zu einer Schiller-Verehrung verbinden, die auf religiöse Züge verzichtet, dafür aber die nationale Gemeinschaftsutopie des *Tell* mit dem Menschheitspathos des *Don Carlos* verbindet.

Zu erkennen ist in diesem Zusammenhang eine wichtige Grundlage der Schiller-Verehrung in der deutschen Sozialdemokratie und der Wille, durch eine Verbindung nationaler und kosmopolitischer Elemente im Exil eine Art «anderes Deutschland» zu vertreten – eine Vorstellung, die noch im zwanzigsten Jahrhundert aktuell war, sich allerdings vornehmlich an der Figur Goethes fest machte. Nicht zu übersehen sind die idealistischen Züge und das Abstrakte auch dieser Schiller-Verehrung. Die marxistische Reflexion wird im Ausgang von Karl Marx und Friedrich Engels vor allem mit Franz Mehring und Georg Lukács die Frage erörtern, wie die Tradition Schillers in der Arbeiterbewegung aufrecht erhalten werden kann, ohne der idealistischen Abstraktion zu erliegen.

Vor dem Hintergrund dieser populären Schiller-Rezeption ist ein negativer Rezeptionsstrang zu sehen, der schon sehr früh zu erkennen ist und der zu dem nachgerade standardisierten Vorwurf führt, Schillers Texte seien von einem oberflächlichen und hohlen Idealismus und von einer allzu starken Vermengung des Ästhetischen mit dem Moralischen geprägt. In einem Brief aus dem Jahre 1835 verteidigt Georg Büchner die unkonventionelle Kühnheit seines Revolutionsdramas *Dantons Tod* und setzt sich gegen den Idealismus und gegen die Vorstellung des Theaters als einer moralischen Anstalt ab, wobei er geradezu automatisch in eine Wendung gegen Schiller gerät:

> Der Dichter ist kein Lehrer der Moral, er erfindet und schafft Gestalten, er macht vergangene Zeiten wieder aufleben, und die Leute mögen daraus lernen, so gut, wie aus dem Studium der Geschichte und der Beobachtung dessen, was im menschlichen Leben um sie herum vorgeht. [...] Was noch die sogenannten Idealdichter anbetrifft, so finde ich, daß sie fast nichts als Marionetten mit himmelblauen Nasen und affektiertem Pathos, aber nicht Menschen von Fleisch und Blut gegeben haben, deren Leid und Freude mich mitempfinden macht, und deren Tun und Handeln mir Abscheu oder Bewunderung einflößt. Mit einem Wort, ich halte viel auf Goethe oder Shakspeare, aber sehr wenig auf Schiller. (Büchner: Werke und Briefe, s. Gesamtbibl. 1, S. 306)

Büchner als der große Dramatiker am Beginn der Moderne setzt sich hier – selbstbewusst in einer Situation, in der sein Genie völlig verkannt wurde – von dem klassischen Theater ab, und der Repräsentant dieses Theaters ist für ihn Schiller. Er sieht nicht, dass vor allem Schillers dramatisches Spätwerk bereits ähnliche Gegenstände behandelt wie sein Revolutionsstück, dass etwa die *Wallenstein*-Trilogie genau die Aporien des modernen geschichtlichen Handelns behandelt, die Büchner in *Dantons Tod* ebenfalls interessieren. Die moralisierende und idealistische Schiller-Interpretation der Epigonen und der populären Verwerter wird hier gegen den Autor und die Texte selbst gewendet, und es wird in der Zukunft häufig schwierig sein, Schiller als Zeitgenossen der Moderne hinter den Klischees zu erkennen. Dabei ist es gerade das Theater Schillers, das von dem historischen und anthropologischen Interesse geprägt ist, das Büchner beschwört. Wenn dieser als Anreger eines Theaters der offenen Form gegen den Klassizismus der Dramenform Schillers opponiert, so ist hier in der Tat ein Epocheneinschnitt zu erkennen (der mit Heines Wort von dem «Ende der Kunstperiode» zusammen fällt); diese unterschiedliche formale Orientierung ist aber nicht der Grund für eine so krasse Aburteilung des idealistischen Dramatikers Schiller. Dessen Idealismus – so zeigt sich – wird in der Rezeptionsgeschichte im Guten wie im Schlechten permanent missverstanden, denn er artikuliert das *Bedürfnis* des Menschen nach dem Ideal in einer zerrissenen Welt und behauptet nicht die ideale Verfassung der Welt im Angesicht einer zersplitterten Moderne.

Die Zementierung eines negativen Schiller-Klischees erfolgte durch Nietzsches hämisches Wort vom «Moral-Trompeter von Säckingen» (vgl. Oellers 1976, S. 75). Mit Bezug auf Viktor von Scheffels populäres Versepos *Der Trompeter von Säckingen* (1854), das vom Geist einer epigonalen tugendhaften Empfindsamkeit und Sentimentalität bestimmt war, denunzierte Nietzsche damit das moralisierende Pathos vor allem mancher Gedichte, die sich mit dem Bild der Frau beschäftigten. Schillers komplexe Reflexionen über die Verbindung von Ästhetik und Moral (vgl. Arbeitsbereich IV) wurden von Nietzsche einseitig im Sinne der populären Schiller-Rezeption ausgelegt. Es erscheint verständlich, dass Nietzsches moralkritische Position und seine vitalistisch orientierte Ästhetik, die sich durch keine moralischen Gebote einschränken lassen wollte, Schiller als einen Antipoden aufbauen konnte. Ein genauerer Blick zeigt aber, dass die Abwehrhaltung Nietzsches gegenüber Schiller auf einer gewissen Konkurrenzsituation beruhte, die auf ähnliche Intentionen beider Autoren schließen lässt (vgl. Politycki, S. 364–377: «Distanz der Nähe»). Zunächst ist festzustellen, dass bis 1876 kaum negative Äußerungen Nietzsches über Schiller zu finden sind. Nietzsche folgt Schiller in seinen Vorlesungen über die Dramatik des Sophokles in dessen Einschätzung des antiken Chores (vgl. Oellers 1976, S. 71 f.). Außerdem gibt es eine Filiation Schiller – Wagner – Nietzsche, die in diesem Zusammenhang von besonderem Interesse ist. Schillers Konzept der ästhetischen Erziehung und die opernhafte Konzeption einiger seiner späteren Dramen, vor allem der *Jungfrau von Orleans*, finden eine Art Fortsetzung in Wagners Idee des Gesamtkunstwerks (vgl. Borchmeyer). Und Nietzsches Position in der *Geburt der Tragödie* unterscheidet sich zwar von Schillers «apollinischem» Bild der Griechen, stellt aber trotz allen Unterschieden mit der Idee, dass die Welt nur als ästhetisches Phänomen gerechtfertigt sei, eine radikalisierende Weiterentwicklung von Schillers Konzept der ästhetischen Erziehung dar. Nietzsche als ästhetischer Denker bleibt Schiller nahe, solange er Wagner verehrt, und nach dem Bruch mit Wagner polemisiert er «mit dem Hammer» gegen Schiller, weil er jetzt das ästhetische Projekt mit anderen philosophischen Mitteln weiter verfolgt. Nietzsche kann also Goethe bewundern und in ihm einen inkommensurablen Geist sehen; er kann gegenüber Schiller nur Partei sein, weil er sich als Konkurrent versteht. Aus heutiger Sicht steht eine differenzierte und vorurteilsfreie komparatistische Analyse der Konzeptionen Schillers und Nietzsches aus. Diese könnte sich mit der Ästhetik Theodor W. Adornos und mit François Lyotards Theorie des Erhabenen auseinander setzen, deren (zum Teil verborgene) Bezüge zu beiden Denkern aufschlussreiche Verbindungslinien aufzeigen könnten.

2. *Schiller-Rezeption im 20. Jahrhundert*

Die Erfahrung des Ersten Weltkriegs verband sich in Deutschland mit einem spezifischen Verständnis von Literatur, der die Funktion zugewiesen wurde, ein nationales Gemeinschaftserlebnis dichterisch zu erhöhen. Nicht Schiller, sondern Hölderlin war der Klassiker dieser Frontgeneration. Aber in der Nachkriegszeit überwog ein konservativ-reaktionärer, teilweise militaristischer Geist auch in der Schiller-Rezeption. Während die literarische Linke trotz der spektakulären *Räuber*-Inszenierung durch Erwin Piscator im Berliner Staatstheater (1926) kein produktives Verhältnis zu Schiller fand, setzte schon vor dem Beginn des Nazi-Herrschaft eine problematische Tendenz der «Monumentalisierung und Enthistorisierung» des Klassikers Schiller ein (Albert 1998, S. 774). Auffällig ist, dass auch renommierte Literaturwissenschaftler schon vor 1933 den Gedanken verbreiten, Schillers Werk sei dahingehend zu deuten, dass in ihm eine bestimmte Haltung der Unterwerfung und des Gehorsams gegenüber absoluten Werten dargestellt und propagiert werde, die in der Krise der Moderne des zwanzigsten Jahrhunderts eine orientierende Kraft gewinnen könne. Indem die konkrete Auseinandersetzung Schillers mit seiner Zeit und seine Verwurzelung in der Aufklärung und ihren Widersprüchen ausgeblendet wird, entsteht die Möglichkeit, die beschriebene Haltung einer bedingungslosen Hingabe an bestehende Ordnungen und Machtstrukturen anzupassen, die im Geiste Schillers nur als repressiv verstanden werden konnten.

Max Kommerell, zeitweilig Schüler Stefan Georges, propagierte in Anlehnung an dessen Verständnis der Position des Dichters dessen Rolle als «Führer in der deutschen Klassik». Kommerell ist keine Sympathie mit dem Nationalsozialismus nachzuweisen. In seiner Abhandlung aus dem Jahre 1928 zeigt er aber sehr wohl eine unhistorische Haltung, die Schiller neben anderen Autoren seiner Zeit in ein System von Befehl und Gehorsam einbindet, das – möglicherweise unabhängig von Kommerells Intentionen – in der Vorgeschichte des Nationalsozialismus eine problematische Wirkung entfaltete. Charakteristisch erscheint Kommerells Bezug zu Schillers bedeutendem Dramenfragment *Die Maltheser*, in dem es um den Bezug des großen Einzelnen (La Valette) zu den Regeln des Ordens und zu dessen Mitgliedern geht. Was Schiller als eine problematisierende Studie über die Reichweite seiner Konzeption des Erhabenen in experimenteller Offenheit hinterlassen hat (vgl. Suppanz, S. 32–93), wird von Kommerell inhaltlich aufgeladen, indem der Orden als eine Schule des Gehorsams begriffen wird, die ein Modell für die Dichtung sein könnte:

Wie Schiller sich gestaltet hätte neben einem Führer, der sein Heroisches entbunden hätte und in einem Zeitalter kühneren Wagnisses und wilderer Erprobung, dies läßt er ahnen im Gleichnis des Ordens, der sich zusammenschließt zum todbereiten Erdendienst am Göttlichen und auf die beiden Darstellungen seiner Mitte blickt: den tapferst Weisesten und den tapferst Schönsten. Hier steht Schiller näher bei Hölderlin als bei Goethe, und wenn wir ihn heut mehr als je den Unsern nennen, denken wir nicht bloß seiner scharf geprägten klassischen Führergestalt, sondern jener andern nur angedeuteten, in der er sich uns heute oder morgen gesellen würde als Oberer eines vom Größten beseelten zum Äußersten bereiten Tatbunds. (zit. n. Oellers 1976, S. 293)

Gerade die letzten Formulierungen dieses Zitats zeigen das Spekulative von Kommerells Entwurf, der sich eigentlich nicht auf die fertig gestellten Dramen Schillers stützen kann. Schon kurz nach Beginn der Nazi-Herrschaft rückte Kommerell freilich von der hier skizzierten Konzeption ab. In einem Beitrag für das Jahrbuch des Freien Deutschen Hochstifts charakterisierte er Schiller als Psychologen und damit als einen Analytiker, der im Geiste der Aufklärung Fragen stellt und sich mitnichten als eine Führergestalt profiliert (vgl. Kommerell 1934/35).

Keineswegs mit Kommerell zu vergleichen ist das üble Machwerk eines dilettierenden Ministerialrats, das Pamphlet *Schiller als Kampfgenosse Hitlers* von Hans Fabricius aus dem Jahre 1932. Hier handelt es sich um eine krasse Fehldeutung von Schillers Werken, die durch die Anwendung der Kategorien des Völkischen und Rassischen gekennzeichnet ist. Wie Fabricius Schillers Dramen interpretiert, sei an einem Beispiel illustriert. Die Tragik, die auch er in der *Braut von Messina* findet, ist nicht aus einer Reflexion über historische oder anthropologische Befunde heraus zu verstehen, sondern in der ‹rassischen› Isolation der Protagonisten begründet:

Das ist die Tragik dieser beiden hochgearteten Männer [Don Manuel und Don Cesar], daß sie, ausgestattet mit allen Eigenschaften, die zum Volksführer befähigen, eines Volkes entbehren, dem sie Führer werden könnten. Losgelöst von dem Volk ihres Blutes, suchen sie vergebens, ihrem ungestümen Lebensdrange Sinn und Gehalt zu geben. Die Familie kann ihnen das Volk nicht ersetzen; sie hat nur Sinn als Zelle eines organischen Volkstums. So zersprengen die Brüder die inhaltlos gewordene Familienform durch Bruderkrieg, weil jeder im andern den einzig vorhandenen würdigen Gegner erblickt. Fern ihrem Volke unterliegen sie der Versuchung, in der Befriedigung der Leidenschaften und Triebe ihres Ichs den eigentlichen Lebensinhalt zu suchen. (zit. n. Oellers 1967, S. 321)

So unangemessen und schamlos diese Form der völkischen und rassischen ‹Aktualisierung› von Schillers Werk auch ist, in besonderem Maße problematisch erscheint das Vorgehen durchaus renommierter und gebildeter Literaturwissenschaftler, wenn diese aus Schillers Werk bestimmte Haltungen ableiten, die dann in der Diktatur funktionalisiert werden konnten.

So geht der in den 30er und 40er Jahren äußerst einflussreiche Germanist Gerhard Fricke in seiner Deutung von Schillers Persönlichkeit von der These aus, «daß Schiller gerade in dieser mit immer neuer Freudigkeit vollzogenen Hingabe das höchste Leben fand und sein eigenstes Geschenk empfing: die Freiheit und den nie ermattenden Schwung der Seele» (Fricke, S. 77). Der in der Rezeptionsgeschichte beliebte Vergleich zwischen Goethe und Schiller wird zugunsten Schillers gewendet, weil dieser gerade als der im religiösen Sinne Gehorsame verstanden wird: «Während sich für Goethe die unendliche Fülle der allebendigen Natur als das große Objektive auftut, tritt bei Schiller die Objektivität der unbedingten, heiligen Mächte hervor, denen zu dienen des Menschen ewiger Beruf und höchste Würde ist.» (ebd.) Konsequenterweise erklärt Fricke zur Deutung der *Räuber*: «Daß das Ich sich dem Sittlich-Unbedingten gleichstellte, indem es sein Rächer zu sein sich anmaßte, daß es daran scheiterte und zurückkehrte zu der Erkenntnis, daß es nur *ein* Unbedingtes gibt – und daß das Ich an ihm nur auf dem einen Weg des reinen Gehorsams teilhaben kann, ist der innere Vorgang der *Räuber.*» (Fricke, S. 88) Schillers Idealismus wird in einer religiös-existentiellen Emphase umgedeutet in die Notwendigkeit des Subjekts, seiner Unterwerfung zuzustimmen: «denn die *Idee* verlangt die *Hingabe des ganzen Ich*, sie fordert – Gehorsam.» (Fricke, S. 89) Die *Theosophie des Julius* wird für Fricke zu einem zentralen Text, der zeigen soll, wie Schiller die Hingabe als die einzige angemessene Haltung des Menschen begreift:

> Das Rätsel der Begeisterung, der Hingabe, dieses eigentlichen Elements von Schillers Leben – das Geheimnis aller Ethik ist gelöst: erst in der Hingabe wird der Bann der isolierten Individualität gebrochen, in ihr empfangen wir doppelt, was wir geben: wir nehmen gleichsam das fremde Selbst noch in unser eigenes auf. (Fricke, S. 123)

Nicht die Verurteilung von Personen ist aus heutiger Sicht in der Reflexion des Verhaltens der Schiller-Leser und Germanisten in der NS-Zeit interessant, sondern die Struktur, die in dieser Form der Rezeption zu erkennen ist. Es zeigt sich, dass die affirmative Schiller-Rezeption, die schon im neunzehnten Jahrhundert die Gewohnheit hatte, das Werk Schillers für die verschiedensten Ideen zu vereinnahmen, im Kontext der Nazi-Barbarei eine traurige Steigerung erlebte. Wer sich daran gewöhnt hatte, den Klassiker zur Bestätigung unbezweifelbarer Gewissheiten zu gebrauchen, nahm keinen Anstoß daran, dass auch das Dritte Reich sich auf die deutschen Dichter berief. Die nationalsozialistische Kulturpolitik zeigte anlässlich der Jubiläumsfeiern des Jahres 1934, dass sie bereit und fähig war, das Bürgertum mit Formen einer Dichterverehrung zu beeindrucken, die sich in der Tradition des neunzehnten Jahrhunderts bewegte, ja diese sogar noch übertraf. Durch den «zielgerichteten Einsatz moderner Massenkommunikationsmittel, der Schillers Aktualität noch deutlicher hervorheben sollte» (Albert 1998, S. 780), gelang es durchaus, die vermeintliche Seriosität des neuen Regimes herauszustellen. Der Staffellauf von 15 000 Hitlerjungen nach Marbach zeigte, wie sich Bildungstradition und moderne Lebensformen in einem attraktiven Ereignis verbanden: «Die reichsweit in der ‹Stunde der Nation› übertragene Ankunft der Läufer mit dem Vortrag von Texten Schillers, Sprechchören und Musik inszenierte Schiller als lebendiges Vorbild der deutschen Jugend; bündische Impulse der bürgerlichen Jugendbewegung wurden mit autoritär-militaristischen der HJ verschmolzen» (ebd.). In Schule, Theater und Film, aber auch in der Germanistik und in der medialen Öffentlichkeit ist der «Versuch einer Gleichschaltung» Schillers zu erkennen (vgl. Ruppelt 1976, 1979). Die von Fricke und anderen vorbereitete Deutung des Klassikers im Hinblick auf eine Unterwerfungshaltung und eine weit verbreitete Verbindung von Idealismus und autoritärem Geist sorgten dafür, dass dieser Versuch bis zu einem gewissen Grade glückte. Die Autoren des Exils, die auf ein baldiges Ende der Nazi-Herrschaft hofften, unterschätzten die Fähigkeit des NS-Regimes, kulturelle Traditionen im Geiste der Barbarei umzudeuten und dem neuen Denken bis zu einem Grade kompatibel zu machen. Da ist es nur ein schwacher Trost, dass der *Tell* während des Kriegs verboten wurde und dass die Audienzszene des *Don Carlos* immer mal wieder subversiven Beifall hervorrief.

Eine grundlegende Reflexion ist erforderlich, um die Schiller-Rezeption der NS-Zeit in angemessener Form bedenken zu können. Es stellt sich nämlich die Frage, ob der klassizistische Idealismus Schillers (wie auch der Goethes) nicht Elemente in sich birgt, die einem autoritären Klassiker-Verständnis entgegen kommen. Enthält der Wille zur Synthese, der die klassischen Konzepte etwa der ästhetischen Erziehung prägt, nicht gewaltsame Elemente, die eine Unterdrückung des Abweichenden bedingen? Wir haben gesehen, dass Schiller etwa die Forderung aufstellt, die Form solle den Stoff vertilgen, der Künstler müsse dem Stoff Gewalt antun usw. (vgl. Arbeitsbereich IV). Analog ist etwa in Goethes *Iphigenie* die Tendenz zu erkennen, die humane Synthese unter Ausschluss der «Barbaren» zu verwirklichen. Sieht man diese Gefahr einer Komplizenschaft zwischen Humanität und Barbarei (die wir auch in der Figur des Marquis Posa und in Schillers Deutung des Schwedenkönigs Gustav Adolf hervorgehoben haben), so ergibt sich auch aus der Einsicht in die Mechanismen der Schiller-Rezeption, dass es einer historisch reflektierten zeitgemäßen Schiller-Deutung nicht darum gehen kann, die von Schiller postulierten problematischen Synthesen seines Denkens kritiklos zu bestätigen. Anstatt diese Synthesen zu ratifizieren, kommt es vielmehr darauf an, die Offenheit des poetischen Prozesses und der ästhetischen Reflexion hervorzuheben, die Fragen und das Fragwürdige der Reflexionen, Modelle und Konzepte hervorzuheben. Die in diesem Buch praktizierte problematisierende und offene Schiller-Deutung ist also nicht dem modischen Geist einer beliebigen Kritik geschuldet, sondern die Reaktion auf eine Krise des Klassizismus, die in dessen Vereinnahmung durch die Barbarei der Nazis liegt. Buchenwald liegt bei Weimar – und diese räumliche Nähe ist das Symbol einer Frage nach der ideologischen Affinität zwischen Idealismus, Klassizismus und autoritärer Herrschaft. Auch die Autonomieästhetik muss sich einer kritischen Revision stellen; sie darf nicht als eine selbstgenügsame unpolitische Freude am schönen Schein begriffen werden, die unbeteiligt am Unheil der geschichtlichen Praxis bleibt. Sie muss vielmehr als ein kritisches Korrektiv zu einer heillosen Wirklichkeit begriffen werden, die vielleicht nicht unmittelbar verändert werden kann, der aber Modelle humaner Ordnung gegenüber gestellt werden können. Dass die Klassiker in der Zeit der NS-Herrschaft solche Wirkungen nicht entfaltet haben, muss zu denken geben. Schiller kann nicht mehr fraglos als klassisches Bildungsgut begriffen werden; die Beschäftigung mit seinen Texten muss vielmehr in einer deutschen Kultur nach Auschwitz legitimiert werden, indem sie etwa zur Beschäftigung mit den Aporien und Widersprüchen der historischen Praxis beiträgt. So ist die Reflexion über die Schiller-Rezeption in der NS-Zeit keine lästige Pflichtaufgabe, sondern die notwendige Voraussetzung für jede verantwortliche und kritische Praxis der heutigen Literaturwissenschaft und Literaturgeschichte.

Die bundesdeutsche Germanistik vor 1968 verlässt sich mit Benno von Wiese auf Werkimmanenz und Geistesgeschichte, und sie hat bis zu einem gewissen Grade Recht, weil sie damit die Instrumentalisierung des Klassikers vermeidet und unhistorische Extrapolationen unmöglich macht. Die vermeintliche Wertfreiheit dieser Literaturwissenschaft ist freilich eine Illusion der ‹Anti-Ideologie-Ideologie›, die zu einer beherrschenden Einstellung der westdeutschen Nachkriegsgesellschaft wird. Die fundamentale Infragestellung der klassisch-idealistischen Literatur und der Autonomieästhetik, die wir soeben skizziert haben, wird von der geisteswissenschaftlichen Germanistik verdrängt, die kein Unbehagen am schönen Schein angesichts der Gaskammern verspürt und unpolitisch an einer reinen Literaturwissenschaft weiter arbeitet.

Freilich konnte sie sich bestätigt fühlen durch die problematische Haltung der ‹Systemkonkurrenz›, der Germanistik und der staatsoffiziellen ‹Erbepflege›, wie sie in der DDR betrieben wurde. «Die Tradition der monumentalisierenden Schiller-Deutung, der Identifikation dramatischer Figuren und ihrer Sentenzen mit Meinungsäußerungen des Autors selbst, ließ ihn […] zum Exponenten östlicher Erbepflege im Zeichen der antifaschistisch-demokratischen Erneuerung werden» (Albert

1998, S. 783). Johannes R. Becher, der Kulturminister der DDR, hielt 1955 seine Rede zum Schiller-Jahr mit der Losung «Denn er ist unser» (vgl. Albert 1998, S. 784), und er reiht sich damit ein in die Reihe derer, die den Klassiker zur Bestätigung ihrer gerade aktuellen politischen Überzeugung instrumentalisieren. Von den Schiller-Deutungen der ersten Jahrhunderthälfte unterscheiden sich die Arbeiten aus der DDR positiv dadurch, dass sie sehr wohl die historische Verknüpfung von Schillers Werk mit seiner Epoche würdigen und so der Enthistorisierung des Schiller-Bildes entgegen arbeiten. Freilich gehen sie von einem holzschnittartigen geschichtsphilosophischen Schema aus, sodass diese Bindung an die Geschichte nicht zur Öffnung des Fragehorizontes führt, sondern zur Bestätigung der Konzeption des Historischen Materialismus.

Eine im Gefolge der Studentenbewegung um 1968 auftretende Neuorientierung im Sinne einer «Kulturrevolution» kritisiert grundsätzlich die Trennung von Kunst und Leben, wie sie Schillers Ästhetik bestimmt. Herbert Marcuse, einer der Anreger dieser Bewegung, belegt in seiner Abhandlung *Triebstruktur und Gesellschaft* (englisches Original bereits 1955!), dass die Theorie der ästhetischen Erziehung durchaus Tendenzen aufweist, diese Trennung zu überwinden und eine Veränderung des *Lebens* zu bewirken. Die politische Kritik des Neomarxismus verbindet sich bei Marcuse mit dem Impuls der Avantgarde, der es darum ging, die ‹bürgerliche› Trennung der Sphären von Kunst und Leben aufzuheben. Marcuse versucht sich vorzustellen, wie die Dynamik der ästhetischen Erziehung die menschliche Praxis beeinflussen könnte:

> Der Spieltrieb könnte, würde er tatsächlich als Kulturprinzip Geltung gewinnen, die Realität im wahrsten Sinne des Wortes umgestalten. Die Natur, die objektive Welt, würde dann nicht mehr in erster Linie als den Menschen beherrschend erfahren (wie in der primitiven Gesellschaft) noch als etwas, das vom Menschen beherrscht wird (wie in unserer Welt) [...]. Mit dieser Veränderung der grundlegenden, formativen Erlebnisform (Erfahrung) verändert sich das Objekt der Erfahrung selbst: befreit von gewaltsamer Herrschaft und Ausnutzung, geformt statt dessen vom Spieltrieb, wäre die Natur auch ihrer eigenen Roheit ledig und frei, die Fülle ihrer zwecklosen Formen spielerisch darzustellen, die das «innere Leben» ihres Gegenstandes ausdrücken. (zit. n. Düsing, S. 211)

Die «kulturrevolutionäre» Utopie einer Befreiung der Sinnlichkeit durch Entsublimierung und Überwindung einer repressiven Moral bedient sich also einer psychoanalytischen Interpretation von Schillers Konzept der ästhetischen Erziehung, um ihren utopischen Anspruch zu formulieren. Mit seiner Idee einer Befreiung der Natur läuft Marcuse freilich Gefahr, die Aporien von Schillers Theorien zu reproduzieren, setzt er doch eine utopisch-idealistische Idee von Natur voraus, die eine Befreiung des Menschen überhaupt erst ermöglicht. Die kritische Analyse der modernen Gesellschaft, die Schiller bereits in Ansätzen liefert, sollte einen skeptischen Zweifel gegenüber Vorstellungen begründen, die eine Befreiung des Menschen in der «wirklichen Welt» postulieren.

Eine solche Skepsis liegt den Überlegungen Theodor W. Adornos zur ästhetischen Theorie zugrunde. Ihm geht es um die radikale Frage einer Legitimation von Kunst und Kultur im Angesicht des Zivilisationsbruchs Auschwitz und um die mögliche strukturelle Analogie zwischen einem idealistischen Kunstverständnis und den autoritären Strukturen einer diktatorischen Ordnung. Der Bezug zu Schillers Ästhetik wird in einem Aufsatz aus dem Jahre 1967 mit dem Titel *Ist die Kunst heiter?* deutlich. Adorno kritisiert zunächst in Übereinstimmung mit Marcuse die radikale Trennung von Kunst und gesellschaftlicher Praxis, die sich in dem berühmten Schiller-Vers «Ernst ist das Leben, heiter ist die Kunst» zeigt: «Gerade durch ihre erbauliche Unverbindlichkeit wird die Kunst dem bürgerlichen Leben als dessen ihm widersprechende Ergänzung unterworfen. Schon ist die Freizeitgestaltung abzusehen, die einmal daraus wird.» (Adorno 1981, S. 599) Gleichzeitig gesteht Adorno zu, dass in dem Satz von der Heiterkeit der Kunst die Wahrheit steckt, dass Kunst gegenüber den Zwängen der gesellschaftlichen Praxis einen Freiraum gewährt: «Kunst ist a priori, vor ihren Werken, Kritik des tierischen Ernstes, welchen die Realität über die Menschen verhängt. Indem sie das Verhängnis nennt, glaubt sie es zu lockern. Das ist ihr Heiteres; freilich ebenso, als Veränderung des jeweils bestehenden Bewusstseins, ihr Ernst.» (ebd., S. 600 f.) Als besondere Dramatisierung des Problems ist freilich die Frage zu verstehen, ob nach dem Zivilisationsbruch Auschwitz diese Rede von der Heiterkeit der Kunst überhaupt noch aufrecht erhalten werden kann:

> Wo Heiterkeit heute auftritt, ist sie entstellt als anbefohlene, bis in das ominöse Jedennoch jener Tragik hinein, die damit sich tröstet, daß das Leben nun einmal so sei. Kunst, die anders als reflektiert gar nicht mehr möglich ist, muß von sich aus auf Heiterkeit verzichten. Dazu nötigt sie vor allem anderen, was jüngst geschah. Der Satz, nach Auschwitz lasse kein Gedicht mehr sich schreiben [den Adorno 1955 formuliert hatte, M. H.], gilt nicht blank, gewiß aber, daß danach, weil es möglich war und bis ins Unabsehbare möglich bleibt, keine heitere Kunst mehr vorgestellt werden kann. Objektiv artet sie in Zynismus aus, mag immer sie die Güte menschlichen Verstehens sich erborgen. (ebd., S. 603 f.)

Was Adorno nicht sieht, ist, dass Schiller mit seiner Theorie des Erhabenen die einseitige These von der Heiterkeit und dem Spielcharakter der Kunst bereits überwunden hat. Wir haben gezeigt, dass Schiller mit Blick auf sein Konzept des Erhabenen von der Notwendigkeit spricht, die «Schonung» der Schönheitsästhetik zu überwinden, die «über das ernste Angesicht der Nothwendigkeit einen Schleyer wirft, und [...] eine Harmonie zwischen dem Wohlseyn und dem Wohlverhalten *lügt*, von der sich in der wirklichen Welt keine Spuren zeigen.» (NA 21, S. 51 f.; vgl. Arbeitsbereich IV) Die Ästhetik des Erhabenen, wie Schiller sie konzipiert, ist heiter und ernst zugleich; sie ist Spiel und doch kein Spiel; sie ist spontan und reflektiert zugleich; sie freut sich an der Illusion, weiß aber um deren Scheincharakter.

Der Rückgriff auf Adornos Schiller-Kritik kann verdeutlichen, warum die innovativen Forschungsansätze der letzten Jahre (vor allem Zelle, Alt) Schillers Ästhetik und Poetik, ja sein gesamtes Werk, unter dem Gesichtspunkt einer Ästhetik des Erhabenen konzipieren. Wenn wir Schiller als Zeitgenossen auch unserer Epoche behalten wollen, dann müssen wir die Elemente seines Werks stark machen, die ein desillusioniertes Bewusstsein über die Heillosigkeit des historischen Prozesses bezeugen, dann müssen wir ihn als Analytiker eines Prozesses der Modernisierung interpretieren, der dessen negative Folgen registriert und in eine kritische Konzeption der Dichtung aufnimmt. Schiller ist in dieser Perspektive keineswegs der «Hofpoet des deutschen Idealismus» (Adorno 1981, S. 599), sondern der Vorläufer einer selbstkritischen Moderne, die um die Aporien einer Versöhnungsästhetik weiß und der es darum geht, die Widersprüche der modernen Welt auszuhalten. Weit entfernt ist dieses Schiller-Bild von den enthistorisierten Konzepten der Beschwörer von Gehorsam und Unterwerfung. Schiller kann nur als Zeitgenosse unserer Epoche verstanden werden, wenn seine Konflikte mit seiner eigenen Zeit deutlich gemacht werden. Schiller als Vertreter und Kritiker der Aufklärung kann unser Zeitgenosse sein, weil wir, die selbstkritischen Repräsentanten einer postmodernen Moderne, am Ende eines Prozesses stehen, dessen Anfang er kritisch begleitet hat.

B. Schiller-Rezeption im Ausland

Während die deutsche Literatur- und Geistesgeschichte Goethe und Schiller als Exponenten der Weimarer Klassik versteht – und damit das Bild einer deutschen Klassik pflegt, die im Vergleich mit den anderen europäischen Literaturen sehr verspätet auftritt –, sehen die romanische und die anglophone Literaturwissenschaft beide Autoren als Vertreter der gesamteuropäischen Bewegung der Romantik. Dieser Unterschied ist von großer Bedeutung für die Schiller-Rezeption im Ausland, denn Schiller wird als Figur und als Schöpfer eines bedeutenden literarischen Werkes zu einem Repräsentanten der deutschen Romantik und damit zu einem der Autoren, die überhaupt erst deutsche Dichtung in ihrer eigentümlichen Ausprägung hervor treten lassen. Die nicht zu unterschätzende Bedeutung der Vermittlungsleistung der Madame de Staël besteht zunächst vor allem darin, dass sie darauf verweist, dass die Deutschen vor allem in Literatur und Philosophie eine kulturelle Blüte erreicht haben, die sich mit den kulturellen Leistungen Frankreichs und anderer Länder durchaus messen kann. Wenn die romanischen Vorurteile gegenüber den vermeintlich barbarischen ‹Germanen› einen Mangel an Takt, Witz und Formbewusstsein unterstellen, so rühmt die sprachgewaltige Vermittlerin gerade die Tiefe des deutschen Geistes, ja sie begründet den Ruf Deutschlands als des Landes der Dichter und Denker. Dabei ist für sie Deutschland *das* Land der Romantik; sie konstatiert eine Orientierung an der Kultur des Mittelalters (und verallgemeinert damit bestimmte Tendenzen der Romantik im engeren Sinne) und wirbt um Verständnis für eine Kultur, die nicht so sehr an Normen der Rhetorik und der formalen Perfektion orientiert ist, sondern der es um die Suche nach der Wahrheit geht, der sie in nicht immer klaren, dafür aber tiefschürfenden Untersuchungen auf den Grund zu gehen versucht. Was uns heute als ein klischeehaftes Bild der Deutschen erscheint – und was schon Heinrich Heine in seinen Deutschland-Büchern gegenüber dem französischen Publikum zu korrigieren suchte –, hatte zu Beginn des neunzehnten Jahrhunderts eine ungeheure Wirkung und verschaffte der deutschen Literatur und Kultur einen Respekt, den sie zuvor kaum jemals genießen konnte.

In diesem Kontext ist das Schiller-Bild der Madame de Staël von ganz besonderer Bedeutung. Wenn nämlich der französische Geist durch formale Brillanz und durch Klarheit und Präzision, durch Witz und Esprit gekennzeichnet erschien, so musste der deutsche durch die erwähnte Tiefe und vor allem durch eine unbedingte Aufrichtigkeit und durch die kompromisslose Suche nach der Wahrheit gekennzeichnet sein. Und diesem Bild entsprach in den Augen Madame de Staëls, die im Winter 1803/1804 Weimar besucht hatte, gerade Schiller und nicht Goethe. Die *Einheit von Werk und Charakter* musste für das Bild des deutschen Dichters und Denkers von entscheidender Bedeutung sein. Germaine de Staël erkannte zwar die überragende Bedeutung Goethes und stellte sie in ihrem Buch dar; aber es gab eine Diskrepanz zwischen dem Werk und dem Charakter, die in der Begegnung mit Goethe irritierend wirkte. In Benjamin Constants Tagebuch findet sich folgende Bemerkung über einen Besuch, den er mit Germaine Goethe abstattet: «Sehr interessantes Abendessen bei Goethe. Es ist ein Mensch voller Geist, Einfall, Tiefe und neuer Ideen. Aber es ist der am wenigsten gute Mensch, den ich kenne.» (zit. n. de Staël, S. 833) Und das insgesamt sehr positive Kapitel des Deutschland-Buchs verzeichnet immerhin «Inkonvenienzen seines Charakters, Launen, Verlegenheit, Zwang», «Kälte, ja selbst eine Art von Steifheit» (ebd., S. 165 f.). Umso bemerkenswerter erscheint es, dass die Verfasserin bei Schiller die Einheit von Werk und Charakter in besonderem Maße betont:

> Schiller war ein Mann von seltenem Genie und vollkommener Gewissenhaftigkeit; und beide Eigenschaften sollten, wenigstens in dem Gelehrten, unzertrennlich sein. Der Gedanke kann der Handlungsart nur dann gleichgestellt werden, wenn er in uns das Bild der Wahrheit erweckt […]. In Deutschland herrscht in

allen Dingen ein solcher Ernst und eine solche Treue, daß man nur in diesem Lande allein auf eine vollständige Weise den Charakter und die Pflichten jedes Berufes kennen lernen kann. Nichtsdestoweniger war Schiller bewunderungswürdig unter allen, durch seine Tugenden sowohl als durch seine Talente. Das Gewissen war seine Muse, und eine solche braucht nicht angerufen zu werden, man hört sie stets, wenn man sie einmal erhörte. (ebd., S. 168)

Schiller ist also die lebendige Verkörperung einer Einheit von Kunst und Moral, von Genie und Gewissen; und gerade in dieser Vereinigung wird er zu einem mustergültigen Repräsentanten des deutschen ‹Wesens›. Die persönliche Bekanntschaft mit dem Dichter berechtigt die Autorin zu den Aussagen über den Charakter des Dichters, der ihr Bild ebenso prägt wie das Studium seiner Werke:

Nie hatte er mit schlechten Gefühlen irgend etwas gemein. Er lebte, sprach und handelte, als ob es keine bösen Menschen gäbe [...]. Schiller war der beste Freund, Vater und Gatte; keine liebenswürdige Eigenschaft mangelte diesem sanften, ruhigen Charakter, den nur das Talent entflammte. Liebe zur Freiheit, Ehrfurcht vor den Frauen, Enthusiasmus für die schönen Künste und Anbetung der Gottheit belebten sein Genie. (ebd., S. 169 f.)

Während Goethes Kälte und Distanz die Besucherin befremdete, rührte Schiller sie geradezu dadurch, dass er um seiner Liebe zur Wahrheit willen, wie sie meint, in seinem unbeholfenen Französisch mit ihr diskutiert, um sie von seiner Meinung zu überzeugen:

Ich bediente mich anfänglich, um ihn zu widerlegen, der französischen Waffen, der Lebhaftigkeit und des Scherzes, aber bald entdeckten sich durch alle Hindernisse, die die Sprache ihm in den Weg legte, in dem, was Schiller sagte, so viel Ideen, ich wurde von der Einfalt des Charakters, die einen Mann von solchem Genie dahin brachte, sich auf diese Weise in einen Streit einzulassen, wo seinen Gedanken die Worte mangelten, so überrascht und fand ihn so bescheiden und sorglos in allem, was nur den Erfolg seiner eigenen Werke betraf, und so stolz und lebendig in der Verteidigung dessen, was ihm als wahr erschien, daß ich ihm von diesem Augenblick an eine bewundernde Freundschaft gelobte. (ebd., S. 170 f.)

Wirkung entfaltete der Dramatiker Schiller in Frankreich in dem romantische Theater, das Ende der zwanziger Jahre zum Generalangriff auf den Klassizismus blies. 1827 publiziert Victor Hugo das Drama *Cromwell* und in dem Vorwort (*Préface*) präsentierte er ein antiklassizistisches Manifest, das als Programmschrift des neuen Theaters gelten kann. Der Bezug zu Schiller ist dabei vermittelt, aber wirksam. August Wilhelm Schlegel, der zeitweilige Begleiter der Madame de Staël, hatte seine *Vorlesungen über dramatische Kunst und Literatur* aus dem Jahre 1808 im Jahre 1814 in französischer Übersetzung erscheinen lassen. In diesem Text hatte Schlegel die klassische und die romantische Kunst unterschieden (wie de Staël in ihrem Deutschland-Buch) und sich dabei eng an Schillers Unterscheidung zwischen naiver und sentimentalischer

Kunst gehalten. Hugo radikalisiert jetzt die von Schiller ererbte Differenzierung, indem er die neue, das heißt für ihn: die aus christlichem Geist hervor gegangene Kunst und Literatur in anti-klassizistischem Geiste als eine Literatur der Moderne vorstellt. Während Schiller die sentimentalische Kunst durch den Bezug auf das Ideal klassizistisch gedeutet hatte (vgl. Arbeitsbereich IV), geht Hugo einen Schritt weiter und rehabilitiert all die Kategorien, die von der klassizistischen Poetik tabuisiert worden waren: so das Hässliche, das Interessante, das Erhabene. Konsequent setzt Hugo der klassizistischen Poetik der Reinheit eine Poetik der Mischung entgegen, die als ein Gründungsdokument der europäischen Moderne gelesen und auch als eine Weiterentwicklung von Schillers Konzept des Erhabenen verstanden werden kann (vgl. Zelle). Die geschichtsphilosophische Fundierung dieses kühnen Konzepts übernimmt Hugo aber von Schiller, dessen Theorie er über den Umweg der Vorlesungen Schlegels rezipiert hat.

Das französische romantische Theater, das liberal, anti-klassizistisch und tendenziell realistisch erscheint, greift nicht nur in den theoretischen Grundlegungen auf Anregungen Schillers zurück. Im Gegensatz zu der Vermittlerin Madame de Staël stützen sich die jungen Dramatiker dabei auf Schillers Frühwerke. So ist Hugos *Hernani* (1830), mit dem der junge Autor endgültig seinen Durchbruch erzielte, thematisch und formal auf Schillers *Räuber* bezogen, und Alfred de Mussets Geschichtsdrama *Lorenzaccio* (1834) stützt sich im Hinblick auf Handlung und Problematik auf Schillers *Verschwörung des Fiesco zu Genua.*

Im englischen Sprachraum fand Schiller ebenfalls engagierte Fürsprecher. Thomas Carlyle und Edward Bulwer-Lytton verbanden ähnlich wie Madame de Staël Schillers Persönlichkeit und seine Biographie mit seinem Werk, und sie lobten die moralische Stärke und die Willenskraft des Menschen Schiller. In seinem 1825 publizierten Werk *The Life of Friedrich Schiller* verknüpfte Carlyle eine biographische Darstellung mit der Analyse einzelner Werke, wobei er wie seine französische Vorgängerin den Akzent auf Schillers Dramen legte und diese durch den Abdruck von Auszügen seinem Publikum bekannt machte. Auch ihm erscheint Schiller als ein repräsentativer Deutscher, als eine Verkörperung von Tugenden, die gerade für dieses Volk typisch sind:

Schiller ist ein schönes Beispiel des deutschen Charakters: dessen gute Eigenschaften besitzt er alle in einem hohen Maße, und von dessen Mängeln nur sehr wenige. In Schiller finden wir jenen einfachen geraden Sinn, jene Aufrichtigkeit des Herzens und Geistes, wodurch sich die Deutschen auszeichnen, ihre Schwärmerei, ihre Begeisterung, ihren geduldigen, ernsten, beständigen Fleiß, ihre zum Erhabenen strebende Einbildungskraft, ihren sich ins Reich der umfassendsten Gedanken erhebenden Verstand. Die Ausschweifungen, von denen ein solcher Charakter gefährdet ist, werden bei Schiller durch eine ständige strenge Beachtung der Form verhindert. Der Jüngling Schiller überschritt alle Regeln, aber der

Mann Schiller vermeidet jeden Schwulst sowohl in seiner Ausdrucksweise als auch in seinen Gedanken und Handlungen. (Carlyle 1912, S. 219)

Auch Carlyle sieht als Impetus Schillers, der hinter allen seinen Dichtungen stehe, die ernste Suche nach der Wahrheit, die Verbindung von künstlerischem Gestaltungswillen und philosophischem Geist:

Literatur im Sinne Schillers umschließt das Wesentliche der Philosophie, Religion und Kunst, und was immer zu dem unsterblichen Teil des Menschen redet. Die Gabe, welche diese echte Literatur gewährt, ist Wahrheit, nicht nur physische, politische, ökonomische Wahrheit, wie sie der sinnliche Mensch verlangt, sondern sittliche Wahrheit, jene innere Wahrheit in ihren tausend Abarten, ohne die der beste Teil unseres Wesens schmachtet und dahinstirbt (ebd., S. 220)

Eine analoge Problematik zur Rezeptionsgeschichte in Deutschland lässt sich aus diesen Charakterisierungen Schillers ableiten. Im französischen und englischen Sprachraum war mit diesen einflussreichen Vermittlungen ein mächtiges und durchaus positives Schiller-Bild präsent: Schiller wurde als eine moralisch wertvolle und willensstarke Dichter-Persönlichkeit angesehen, die auch bedeutende Werke hervorgebracht hatte, und er wurde in einer besonderen Weise als Repräsentant des deutschen Nationalcharakters verstanden. Wenn nun aber diese Eigenschaften der Deutschen an Beliebtheit verloren (was mit dem Aufstieg Preußens zur deutschen Großmacht und mit der deutschen Einheit 1871 weitgehend der Fall war), musste diese positiv gemeinte Charakterisierung in ungünstiger Weise auf Schiller zurückfallen. So geht mit dem ‹Aufstieg› Goethes in der zweiten Hälfte des neunzehnten Jahrhunderts eine Abwertung Schillers einher. Das Ergebnis zeigt sich dann in einem Diktum des französischen Germanisten Robert d'Harcourt aus dem Jahre 1928: «Goethe est Européen, Schiller est Allemand.» (zitiert nach Boerner, S. 805) Es ist selbstverständlich und richtig, dass gerade nach 1945 die Schiller-Forschung die europäischen Bezüge Schillers und seines Werkes hervorgehoben hat; es ist nicht sicher, dass diese im Bewusstsein des ausländischen Lesepublikums wirklich präsent sind. In der Weltliteratur des zwanzigsten Jahrhunderts ist Schiller jedenfalls kaum wirksam; die einzige Erwähnung findet sich im Hinblick auf die Schiller-Rezeption Jean-Paul Sartres, dessen Existentialismus auch in seiner Verbindung von Literatur und Philosophie Analogien zu Denken und Schaffen Schillers aufweist (vgl. Hamburger). Dass Schiller als Dramatiker auch im Ausland gespielt wird (vgl. Wais, S. 98 f.), ist kein Gegenbeweis für die Feststellung einer geringen Wirkung. Herauszuarbeiten wäre also Schillers Offenheit gegenüber den Einflüssen der europäischen Ideengeschichte, insbesondere der Aufklärung, und seine Vorreiterfunktion im Hinblick auf die Ausbildung einer literarischen Moderne.

Nachzutragen ist aber noch eine anhaltende Wirkung im neunzehnten Jahrhundert, bei der vor allem im Hinblick auf die nationale Befreiung in Polen, Italien und Spanien ähnlich wie in Deutschland Schiller als ein Autor rezipiert wird, der liberale und nationale Bestrebungen verbindet. In Italien ist vor allem zu bemerken, dass Rossini und Verdi im Geiste des Risorgimento Opern nach Dramentexten Schillers schaffen (*Guillaume Tell*, 1829; *Giovanna d'Arco*, 1845; *I Masnadieri*, 1847; *Luisa Miller*, 1849; *Don Carlo*, 1867).

Die intensivste Schiller-Rezeption im neunzehnten Jahrhundert vollzog sich aber in Russland, und zwar insbesondere bei Puschkin und Dostojewski. Vor allem beim Autor der *Brüder Karamasow* ist eine Wahlverwandtschaft zu Schiller zu erkennen, die der Autor selbst empfand (vgl. Wais, S. 84–91). So wie man bei Schiller von Ideenlyrik und Ideendramen sprechen kann, so lassen sich Dostojewskis Romane als Ideendichtung bezeichnen – wohlgemerkt aber nicht in dem Sinne, dass hier literarische Texte in den Dienst einer Vermittlung von Ideen gestellt würden. Vielmehr geht es Dostojewski wie Schiller darum, im Medium der Literatur philosophische und weltanschauliche Fragen in experimenteller Form durchzuspielen. In dem Roman *Die Brüder Karamasow* werden die verschiedenen existentiellen Konzepte der Protagonisten mit Zitaten vor allem aus Schillers *Räubern* veranschaulicht. Außerdem bezieht sich der russische Epiker auf Schillers Gedicht *An die Freude*, wobei er ein sehr gutes Gespür für das Schwanken zwischen Skeptizismus und Enthusiasmus entwickelt, das Schillers Denken insbesondere in dieser Phase kennzeichnet. Eine detaillierte Studie, die das Verhältnis Dostojewskis zu Schiller im Lichte eines zeitgemäßen Schiller-Bildes neu durchdenkt, ist ebenso ein Forschungsdesiderat wie die genaue Rekonstruktion der Schiller-Rezeption im Ausland insgesamt. Das Schillerjahr 2005 könnte aber überhaupt ein Anlass sein, auch im Ausland ein neues Schiller-Bild zu verbreiten, das von allen nationalen, moralisierenden und pathetischen Zügen gereinigt ist.

Zeittafel zu Leben und Werk

1759 10. November Johann Christoph Friedrich Schiller wird in Marbach geboren

1765 Elementarschule Lorch; Beginn des Lateinunterrichts bei Pfarrer Moser

1767 Wechsel auf die Lateinschule in Ludwigsburg

1773 Eintritt in die Karlsschule

1776 Beginn des Medizinstudiums

1779 Dissertation in lateinischer Sprache (*Philosophie der Physiologie*, abgelehnt)

1780 Dissertation *Über den Zusammenhang der tierischen Natur des Menschen mit seiner geistigen*

1781 *Die Räuber*

1782 Schiller flieht aus Stuttgart; *Anthologie auf das Jahr 1782*

1783 *Die Verschwörung des Fiesko zu Genua*

1784 *Was kann eine gute stehende Schaubühne eigentlich wirken?; Kabale und Liebe*

1785 Schiller als Gast Körners in Leipzig und Dresden (bis 1786); *Rheinische Thalia*

1787 Schiller in Weimar (bis 1788); *Don Carlos*

1788 *Geschichte des Abfalls der Vereinigten Niederlande von der spanischen Regierung; Die Götter Griechenlandes*

1789 Schiller Professor der Geschichte in Jena: *Was heißt und zu welchem Ende studiert man Universalgeschichte?*

1790 Schiller heiratet Charlotte von Lengefeld; *Geschichte des Dreißigjährigen Kriegs* (bis 1792)

1791 Schiller erkrankt schwer; ein intensives Kant-Studium beginnt

1792 *Über den Grund des Vergnügens an tragischen Gegenständen*

1793 *Über Anmut und Würde*

1794 Annäherung an Goethe («glückliches Ereignis»)

1795 *Die Horen* (bis 1797); *Über die ästhetische Erziehung des Menschen; Über naive und sentimentalische Dichtung* (bis 1796)

1796 Publikation der gemeinsam mit Goethe verfassten *Xenien*

1797 seit Frühsommer Balladenproduktion (Zusammenarbeit mit Goethe)

1798 12. 10. Uraufführung von *Wallensteins Lager* zur Eröffnung des umgebauten Weimarer Theaters

1799 30. 1./20. 4. Uraufführung von *Die Piccolomini* und *Wallensteins Tod*

1800 *Maria Stuart*

1801 *Die Jungfrau von Orleans*

1802 Schiller zieht nach Weimar ins Haus an der Esplanade

1803 *Die Braut von Messina*

1804 *Wilhelm Tell*

1805 9. Mai Tod Schillers in Weimar

Gesamtbibliographie

1. *Ausgaben*

Schillers Werke. Nationalausgabe (NA). Begründet von Julius Petersen, fortgeführt von Lieselotte Blumenthal und Benno von Wiese. Hrsg. im Auftrag der Stiftung Weimarer Klassik und des Schiller-Nationalmuseums Marbach von Norbert Oellers. Weimar 1943 ff. (zitiert mit arabischer Band- und Seitenzahl).

Schillers sämtliche Werke (SW). 5 Bde. Auf Grund der Originaldrucke hrsg. v. Gerhard Fricke und Herbert G. Göpfert. München 1981 (zitiert mit römischer Band- und arabischer Seitenzahl) (überarbeitete Neuauflage in Vorbereitung).

Friedrich Schiller: Sämtliche Werke. Berliner Ausgabe. 10 Bde. Hrsg. v. Hans-Günter Thalheim u. a. Berlin 1980 ff.

Friedrich Schiller. Werke und Briefe in zwölf Bänden. Im Deutschen Klassiker-Verlag hrsg. v. Otto Dann u. a. Frankfurt am Main 1988 ff.

Büchner, Georg: Werke und Briefe. Münchner Ausgabe. Hrsg. v. Karl Pörnbacher u. a. München 1988.

Goethe, Johann Wolfgang: Hamburger Ausgabe in 14 Bänden (HA). Hrsg. v. Erich Trunz. München 1988.

Heine, Heinrich: Sämtliche Schriften in 12 Bänden. Hrsg. v. Klaus Briegleb. 2. Auflage. München, Wien 1978.

Kant, Immanuel: Kritik der Urteilskraft. Hrsg. v. Karl Vorländer. Unveränderter Nachdruck der 6. Auflage von 1924. Hamburg 1974.

Kant, Immanuel: Werke. Hrsg. v. Wilhelm Weischedel. Frankfurt am Main 1977.

Nietzsche, Friedrich: Sämtliche Werke. Kritische Studienausgabe in 15 Bänden. Hrsg. v. Giorgio Colli und Mazzino Montanari. 2., durchgesehene Auflage. München u. a. 1988.

2. *Biographien, Gesamtdarstellungen*

Alt, Peter-André: Schiller. Leben – Werk – Zeit. 2 Bde. München 2000. [Umfassende und vorbildliche neue Darstellung von Leben und Werk; ausführliche Erläuterungen zur Epoche; ideengeschichtliche Bezüge; Ausgangspunkt für jede neuere Beschäftigung mit Schiller; weitgehender Verzicht auf aktualisierende Perspektiven.]

Buchwald, Reinhard: Schiller. Wiesbaden 1959 (zuerst 1937). [Klassische Biographie, die programmatisch nach der Verbindung von Leben und Werk sucht.]

Burschell, Friedrich: Friedrich Schiller in Selbstzeugnissen und Bilddokumenten. Hamburg 1958. [Konventionelle Rowohlt-Monographie.]

Darsow, Götz-Lothar: Friedrich Schiller. Stuttgart, Weimar 2000. [Origineller neuer Band der Sammlung Metzler mit beherzten unkonventionellen Bewertungen und dem Versuch einer Gesamtdeutung von Leben und Werk.]

Gellhaus, Axel und Norbert Oellers (Hrsg.): Schiller. Bilder und Texte zu seinem Leben. Köln u. a. 1999. [Interessante Bilddokumente, einfühlsame Texte.]

Koopmann, Helmut: Friedrich Schiller. I: 1759–1794; II: 1795–1805. Stuttgart 1966. [Alter Band der Sammlung Metzler mit dem Schwerpunkt auf bibliographischen Informationen.]

Koopmann, Helmut (Hrsg.): Schiller-Handbuch. Stuttgart 1998. [Umfassende Information; schwankendes Niveau der verschiedenen Beiträge; im Vergleich zum Goethe-Handbuch äußerst stiefmütterliche und lieblose Behandlung der Lyrik.]

Kraft, Herbert: Um Schiller betrogen. Pfullingen 1978. [Originelle Erschließung eines unkonventionellen Schiller-Bildes im Ausgang von Fragmenten; Orientierung an Adorno.]

Oellers, Norbert: Friedrich Schiller. Zur Modernität eines Klassikers. Hrsg. v. Michael Hofmann. Frankfurt am Main 1996. [Sammlung von Aufsätzen des Schillerpreisträgers; originelle Perspektiven.]

Oellers, Norbert: Schiller. Stuttgart 1989. [Einführende Darstellung im Reclam-Bändchen.]

Pilling, Claudia, Diana Schilling und Mirjam Springer: Friedrich Schiller. Reinbek bei Hamburg 2002. [Neue Rowohlt-Monographie mit originellen Perspektiven und treffenden Formulierungen.]

Reed, Terence J.: Schiller. Oxford, New York 1991. [Fundierte Einführung für das anglophone Publikum.]

Staiger, Emil: Friedrich Schiller. Zürich 1967. [Von konservativer Dichterverehrung geprägtes, monumentalisches Schiller-Bild; dabei differenzierte Einblicke in verschiedene Aspekte des Werks.]

Storz, Gerhard: Der Dichter Friedrich Schiller. Stuttgart 1959. [Konzentration auf die Dichtung, Wendung gegen eine politische Schiller-Deutung; gute Darlegungen zu Schillers Texten.]

Ueding, Gert: Friedrich Schiller. München 1990. [Gut formulierte Einführung; Schwerpunkt: Rhetorik.]

Wiese, Benno von: Friedrich Schiller. Stuttgart 1959. [Umfassendes Standardwerk zu Leben und Werk Schillers, heute noch lesenwerter Klassiker der geistesgeschichtlichen Germanistik.].

3. *Bibliographien, Forschungsberichte*

Schiller-Bibliographie 1893–1958. Bearbeitet v. Wolfgang Vulpius. Weimar 1959.

Schiller-Bibliographie 1959–1963. Bearbeitet v. Wolfgang Vulpius. Berlin, Weimar 1967.

Schiller-Bibliographie 1975–1985. Bearbeitet v. Roland Bärwinkel u. a. Berlin, Weimar 1989.

Fortlaufende Bibliographien im Jahrbuch der Deutschen Schillergesellschaft, bearbeitet v. Paul Raabe und Ingrid Bode (6/1962) und v. Ingrid Bode (10/1966, 14/1970, 18/1974, 23/1979, 27/1983, 31/1987, 35/1991, 39/1995, 43/1999; seit 1987 Ingrid Hannich-Bode).

Koopmann, Helmut: Schiller-Forschung 1970–1980. Ein Bericht. Marbach am Neckar 1982.

Koopmann, Helmut: Forschungsgeschichte. In: H. K. (Hrsg.): Schiller-Handbuch. Stuttgart 1998, S. 809–932.

4. *Aufsatzsammlungen, Sammelbände*

Aurnhammer, Achim, Klaus Manger und Friedrich Strack (Hrsg.): Schiller und die höfische Welt. Tübingen 1990. [Historisch orientierte Beiträge, die das Bild von Schiller als Rebell korrigieren wollen.]

Barner, Wilfried, Eberhard Lämmert und Norbert Oellers (Hrsg.): Unser Commercium. Goethes und Schillers Literaturpolitik. Stuttgart 1984. [Fundierte Beiträge zur Kooperation der Klassiker, aber auch zu wichtigen Werken beider Autoren.]

Berghahn, Klaus L. und Reinhold Grimm (Hrsg.): Schiller. Zur Theorie und Praxis der Dramen. Darmstadt 1972. [Repräsentativer Querschnitt durch die Forschung der Zeit.]

Bolten, Jürgen (Hrsg.): Schillers Briefe über die ästhetische Erziehung. Frankfurt am Main 1984. [Vgl. Arbeitsbereich IV.]

Brandt, Helmut (Hrsg.): Friedrich Schiller – Angebot und Diskurs. Zugänge, Dichtung, Zeitgenossenschaft. Berlin, Weimar 1987. [Breites Spektrum von Beiträgen zu Schillers Werk; Beitrag zum deutsch-deutschen Dialog über Schiller in der Zeit der Teilung.]

Dahnke, Hans-Dietrich und Bernd Leistner (Hrsg.): Schiller. Das dramatische Werk in Einzelinterpretationen. Leipzig 1982. [Fundierte Beiträge von DDR-Autoren zu den einzelnen Dramen.]

Dann, Otto, Norbert Oellers und Ernst Osterkamp (Hrsg.): Schiller als Historiker. Stuttgart, Weimar 1995. [Vgl. Arbeitsbereich III.]

Grathoff, Dirk und Erwin Leibfried (Hrsg.): Schiller. Vorträge aus Anlaß seines 225. Geburtstages. Frankfurt am Main u. a. 1991. [Interessante Aufsätze.]

Heuer, Fritz und Werner Keller (Hrsg.): Schillers Wallenstein. Darmstadt 1977. [Vgl. Arbeitsbereich VI.]

Hinderer, Walter (Hrsg.): Schillers Dramen. Neue Interpretationen. Stuttgart 1979. [Repräsentative Deutungen der 70er Jahre mit Forschungsdiskussionen.]

Hinderer, Walter (Hrsg.): Interpretationen. Schillers Dramen. Stuttgart 1992. [Mit einer Ausnahme Neuauflage des vorher genannten Bandes.]

Knobloch, Hans-Jörg, Helmut Koopmann (Hrsg.): Schiller heute. Tübingen 1996. [Beiträge eines Kolloquiums in Südafrika.]

Oellers, Norbert (Hrsg.): Interpretationen. Gedichte von Friedrich Schiller. Stuttgart 1996. [Vgl. Arbeitsbereich V.]

Schings, Hans-Jürgen (Hrsg.): Der ganze Mensch. Anthropologie und Literatur im 18. Jahrhundert. DFG-Symposion 1992. Stuttgart, Weimar 1994. [Grundlegende Beiträge zum Verständnis des ideengeschichtlichen Kontexts des jungen Schiller.]

Wittkowski, Wolfgang (Hrsg.): Friedrich Schiller. Kunst, Humanität und Politik in der späten Aufklärung. Ein Symposion. Tübingen 1982. [Ideengeschichtliche Perspektiven.]

5. Monographien zu speziellen Aspekten von Schillers Werk

Berghahn, Klaus L.: Schiller. Ansichten eines Idealisten. Frankfurt am Main 1996. [Betont die Komplexität von Schillers «Idealismus».]

Bernauer, Joachim: «Schöne Welt, wo bist du?» Über das Verhältnis von Lyrik und Poetik bei Schiller. Berlin 1995. [Vgl. Arbeitsbereich V.]

Borchmeyer, Dieter: Tragödie und Öffentlichkeit. Schillers Dramaturgie im Zusammenhang seiner ästhetisch-politischen Theorie und die rhetorische Tradition. München 1973. [Forschungsgeschichtlich wichtige Studie.]

Camigliano, Albert J.: Friedrich Schiller and Christian Gottfried Körner. A Critical Relationship. Stuttgart 1976.

Dewhurst, Kenneth und Nigel Reeves: Friedrich Schiller. Medicine, Psychology and Literature. Oxford 1978. [Grundlegende Darstellung zur Rekonstruktion des geistes- und wissenschaftsgeschichtlichen Umfelds im Schaffen des jungen Schiller.]

Graham, Ilse: Schiller, ein Meister der tragischen Form. Die Theorie in der Praxis. Darmstadt 1974. [Grundlegende Studie zu Schillers Dramatik.]

Homann, Renate: Erhabenes und Satirisches. Zur Grundlegung einer Theorie ästhetischer Literatur bei Kant und Schiller. München 1977. [Vgl. Arbeitsbereich IV.]

Keller, Werner: Das Pathos in Schillers Jugendlyrik. Berlin 1964. [Vgl. Arbeitsbereich V.]

Kommerell, Max: Geist und Buchstabe der Dichtung. Goethe – Schiller – Kleist – Hölderlin. Frankfurt am Main 1956 (darin: Schiller als Psychologe, S. 175–242). [Heute noch anregende Studie.]

Michelsen, Peter: Der Bruch mit der Vater-Welt. Studien zu Schillers *Räubern*. Heidelberg 1979. [Vgl. Arbeitsbereich II.]

Pott, Hans-Georg: Die Schöne Freiheit. Eine Interpretation zu Schillers Schrift *Über die ästhetische Erziehung des Menschen in einer Reihe von Briefen*. München 1980. [Vgl. Arbeitsbereich IV.]

Prader, Florian: Schiller und Sophokles. Zürich 1954. [Ideengeschichtliche Perspektive; informativ.]

Riedel, Wolfgang: Der Spaziergang. Ästhetik der Landschaft und Geschichtsphilosophie der Natur bei Schiller. Würzburg 1989. [Vgl. Arbeitsbereich V.]

Riedel, Wolfgang: Die Anthropologie des jungen Schiller. Zur Ideengeschichte der medizinischen Schriften und der Philosophischen Briefe. Würzburg 1985. [Vgl. Arbeitsbereich I.]

Sautermeister, Gert: Idyllik und Dramatik im Werk Friedrich Schillers. Zum geschichtlichen Ort seiner klassischen Dramen. Stuttgart u. a. 1971. [Forschungsgeschichtlich wichtige Studie, die in kritischer Perspektive eine Beziehung zwischen Schillers Ästhetik und den Dramen herstellt.]

Schings, Hans-Jürgen: Die Brüder des Marquis Posa. Schiller und der Geheimbund der Illuminaten. Tübingen 1996. [Aufschlussreiche Studie zum ideologischen und politischen Kontext von Schillers Posa-Figur.]

Ueding, Gert: Schillers Rhetorik. Idealistische Wirkungsästhetik und rhetorische Tradition. Tübingen 1971. [Gründliche Studie.]

Wilkinson, Elizabeth M. und Leonard A. Willoughby: Schillers ästhetische Erziehung des Menschen. Eine Einführung. München 1977. [Vgl. Arbeitsbereich IV.]

Zelle, Carsten: Die doppelte Ästhetik der Moderne. Revisionen des Schönen von Boileau bis Nietzsche. Stuttgart, Weimar 1995. [Grundlegende Studie zu einem neuen Verständnis der Theorie des Erhabenen bei Schiller; Meilenstein der Forschung; vgl. Arbeitsbereich IV.]

Zymner, Rüdiger: Friedrich Schiller. Dramen. Berlin 2002. [Vgl. Arbeitsbereiche II und VI.]

6. *Darstellungen zur Literatur- und Ideengeschichte*

Alt, Peter-André: Aufklärung. Stuttgart, Weimar 1996.

Borchmeyer, Dieter: Die Weimarer Klassik. Eine Einführung. 2 Bde. Königstein am Taunus 1980.

Conrady, Karl Otto (Hrsg.): Deutsche Literatur zur Zeit der Klassik. Stuttgart 1977.

Dahnke, Hans-Dieter und Thomas Höhle (Hrsg.): 1789 bis 1830 (Geschichte der deutschen Literatur von den Anfängen bis zur Gegenwart, hrsg. v. Kollektiv für Literaturgeschichte, Bd. 7). Berlin/DDR 1978.

Elias, Norbert: Über den Prozeß der Zivilisation. Soziogenetische und psychogenetische Untersuchungen. Bd. I: Wandlungen des Verhaltens in den weltlichen Oberschichten des Abendlandes. Bd. 2: Wandlungen der Gesellschaft. Entwurf zu einer Theorie der Zivilisation. Frankfurt am Main 1976.

Glaser, Horst Albert (Hrsg.): Zwischen Revolution und Restauration. Klassik, Romantik 1786–1815 (Deutsche Literatur. Eine Sozialgeschichte, hrsg. v. H. A. G., Bd. 5). Reinbek bei Hamburg 1980.

Grimminger, Rolf (Hrsg.): Deutsche Aufklärung bis zur Französischen Revolution. 2 Bde. 2., durchgesehene Auflage. (Hansers Sozialgeschichte der deutschen Literatur vom 16. Jahrhundert bis zur Gegenwart, Bd. 3.) München 1984.

Hofmann, Michael: Aufklärung. Tendenzen – Autoren – Texte. Stuttgart 1999.

Jørgensen, Sven-Aage u. a.: Aufklärung, Sturm und Drang, frühe Klassik 1740–1789 (Geschichte der deutschen Literatur von den Anfängen bis zur Gegenwart, begründet von Helmut de Boor und Richard Newald, Bd. 6). München 1990.

Kondylis, Panajotis: Die Aufklärung im Rahmen des neuzeitlichen Rationalismus. München 1986.

Luserke, Matthias: Sturm und Drang. Autoren – Texte – Themen. Stuttgart 1997.

Mayer, Hans: Von Lessing zu Thomas Mann. Wandlungen der bürgerlichen Literatur in Deutschland. Pfullingen 1959.

Mayer, Hans: Zur deutschen Klassik und Romantik. Pfullingen 1963.
Pütz, Peter: Die deutsche Aufklärung. 4., überarbeitete und erweiterte Auflage. Darmstadt 1991.
Schings, Hans Jürgen: Melancholie und Aufklärung. Melancholiker und ihre Kritiker in Erfahrungsseelenkunde und Literatur des 18. Jahrhunderts. Stuttgart 1977.
Schmidt, Jochen: Die Geschichte des Genie-Gedankens in der deutschen Literatur, Philosophie und Politik 1750–1945. 2 Bde. Darmstadt 1985.
Schulz, Gerhard: Die deutsche Literatur zwischen Französischer Revolution und Restauration. Teil 1: Das Zeitalter der Französischen Revolution 1789–1806 (Geschichte der deutschen Literatur von den Anfängen bis zur Gegenwart, begründet von Helmut de Boor und Richard Newald, Bd. 7). München 1983.
Ueding, Gert: Klassik und Romantik. Deutsche Literatur im Zeitalter der Französischen Revolution 1789–1815. 2 Bde. (Hansers Sozialgeschichte der deutschen Literatur vom 16. Jahrhundert bis zur Gegenwart, Bd. 4.) München 1988.
Wuthenow, Ralph-Rainer (Hrsg.): Zwischen Absolutismus und Aufklärung: Rationalismus, Empfindsamkeit, Sturm und Drang. 1740–1786 (Deutsche Literatur. Eine Sozialgeschichte, hrsg. v. Horst Albert Glaser, Bd. 4). Reinbek bei Hamburg 1986.
Zmegač, Victor (Hrsg.): Geschichte der deutschen Literatur vom 18. Jahrhundert bis zur Gegenwart. Bd. I, 1, 2: 1700–1848. 2., durchgesehene Auflage. Königstein/Taunus 1984.

7. *Sonstige Literatur*

Adorno, Theodor W.: Ästhetische Theorie. Hrsg. v. Gretel Adorno und Rolf Tiedemann. Frankfurt am Main 1973.
Adorno, Theodor W.: Noten zur Literatur. Hrsg. v. Rolf Tiedemann. Frankfurt am Main 1981.
Barner, Wilfried und Gunter E. Grimm, Helmuth Kiesel, Martin Kramer: Lessing. Epoche – Werk – Wirkung. 6., neubearbeitete Auflage. München 1998.
Benjamin, Walter: Illuminationen. Ausgewählte Schriften I. Frankfurt am Main 1982.
Bürger, Peter: Prosa der Moderne. Unter Mitarbeit von Christa Bürger. Frankfurt am Main 1988.
Bürger, Peter: Theorie der Avantgarde. Frankfurt am Main 1974.
Bürger, Peter: Zur Kritik der idealistischen Ästhetik. Frankfurt am Main 1983. [Vgl. Arbeitsbereich IV.]
Deleuze, Gilles und Felix Guattari: Anti-Ödipus. Kapitalismus und Schizophrenie I. Frankfurt am Main 1974.
Eagleton, Terry: Ästhetik. Die Geschichte ihrer Ideologie. Stuttgart, Weimar 1994. [Vgl. Arbeitsbereich IV.]
Eco, Umberto: Das offene Kunstwerk. München 1995.
Foucault, Michael: Sexualität und Wahrheit. Bd. I: Der Wille zum Wissen. Frankfurt am Main 1977. Bd. II: Der Gebrauch der Lüste. Frankfurt am Main 1986.

Friedrich, Hugo: Die Struktur der modernen Lyrik. Reinbek bei Hamburg 1956.
Grimminger, Rolf: Die Ordnung, das Chaos und die Kunst. Für eine neue Dialektik der Aufklärung. Frankfurt am Main 1990.
Horkheimer, Max und Theodor W. Adorno: Dialektik der Aufklärung. Philosophische Fragmente. Frankfurt am Main 1988.
Jauß, Hans Robert: Literaturgeschichte als Provokation. Frankfurt am Main 1970.
Jørgensen, Sven-Aage und Herbert Jaumann, John McCarthy, Horst Thomé: Wieland. Epoche – Werk – Wirkung. München 1994.
Lyotard, Jean-François: Das Erhabene und die Avantgarde. In: Merkur 38 (1984), Heft 2, S. 151–164. [Vgl. Arbeitsbereich IV.]
Lyotard, Jean-François: Das postmoderne Wissen. Ein Bericht. Bremen 1982.
Lyotard, Jean-François: Der Widerstreit. Mit einer Bibliographie zum Gesamtwerk Lyotards von Reinhold Clausjürgens. München 1987.
Pries, Christine (Hrsg.): Das Erhabene. Zwischen Grenzerfahrung und Größenwahn. Weinheim 1989. [Vgl. Arbeitsbereich IV.]
Szondi, Peter: Die Theorie des bürgerlichen Trauerspiels im 18. Jahrhundert. Der Kaufmann, der Hausvater und der Hofmeister. Studienausgabe der Vorlesungen I. Hrsg. v. Gert Mattenklott. Frankfurt am Main 1979.
Szondi, Peter: Poetik und Geschichtsphilosophie. 2 Bde. Frankfurt am Main 1974.
Welsch, Wolfgang: Ästhetisches Denken. Stuttgart 1990.
Welsch, Wolfgang: Unsere postmoderne Moderne. 3., durchgesehene Auflage. Weinheim 1991.
Welsch, Wolfgang und Christine Pries (Hrsg.): Ästhetik im Widerstreit. Interventionen zum Werk von Jean-François Lyotard. Weinheim 1991. [Vgl. Arbeitsbereich IV.]
Witte, Bernd und Regine Otto (Hrsg.): Goethe-Handbuch. 4 Bde. Stuttgart, Weimar 1996–1998.

Namenregister

(Kursivdruck verweist auf bibliographische Angaben)

Sach- und Begriffsregister